国家社会科学基金重大项目（23VRC043）研究成果
北京外国语大学"双一流"建设标志性项目（BW202018）研究成果

"一带一路"国家文化教育大系　　　　总主编　王定华

卢森堡
文化教育研究

Le Grand-Duché de Luxembourg
Culture et Éducation

单志斌　徐浩　著

外语教学与研究出版社
FOREIGN LANGUAGE TEACHING AND RESEARCH PRESS
北京 BEIJING

图书在版编目 (CIP) 数据

卢森堡文化教育研究 / 单志斌，徐浩著. -- 北京：外语教学与研究出版社，2024.7. -- ("一带一路"国家文化教育大系 / 王定华总主编). -- ISBN 978-7-5213-5476-8

I. G551.9

中国国家版本馆 CIP 数据核字第 2024VP9127 号

卢森堡文化教育研究
LUSENBAO WENHUA JIAOYU YANJIU

出 版 人	王 芳
项目负责	孙凤兰　巢小倩
责任编辑	杜晓沫
责任校对	白小羽
封面设计	李 高　锋尚设计
版式设计	李 高
出版发行	外语教学与研究出版社
社　　址	北京市西三环北路 19 号（100089）
网　　址	https://www.fltrp.com
印　　刷	北京盛通印刷股份有限公司
开　　本	787×1092　1/16
印　　张	22.5　彩插 1 印张
字　　数	341 千字
版　　次	2024 年 7 月第 1 版
印　　次	2024 年 7 月第 1 次印刷
书　　号	ISBN 978-7-5213-5476-8
定　　价	208.00 元

如有图书采购需求，图书内容或印刷装订等问题，侵权、盗版书籍等线索，请拨打以下电话或关注官方服务号：
客服电话：400 898 7008
官方服务号：微信搜索并关注公众号"外研社官方服务号"
外研社购书网址：https://fltrp.tmall.com

物料号：354760001

"一带一路"国家文化教育大系编写委员会

顾　问：顾明远　　马克垚　　胡文仲

总主编：王定华

委　员（按姓氏音序排列）：

常福良	戴桂菊	郭小凌	金利民	柯　静	李洪峰
刘宝存	刘　捷	刘生全	刘欣路	钱乘旦	秦惠民
苏莹莹	陶家俊	王　芳	谢维和	徐　辉	徐建中
杨慧林	张民选	赵　刚			

"一带一路"国家文化教育大系编审委员会

主　任：王　芳

副主任：徐建中　　刘　捷

秘书长：孙凤兰

委　员（按姓氏音序排列）：

蔡雯旭	蔡　喆	柴方圆	巢小倩	杜晓沫	华宝宁
刘思博	刘相东	刘真福	马庆洲	石筠弢	孙　慧
万作芳	王名扬	杨鲁新	姚希瑞	苑大勇	张小玉
赵　雪	祝　军				

卢森堡市老城区

卢森堡市老城区的防御工事遗迹

克莱沃中心与克莱沃城堡

菲安登城堡

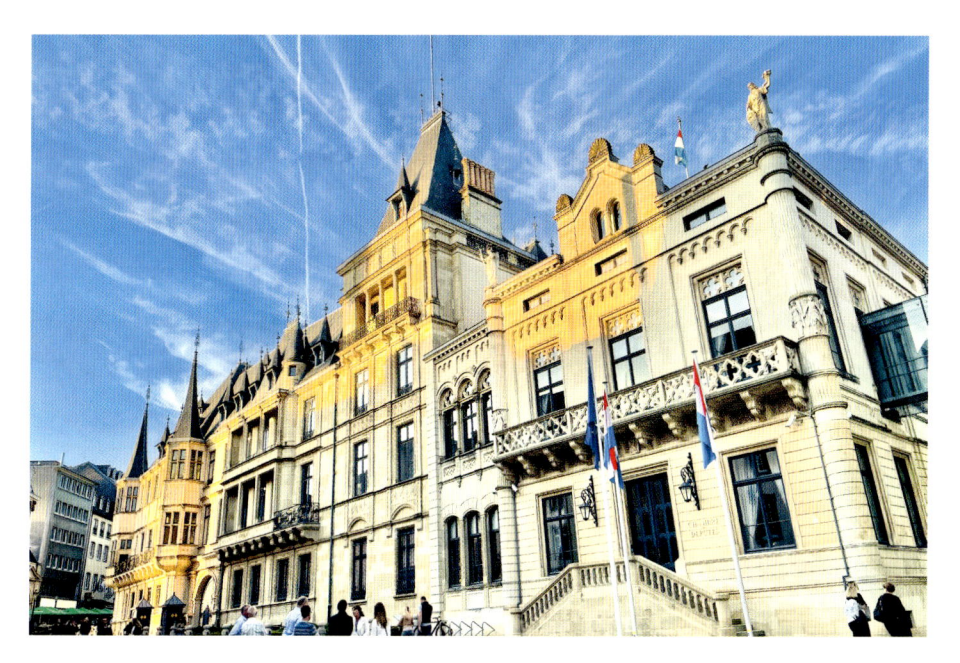

卢森堡大公宫殿和议会大楼

申根博物馆前的纪念柱

卢森堡市中心佩特鲁斯河大峡谷的滑板公园

卢森堡市林珀斯贝格区一所幼儿园

埃施市一所小学

卢森堡市罗伯特·舒曼中学

埃施男子中学

卢森堡市米歇尔·卢修斯国际中学

卢森堡大学贝尔瓦校区主楼

卢森堡大学林珀斯贝格校区

卢森堡市工艺与职业中学

卢森堡国家成人教育中心

卢森堡国家语言学院卢森堡市校区

卢森堡国民教育部办公楼

卢森堡大学孔子学院组织的书法作品展览

出版说明

2013年9月7日，国家主席习近平提出共建"丝绸之路经济带"重大倡议。2013年10月3日，习近平主席提出共建"21世纪海上丝绸之路"重大倡议。两者合称"一带一路"倡议。以2013年金秋为起点，"一带一路"倡议作为构建人类命运共同体的伟大设想，在开拓和平、繁荣、开放、绿色、创新、文明之路的非凡征程中，孕育生机和活力，汇聚信心和期待，在世界范围内广受欢迎和响应。

文化交流、文明互鉴是构建人类命运共同体的人文基础。文化发展，教育先行。作为"共和国外交官的摇篮"、文化教育的主动践行者、"一带一路"倡议的踊跃响应者和构建人类命运共同体的积极参与者，北京外国语大学在党委书记王定华教授的带领下，放眼世界，找准坐标，勇于担当，主动作为，深耕文化教育相关领域，研究、策划并组织编写了"一带一路"国家文化教育大系（以下简称大系）。国内相关高校和研究机构的众多专家学者献计献策，踊跃参加，形成了一个范围广泛、交流互动、共同进步的"一带一路"国家文化教育学术研究共同体。大系旨在填补国内相关研究领域的学术空白，实现"一带一路"国家教育研究全覆盖，为中国教育"走出去"和相关国家先进教育理念"请进来"提供科学理论和实践指导，具有重要的学术价值。同时，大系服务国家重大战略，通过分期分批出版，形成规模和品牌，向中国共产党建党一百周年和"一带一路"倡议提出十周年献礼，具有深远的意义。

作为国家社会科学基金重大项目"'一带一路'沿线国家文化教育发展状况调查研究"、北京外国语大学"双一流"建设标志性项目"'一带一路'国家文化教育研究"的课题研究成果和北京外国语大学党委的"奋进之举",大系秉承学术性与可读性兼顾的原则,对"一带一路"国家文化教育理论与实践问题展开深入研究,从国情概览、文化传统、教育历史、学前教育、基础教育、高等教育、职业教育、成人教育、教师教育、教育政策、教育行政、教育交流等方面,全景擘画"一带一路"国家的教育风貌,帮助读者了解"一带一路"国家教育的历史与现状、经验与特点,为我国教育的发展和对外交流合作提供有益的借鉴、思考与启迪。

世界已进入新的动荡变革期,以"人类命运共同体"理念为价值导向,系统研究"一带一路"国家文化教育的历史、现状、经验、挑战等基本问题,深刻洞悉各共建国的教育政策、教育治理和教育发展前景,是扩大我国教育对外开放、提升我国教育国际影响力、响应和支持"一带一路"倡议的切实有力之举。在此,特别感谢大系总策划、总主编王定华教授,以及所有顾问、编委和作者的心血倾注、智慧贡献和努力付出。

外语教学与研究出版社对大系的编写和出版工作给予了高度重视。自2019年项目启动以来,外研社抽调精锐力量成立大系工作组,多次组织相关部门和人员召开选题论证会,商建编委会,召开全体作者大会,制订周密、科学的出版计划,以保证项目的顺利开展和图书的优质出版。目前,大系的出版工作已取得阶段性丰富成果,接下来将继续分期分批推出数量和规模可观的、具有相当科研价值和学术价值的系列专著。期望大系的编写和出版能为"一带一路"建设、中外教育交流及我国文化教育发展发挥基础性、服务性、广远性的作用。

外语教学与研究出版社
2024年5月

总　序

王定华

改革开放以来，中国各项事业取得了巨大成就。中国经济和世界经济高度关联，中国一以贯之地坚持对外开放的基本国策，构建全方位开放新格局，深度融入世界经济体系。2013年9月和10月，习近平主席在出访中亚和东南亚国家期间，先后提出共建"丝绸之路经济带"和"21世纪海上丝绸之路"的重大倡议（以下简称"一带一路"倡议），得到国际社会的高度关注。其中，"丝绸之路经济带"东边牵着亚太经济圈，西边系着发达的欧洲经济圈，是世界上最长、最具发展潜力的经济大走廊；"21世纪海上丝绸之路"串起连通东盟、南亚、西亚、北非、欧洲等各大经济板块的市场链，发展面向南海、太平洋和印度洋的战略合作经济带，以亚欧非经济贸易一体化为发展的长期目标。

一、精准把握"一带一路"倡议的时代意蕴

"经济带"概念是对地区经济合作模式的创新。其中经济走廊涵盖中蒙

俄经济走廊、新亚欧大陆桥、中国-中亚-西亚经济走廊、孟中印缅经济走廊、中国-中南半岛经济走廊等，以经济增长极辐射周边，超越了传统发展经济学理论。"丝绸之路经济带"概念不同于历史上所出现的各类"经济区"与"经济联盟"，同后两者相比，经济带具有灵活性高、适用性广以及可操作性强的特点，各国都是平等的参与者，本着自愿参与、协同推进的原则，发扬古丝绸之路兼容并包的精神。

"一带一路"倡议是我国在新时代推进全方位对外开放的重要举措，为当今世界提供了一个充满东方智慧、实现共同发展的中国方案，也是对历史文化传统的高度尊重，凝聚了世界各国利益的最大公约数。丝绸之路是起始于古代中国，连接亚洲、非洲和欧洲的古代陆上商业贸易路线，最初的作用是运输古代中国出产的丝绸、瓷器等商品，后来成为东方与西方之间在经济、政治、文化等方面进行交流的主要通道。1877年，德国地质、地理学家李希霍芬（F. P. W. Richthofen）在其著作《中国》一书中，把公元前114年至公元127年，中国与中亚、中国与印度间以丝绸贸易为媒介的这条西域交通道路命名为"丝绸之路"，这一名词很快为学术界和大众所接受，并正式运用。其后，德国历史学家赫尔曼（A. Herrmann）在20世纪初出版的《中国与叙利亚之间的古代丝绸之路》一书中，根据新发现的文物考古资料，进一步把丝绸之路延伸到地中海西岸和小亚细亚，并确定了丝绸之路的基本内涵，即它是中国古代与中亚、南亚、西亚以及欧洲、北非的陆上贸易交往通道。进入21世纪，海上丝绸之路也被纳入丝绸之路的涵盖范围，即从中国沿海港口过南海到印度洋并延伸至欧洲，从中国沿海港口过南海到南太平洋。随着时代的发展，"丝绸之路"成为古代中国与西方所有政治经济文化往来通道的统称。

推进"一带一路"建设既是中国扩大和深化对外开放的需要，也是加强和世界各国互利合作的需要，中国愿意承担更多责任和义务，为人类和平发展做出更大的贡献。文明交流互鉴是构建人类命运共同体的重要途径，是推动人类文明共同进步、实现世界和平发展的重要动力。共建"一带一路"要顺应世界多极化、经济全球化、文化多样化、社会信息化的潮流，秉持开放的区域合作精神，致力于推动"一带一路"各国实现经济政策协调，开展更大范围、更高水平、更深层次的区域合作，共同打造开放、包容、均衡、普惠的区域经济合作架构，维护全球自由贸易体系和开放型世界经济格局。

"一带一路"贯穿亚欧非大陆，一头是活跃的东亚经济圈，一头是发达的欧洲经济圈，中间广大腹地国家经济发展潜力巨大。根据"一带一路"走向，陆上依托国际大通道，以中心城市为支撑，以重点经贸产业园区为合作平台，共同打造新亚欧大陆桥以及中蒙俄、中国-中亚-西亚、中国-中南半岛等国际经济合作走廊；海上以重点港口为基点，共同建设通畅安全高效的运输大通道。

"一带一路"建设是有关国家开放合作的宏大经济愿景，需要各国携手努力，朝着互利互惠、共同安全的目标相向而行：努力实现区域基础设施更加完善，安全高效的陆海空通道网络基本形成，互联互通达到新水平；投资贸易便利化水平进一步提升，高标准自由贸易区网络基本形成，经济联系更加紧密，政治互信更加深入；人文交流更加广泛深入，不同文明互鉴共荣，各国人民相知相交、和平友好。

"一带一路"倡议是具有开放性和包容性的友好建议。当今世界是一个开放的世界，开放带来进步，封闭导致落后。中国认为，只有开放才能发现机遇、抓住并用好机遇、主动创造机遇，才能实现国家的奋斗目标。"一带一路"倡议就是要把世界的机遇转变为中国的机遇，把中国的机遇转变为世界的机遇。正是基于这种认知与愿景，"一带一路"倡议以开放为导向，冀望通过加强交通、能源和网络等基础设施的互联互通建设，促进经济要素有序自由流动、资源高效配置和市场深度融合，开展更大范围、更高水平、更深层次的区域合作，打造开放、包容、均衡、普惠的区域经济合作架构，以此来解决经济增长和平衡问题。"一带一路"倡议的开放包容性是区别于其他区域性经济倡议的一个突出特点。

"一带一路"倡议是超越地缘政治的务实合作的广阔平台。"和平合作、开放包容、互学互鉴、互利共赢"的丝路精神是人类共有的历史财富，"一带一路"倡议就是秉承这一精神与原则提出的新时代重要倡议，通过加强相关国家间的全方位多层面交流合作，充分发掘与发挥各国的发展潜力与比较优势，形成互利共赢的区域利益共同体、命运共同体和责任共同体。在这一机制中，各国是平等的参与者、贡献者、受益者。因此，"一带一路"倡议从一开始就具有平等性、和平性特征。平等是中国坚持的重要国际准则，也是"一带一路"建设的关键基础。只有建立在平等基础上的合作才能是持久的合作，也才会是互利的合作。"一带一路"倡议平等包容的合作特征为其推进减轻了阻力，提升了共建效率，有助于国际合作真正"落地生根"。同时，"一带一路"建设离不开和平安宁的国际环境和地区环境，和平是"一带一路"建设的本质属性，也是保障其顺利推进所不可或缺的重要因素。这些就决定了"一带一路"倡议不应该也不可能沦为大国政治较量的工具，更不会重复地缘博弈的老路。

"一带一路"倡议是政府、企业、团体共同发力的项目载体。"一带一路"建设是在双边或多边联动基础上通过具体项目加以推进的，是在进行充分政策沟通、战略对接以及市场运作后形成的发展倡议与规划。2017年5月发布的《"一带一路"国际合作高峰论坛圆桌峰会联合公报》强调了建设"一带一路"的合作原则，其中就包括市场运作原则，即充分认识市场作用和企业主体地位，确保政府发挥适当作用，政府采购程序应开放、透明、非歧视。可见，"一带一路"建设的核心主体与支撑力量并不是政府，而是企业，根本方法是遵循市场规律，并通过市场化运作模式来实现参与各方的利益诉求，政府在其中发挥构建平台、创立机制、政策引导等指向性、服务性功能。

"一带一路"倡议是与现有相关机制对接互补的有益渠道。参与"一带一路"建设的国家要素禀赋各异,比较优势差异明显,互补性很强。有的国家能源资源富集但开发力度不够,有的国家劳动力充裕但就业岗位不足,有的国家市场空间广阔但产业基础薄弱,有的国家基础设施建设需求旺盛但资金紧缺。我国目前经济总量居全球第二,外汇储备居全球第一,优势产业越来越多,基础设施建设经验丰富,装备制造能力强、质量好、性价比高,具备资金、技术、人才、管理等综合优势。这就为我国与其他"一带一路"建设参与方实现产业对接与优势互补提供了现实可能与重大机遇。因而,"一带一路"倡议的核心内容就是要加强基础设施建设和促进互联互通,对接各国政策和发展战略,以便深化务实合作,促进协调联动发展,实现共同繁荣。由此可见,"一带一路"倡议不是对现有地区合作机制的替代,而是与现有机制互为助力、相互补充。实际上,"一带一路"建设已经与俄罗斯主导的欧亚经济联盟、印尼全球海洋支点发展规划、哈萨克斯坦光明之路经济发展战略、蒙古国草原之路倡议、欧盟欧洲投资计划、埃及苏伊士运河走廊开发计划等实现了对接与合作,并形成了一批标志性项目,如中哈(连云港)物流合作基地。作为新亚欧大陆桥经济走廊建设成果之一,中哈(连云港)物流合作基地初步实现了深水大港、远洋干线、中欧班列、物流场站的无缝对接。该项目与哈萨克斯坦光明之路经济发展战略高度契合。

"一带一路"倡议是促进人文交流的沟通桥梁。"一带一路"倡议跨越不同区域、不同文化、不同宗教信仰,但它带来的不是文明冲突,而是各文明间的交流互鉴。"一带一路"倡议在推进基础设施建设、加强产能合作与发展战略对接的同时,也将"民心相通"作为工作重心之一。民心相通是"一带一路"建设的社会根基。民心相通就是要传承和弘扬丝绸之路友好合作精神,广泛进行文化交流、学术交流、人才交流往来、媒体合作、青年和妇女交往、志愿者服务等,为深化双边和多边合作奠定坚实的民意基础。一是扩大相互间留学生规模,开展合作办学;国家间互办文化年、艺术节、电影节、电视周和图书展等活动，深化国家间人才交流合作。二是加强旅游合作，扩大旅游规模，联合打造具有丝绸之路特色的国际精品旅游线路和旅游产品。三是强化与周边国家在传染病疫情信息沟通、防治技术交流、专业人才培养等方面的合作，提高合作处理突发公共卫生事件的能力。四是加强科技合作，共建联合实验室（研究中心）、国际技术转移中心、海上合作中心，促进科技人员交流，合作开展重大科技攻关，共同提升科技创新能力。五是整合现有资源，开拓和推进参与国家在青年就业、创业培训、职业技能开发、社会保障管理服务、公共行政管理等共同关心领域的务实合作。六是充分发挥政党、议会交往的桥梁作用，加强国家之间立法机构、主要党派和政治组织的友好往来，互结友好城市。七是加强各国民间组织的交流合作，重点面向基层民众，广泛开展教育、医疗、减贫开发、生物多样性和生态环保等主题的各类公益慈善活动，改善贫困地区生产生活条件；加强文化传媒领域的国际交流合作，积极利用网络平台，运用新媒体工具，塑造和谐友好的文化生态和舆论环境；通过强化民心相通，弘扬丝绸之路精神，开展智力丝绸之路、健康丝绸之路等建设，在科学、教育、文化、卫生、民间交往等领域广泛合作，使"一带一路"建设的民意基础更为坚实，社会根基更加牢固。"一带一路"建设就是要以文明交流超越文明隔阂，以文明互鉴超越文明冲突，以文明共存超越文明优越，为相关国家人民加强交流、增进理解搭起新的桥梁，为不同文化和文明加强对话、交流互鉴织就新的纽带，推动各国相互理解、相互尊重、相互信任。

"一带一路"是促进共同发展、实现共同繁荣的友谊之路。共建"一带一路"旨在促进各国发展战略的对接和耦合，有利于发掘区域市场的潜力，推动经济要素有序自由流动、资源高效配置和市场深度融合，促进投资和消费，创造需求和就业，增进各国人民的人文交流与文明互鉴，从而让各国人民相逢相知、互信互敬，共享和谐、安宁、富裕的生活。共建"一带一路"符合国际社会的根本利益，彰显了人类社会的共同理想和美好追求，是国际合作及全球治理新模式的积极探索，将为世界和平发展增添新的正能量。中国政府倡议秉持和平合作、开放包容、互学互鉴、互利共赢的理念，全方位推进务实合作，打造政治互信、经济融合、文化包容的利益共同体、命运共同体和责任共同体。

"一带一路"倡议已经得到世界上众多国家和地区的积极响应，成为维护全球自由贸易体系和开放型世界经济的重要支撑。截至 2021 年 1 月 30 日，中国已经同 171 个国家和国际组织签署 205 份共建"一带一路"合作文件。[1] 特别是 2017 年 5 月第一届"一带一路"国际合作高峰论坛、2019 年 4 月第二届"一带一路"国际合作高峰论坛和 2019 年 5 月亚洲文明对话大会的成功举办，充分彰显了我国开放、包容的大国外交风范。在此背景下，我们一方面应致力于向世界介绍中国，推动中国文化"走出去"，讲好中国故事；另一方面也应加强对"一带一路"国家的历史、文化、语言、教育、艺术等方面的介绍和研究，让中国人民更多地了解"一带一路"国家的具体国情，特别是文化传统和教育体系。

"一带一路"倡议合作范围不断扩大，合作领域愈加广阔。它不仅给参与各方带来了实实在在的合作红利，也为世界贡献了应对挑战、创造机遇、强化信心的智慧与力量。

当今世界，新冠肺炎疫情带来诸多挑战，局部战争风险依然存在，经济增长动能不足，"逆全球化"思潮涌动，地区动荡持续，恐怖主义蔓延。和平赤字、发展赤字、治理赤字带来的严峻问题，已摆在全人类面前。这充分说明现有的全球治理体系面临结构性问题，亟须找到新的破解之策与应对方略。作为一个新兴大国，中国有能力、有意愿同时也有责任为完善全球治理体系贡献智慧与力量。面对新挑战、新问题、新情况，中国给出

---

[1] 中国一带一路网. 我国已签署共建"一带一路"合作文件 205 份 [EB/OL]. （2021-01-30）[2021-02-23]. https://www.yidaiyilu.gov.cn/xwzx/gnxw/163241.htm.

的全球治理方案是：构建人类命运共同体，实现共赢共享。"一带一路"倡议正是朝着这个目标努力的具体实践。"一带一路"倡议强调各国的平等参与、包容普惠，主张携手应对世界经济面临的挑战，开创发展新机遇，谋求发展新动力，拓展发展新空间，共同朝着人类命运共同体方向迈进。正是本着这样的原则与理念，"一带一路"倡议针对各国发展的现实问题和治理体系的短板，创立了亚洲基础设施投资银行、丝路基金等新型国际机制，构建了多形式、多渠道的交流合作平台。这既能缓解当今全球治理机制代表性、有效性、及时性难以适应现实需求的困境，在一定程度上扭转公共产品供应不足的局面，提振国际社会参与全球治理的士气与信心，又能满足发展中国家尤其是新兴市场国家变革全球治理机制的现实要求，大大增强了新兴国家和发展中国家的话语权，是推进全球治理体系朝着更加公正合理方向发展的重大突破。

"一带一路"倡议涵盖了发展中国家与发达国家，实现了"南南合作"与"南北合作"的统一，有助于推动全球均衡可持续发展。"一带一路"建设以基础设施建设为着眼点，促进经济要素有序自由流动，推动中国与相关国家的宏观政策的对接与协调。对于参与"一带一路"建设的发展中国家来说，这是一次搭中国经济发展"快车""便车"，实现自身工业化、现代化的历史性机遇，有利于推动"南南合作"的广泛展开，同时也有助于增进"南北对话"，促进"南北合作"的深度发展。不仅如此，"一带一路"倡议的理念和方向同联合国《2030年可持续发展议程》也高度契合，完全能够加强对接，实现相互促进。联合国秘书长古特雷斯表示，"一带一路"倡议与《2030年可持续发展议程》都以可持续发展为目标，都试图提供机会、全球公共产品和双赢合作，都致力于深化国家和区域间的联系。

二、深入推动"一带一路"国家的教育交流

2020年6月印发的《教育部等八部门关于加快和扩大新时代教育对外开放的意见》指出,教育对外开放是教育现代化的鲜明特征和重要推动力,要以习近平新时代中国特色社会主义思想为指导,坚持教育对外开放不动摇,主动加强同世界各国的互鉴、互容、互通,形成更全方位、更宽领域、更多层次、更加主动的教育对外开放局面。

教育为国家富强、民族繁荣、人民幸福之本,在共建"一带一路"中具有基础性和先导性作用。教育交流为各国民心相通架设桥梁,人才培养为各国政策沟通、设施联通、贸易畅通、资金融通提供支撑。各国间教育交流源远流长,教育合作前景广阔,大家携手发展教育,合力共建"一带一路",是造福各国人民的伟大事业。推进"一带一路"国家教育共同繁荣,既是加强与各国教育互利合作的需要,也是推进中国教育改革发展的需要,中国愿意在力所能及的范围内承担更多责任和义务,为区域教育大发展做出更大的贡献。

(一)教育合作的原则

"一带一路"国家教育合作应遵循四个重要原则。

一是育人为本,人文先行。加强合作育人,提高区域人口素质,为共建"一带一路"提供人才支撑。坚持人文交流先行,建立区域人文交流机制,搭建民心相通桥梁。

二是政府引导,民间主体。政府加强沟通协调,整合多种资源,引导教育融合发展。发挥学校、企业及其他社会力量的主体作用,活跃教育合作局面,丰富教育交流内涵。

三是共商共建,开放合作。坚持共商、共建、共享,推进各国教育发

展规划相互衔接，实现各国教育融通发展、互动发展。

四是和谐包容，互利共赢。加强不同文明之间的对话，寻求教育发展最佳契合点和教育合作最大公约数，促进各国在教育领域互利互惠。

（二）教育合作的重点

"一带一路"各国教育特色鲜明、资源丰富、互补性强、合作空间巨大。中国将以基础性、支撑性、引领性三方面举措为建议框架，开展三方面重点合作，对接各国意愿，互鉴先进教育经验，共享优质教育资源，全面推动各国教育提速发展。

1. 开展教育互联互通合作

一是加强教育政策沟通。开展"一带一路"国家教育法律、政策协同研究，构建各国教育政策信息交流通报机制，为各国政府推进教育政策互通提供决策建议，为各国学校和社会力量开展教育合作交流提供政策咨询。积极签署双边、多边和次区域教育合作框架协议，制定各国教育合作交流国际公约，逐步疏通教育合作交流政策性瓶颈，实现学分互认、学位互授联授，协力推进教育共同体建设。

二是助力教育合作渠道畅通。推进"一带一路"国家间签证便利化，扩大教育领域合作交流，形成往来频繁、合作众多、交流活跃、关系密切的携手发展局面。鼓励有合作基础、相同研究课题和发展目标的学校缔结姊妹关系，逐步深化和拓展教育合作交流。举办校长论坛，推进学校间开展多层次、多领域的务实合作。支持高等学校依托优势学科和专业，建立"产学研用"相结合的国际合作联合实验室（研究中心）、国际技术转移中心，共同应对各国在经济发展、资源利用、生态保护等方面面临的重大挑战与机遇。打造"一带一路"国家学术交流平台，吸引各国专家学者、青年学生开展研究和学术交流。推进"一带一路"国家优质教育资源共享。

三是促进语言互通。研究构建语言互通协调机制，共同开发语言互通开放课程，逐步将国家语言课程纳入各国的学校教育课程体系。拓展政府间语言学习交换项目，联合培养、相互培养高层次语言人才。发挥外国语院校人才培养优势，推进基础教育多语种师资队伍建设和外语教育教学工作。扩大语言学习国家公派留学人员规模，倡导各国与中国院校合作在华开办本国语言专业。支持更多社会力量助力孔子学院和孔子课堂建设，加强汉语教师和汉语教学志愿者队伍建设，全力满足不同国家的汉语学习需求。

四是推进民心相通。鼓励学者开展或合作开展中国课题研究，增进各国对中国发展模式、国家政策、教育文化等各方面的理解。建设国别和区域研究基地，与对象国合作开展经济、政治、教育、文化等领域研究。逐步将理解教育课程、丝路文化遗产保护纳入各国中小学教育课程体系，加强青少年对不同国家文化的理解。加强"丝绸之路"青少年交流，注重通过志愿服务、文化体验、体育竞赛、创新创业活动和新媒体社交等途径，增进不同国家青少年对其他国家文化的理解。

五是推动学历学位认证标准联通。推动落实联合国教科文组织《亚太地区承认高等教育资历公约》，支持联合国教科文组织建立世界范围学历互认机制，实现区域内双边、多边学历学位关联互认。呼吁各国完善教育质量保障体系和认证机制，加快推进本国教育资历框架开发，助力各国学习者在不同种类和不同阶段教育之间进行转换，促进终身学习社会的建设。共商、共建区域性职业教育资历框架，逐步实现就业市场的从业标准一体化。探索建立各国教师专业发展标准，促进教师流动。

2．开展人才培养培训合作

一是实施"丝绸之路"留学推进计划。设立"丝绸之路"中国政府奖学金，为各国专项培养行业领军人才和优秀技能人才。全面提升来华留学人才培养质量，把中国打造成为深受各国学子欢迎的留学目的地。以国家公派留学为引领，推动更多中国学生到"一带一路"其他国家留学。坚持"出国留学和来华留学并重、公费留学和自费留学并重、扩大规模和提高质量并重、依法管理和完善服务并重、人才培养和发挥作用并重"，完善全链条的留学人员管理服务体系，保障平安留学、健康留学、成功留学。

二是实施"丝绸之路"合作办学推进计划。有条件的中国高等学校开展境外办学要集中优势学科，选好合作契合点，做好前期论证工作，构建科学的人才培养模式、运行管理模式、服务当地模式、公共关系模式，使学校顺利落地生根、开花结果。发挥政府引领、行业主导作用，促进高等学校、职业院校与行业企业深度产教融合。鼓励中国优质职业教育配合高铁、电信运营等行业企业"走出去"，探索开展多种形式的境外合作办学，合作设立职业院校、培训中心，合作开发教学资源和项目，开展多层次职业教育和培训，培养当地急需的各类"一带一路"建设者。整合资源，积极推进与各国在青年就业培训等共同关心领域的务实合作。倡议国家之间开展高水平合作办学。

三是实施"丝绸之路"师资培训推进计划。开展"丝绸之路"教师培训，加强先进教育经验交流，提升区域教育质量。加强"丝绸之路"教师交流，推动各国校长交流访问、教师及管理人员交流研修，推进优质教育模式在各国的互学互鉴。大力推进各国优质教学仪器设备、教材课件和整体教学解决方案的输出，跟进教师培训工作，促进各国教育资源和教学水平均衡发展。

四是实施"丝绸之路"人才联合培养推进计划。推进国家间的研修访学活动。鼓励各国高等院校在语言、交通运输、建筑、医学、能源、环境工程、水利工程、生物科学、海洋科学、生态保护、文化遗产保护等国家发展急需的专业领域联合培养学生，推动联盟内或校际教育资源共享。

3. 共建丝路合作机制

一是加强"丝绸之路"人文交流高层磋商。开展国家间的双边、多边人文交流高层磋商，商定"一带一路"教育合作交流总体布局，协调推动各国建立教育双边和多边合作机制、教育质量保障协作机制和跨境教育市场监管协作机制，统筹推进"一带一路"教育共同行动。

二是充分发挥国际合作平台作用。发挥上海合作组织、东亚峰会、亚太经合组织、亚欧会议、亚洲相互协作与信任措施会议、中阿合作论坛、东南亚教育部长组织、中非合作论坛、中巴经济走廊、孟中印缅经济走廊、中蒙俄经济走廊等现有双边、多边合作机制的作用，增加教育合作的新内涵。借助联合国教科文组织等国际组织力量，推动各国围绕实现世界教育发展目标形成协作机制。充分利用中国–东盟教育交流周、中日韩大学交流合作促进委员会、中阿大学校长论坛、中非高校20+20合作计划、中日大学校长论坛、中韩大学校长论坛、中俄综合性大学联盟等已有平台，开展务实的教育合作交流。支持在共同区域、有合作基础、具备相同专业背景的学校组建联盟，不断延展教育务实合作平台。

三是实施"丝绸之路"教育援助计划。发挥教育援助在"一带一路"教育共同行动中的重要作用，逐步加大教育援助力度，重点投资于人、援助于人、惠及于人。发挥教育援助在"南南合作"中的重要作用，加大对相关国家尤其是最不发达国家的支持力度。统筹利用国家、教育系统和民间资源，为相关国家培养培训教师、学者和各类技能人才。积极开展优质教学仪器设备、整体教学方案、配套师资培训一体化援助。加强中国教育培训中心和教育援外基地建设。倡议各国建立政府引导、社会参与的多元化经费筹措机制，通过国家资助、社会融资、民间捐赠等渠道，拓宽教育经费来源，做大教育援助格局，实现教育共同发展。

三、精心组织"一带一路"国家文化教育大系的编著出版

在编写"一带一路"国家文化教育大系过程中，应当全面了解国内外对"一带一路"倡议的响应情况，关注进展，总结做法；应当在新冠肺炎疫情得到控制后到对象国去走一走，看一看，实地感受其教育情况和发展变化；应当广泛收集对象国一手资料，认真阅读，消化分析，吐故纳新；应当多方检索专家学者已经开展的相关研究，虚心参阅已有的研究成果。肆虐全球的新冠肺炎疫情，给人类身体健康和生命安全带来了巨大威胁，对世界格局和世界治理体系产生了重大影响，给全球各行各业带来了巨大挑战。教育置身其间，影响十分明显。因而，对"一带一路"国家文化教育进行研究时，必须观察分析疫情对相关国家文化教育和全球教育治理的深刻影响。

"一带一路"倡议提出后，中外已形成多个"一带一路"多边大学联盟。2015年5月22日，由西安交通大学发起的新丝绸之路大学联盟成立，迄今已吸引38个国家和地区的150余所大学加盟。该联盟是海内外大学结成的非政府、非营利性的开放性、国际化高等教育合作平台，以"共建教育合作平台，推进区域开放发展"为主题，推动"新丝绸之路经济带"国家和地区大学之间在校际交流、人才培养、科研合作、文化沟通、政策研究、医疗服务等方面的交流与合作，增进青少年之间的了解和友谊，培养具有国际视野的高素质、复合型人才，服务"新丝绸之路经济带"及欧亚地区的发展建设。

2015年10月17日，丝绸之路（敦煌）国际文化博览会筹委会文化传承创新高端学术研讨会在敦煌举行。中国的复旦大学、北京师范大学、兰州大

学和俄罗斯乌拉尔国立经济大学、韩国釜庆大学等46所中外高校在甘肃敦煌成立了"一带一路"高校战略联盟,以探索跨国培养与跨境流动的人才培养新机制,培养具有国际视野的高素质人才。46所高校当日达成《敦煌共识》,联合建设"一带一路"高校国际联盟智库。联盟将共同打造"一带一路"高等教育共同体,推动"一带一路"国家和地区大学之间在教育、科技、文化等领域的全面交流与合作,服务"一带一路"国家和地区的经济社会发展。

2016年9月,中国、中亚及丝绸之路经济带沿线7个国家的51所高校共同发起成立了中国-中亚国家大学联盟,旨在打造开放性、国际化互动平台,深化"一带一路"科教合作。

此外,高等教育合作研讨会也日渐增多,既有官方推动形成的研讨会,也有民间自发举办的研讨会。比如,中外大学校长论坛、新加坡-中国-印度高等教育论坛、"一带一路"教育对话论坛,以及北京师范大学举办的"一带一路"国家教育交流与合作高端研讨会,北京外国语大学举办的"一带一路"与行业国际化人才培养高峰论坛,北京理工大学主办的"一带一路"高等教育研究国际会议,浙江大学举办的"一带一路"背景下的工程科技人才培养国际研讨会等。这些多边研讨会的召开,不仅吸引了大量"一带一路"共建国家的教育研究者与实践者参会,推动了研究与实践合作,而且创新了教育合作模式,促进了国际化高端人才培养,为"一带一路"建设奠定了民意基础。

"一带一路"倡议提出之后,中国学术界迅速开展了关于"一带一路"的研究活动,有关"一带一路"主题的图书主要有以下五类。第一类是倡议解读类图书,一般是梳理"一带一路"倡议的提出、发展及其理论内涵与外延。第二类是经济贸易类图书,专业性较强,主要为理论研究型图书。第三类是国情文史类图书,多为介绍"一带一路"国家国情概览、历史情况、发展概况的工具书,语言平实,部分图书学术性较强。第四类是丝路历史类图书,一般回顾古代丝绸之路的形成与发展、丝绸之路上的人物和大事记等，追古溯源，以便更好地开启"一带一路"新篇章。第五类是法律税收类图书，多为法律指引、税务规范手册等。

可以看出，国内对"一带一路"国家的研究已有一定基础，但是囿于语言翻译的障碍，已经出版的"一带一路"图书，大多是政策解读、数据报告、概况介绍等，对对象国的研究广度和深度还很不够，尤其是针对"一带一路"国家文化教育的系统研究还比较少。

在"一带一路"国家中，遴选具有代表性的对象，对其文化、教育进行系统性的研究，并在此基础上编写"一带一路"国家文化教育大系，分期分批出版，对于帮助中国普通读者和研究人员了解"一带一路"国家的文化教育情况，以及对于拓展我国比较教育研究领域、丰富比较教育研究文献，乃至对于促进中外文明互通、更好地参与推进"一带一路"建设，都具有重要意义。基于对选题背景与意义、相关出版产品调研和北京外国语大学比较优势的分析，"一带一路"国家文化教育大系坚持学术性、可读性兼顾原则，分批次推出，不断积累，以形成规模和品牌。

大系在内容上，一方面呈现"一带一路"国家的文化概貌，展示"一带一路"国家教育发展的文化背景和社会依托。大系采用专题形式，力求用简洁平实的语言生动活泼地介绍"一带一路"国家的自然地理、人文景观、历史发展、风土人情、文化遗产等内容，重点呈现对象国独有的文化现象和独特风貌，集中揭示其民族文化内涵、民族精神、人文意蕴。另一方面，大系重点研究、评价、介绍"一带一路"国家教育的基本情况、发展历史、发展战略、政策法规、现存体系、治理模式与师资队伍等，这方面内容占较大篇幅，是全书的重点和主要内容。

"一带一路"倡议正在成为我国参与全球开放合作、改善全球治理体系、促进全球共同发展繁荣、推动构建人类命运共同体的中国方案。作为国家社会科学基金重大项目"'一带一路'沿线国家文化教育发展状况调查研究"的部分研究成果和北京外国语大学"双一流"建设重大标志性成果，

"一带一路"国家文化教育大系计划在2021年中国共产党建党100周年和北京外国语大学建校80周年之际，推出首批图书。2023年"一带一路"倡议提出10周年时，推出该项目二期成果。同时积极参与党和国家相关主题纪念活动，以及国家重大图书项目的申报评选工作。

北京外国语大学以外语见长，国际交往活跃，被誉为"共和国外交官的摇篮"，先后培养了400多位大使、2 000多位参赞，以及更多的外交外事外贸工作者。凡是有五星红旗飘扬的地方，都能看到北外人的身影。北外不仅承担着培养各类国际化人才的任务，更担负着向中国介绍世界、向世界介绍中国的历史使命。迄今为止，北外已获批开设101种外国语言，成立了37个区域与国别研究中心，丰富的涉外资源正在助力"一带一路"国家的研究。

大系由外研社具体组织实施。外研社隶属北外，多年来致力于"一带一路"国家的合作交流，服务讲好"中国故事"，在中华思想文化传播、打造中外出版联盟、推动中外学术互译等方面积累了丰富经验，对于协助研究、编著、出版"一带一路"国家文化教育大系具有良好的工作基础。这也是北外及外研社的使命和担当之所在。

大系编著者以北外教师为主。服务国家重大战略，北外人责无旁贷。同时，国内有研究专长和研究意愿的专家学者也踊跃参与，他们或独自撰著一书，或与北外同仁合作。大系还邀请了驻外使领馆的同志和对象国的学者参加撰写或审稿，他们运用一手资料，开展实地调研，力图提升大系的准确性。

四、结语

"一带一路"倡议植根历史，更面向未来；源于中国，更属于世界。"一带一路"作为文明互鉴的桥梁，从亚欧大陆延伸到非洲、美洲、大洋洲，与世界各国发展战略及众多国际和地区组织的发展实现对接联通，在通路、通航的基础上更好地通商，进而开展文化教育交流与沟通，加强商品、资金、技术、文化、教育流通，达成互学互鉴的文明愿景。"一带一路"倡议的目标是中国与"一带一路"国家在互联互通基础上分享优质产能，共商项目投资，共建基础设施，共享合作成果，内容包括政策沟通、设施联通、贸易畅通、资金融通、民心相通"五通"。"一带一路"倡议肩负重大使命，它要探寻经济增长之道，将中国自身的产能优势、技术与资金优势、经验与模式优势转化为市场与合作优势，实行全方位开放，共享中国改革发展红利；它要实现全球化再平衡，鼓励向西开放，带动西部开发以及中亚、蒙古等内陆国家和地区的开发，在国际社会推行全球化的包容性发展理念，主动向西推广中国优质产能和比较优势产业，惠及沿途、沿岸国家，避免西方国家所开创的全球化造成的贫富差距和地区发展不平衡情况，推动建立持久和平、普遍安全、共同繁荣的和谐世界；它要开创地区新型合作，强调共商、共建、共享原则，超越了马歇尔计划和传统的对外援助活动，给21世纪的国际合作带来了新的理念。所以，新时代中国的教育学者应当将"一带一路"国家文化教育研究作为比较教育新的增长点，全面深入开展研究，以自己的聪明才智丰富学术，为国出力，服务国家重大发展战略；在加强与"一带一路"国家的交流合作中，推动"一带一路"建设高质量发展，努力建设高质量的中国教育体系，并积极参与新时代全球教育治理体系改革，加快构建以国内大循环为主体、国内国际双循环相互促进的新发展格局。

2024 年 5 月

于北京外国语大学

（王定华，北京外国语大学党委书记、博士、教授、博士生导师，国家督学。历任河南大学教师、中国驻纽约总领事馆教育领事、教育部基础教育一司司长、教育部教师工作司司长等。）

本书前言

卢森堡是共建"一带一路"的重要国家，也是十分发达的欧盟成员国。介绍、了解、研究卢森堡文化与教育的现状和发展，对中国经济、社会、教育、外交等事业的发展都具有借鉴作用和启发意义。《卢森堡文化教育研究》作为"一带一路"国家文化教育大系的一个分册，旨在全方位、多角度汇集、展示、分析、评述卢森堡文化教育发展的最新动态、发展特点和重要经验。

全书正文共包括十一章，分为四个部分：第一部分是卢森堡概况介绍，具体包括国情概览和文化传统两章；第二部分简要介绍了卢森堡初等教育、中等教育和高等教育的发展历史；第三部分共七章，按教育体系的不同部分开展专题研究，具体包括学前教育、基础教育、高等教育、职业教育、成人教育、教师教育、教育行政与教育政策；第四部分聚焦中卢教育文化交流与合作，为正文最后一章。

在本书的写作过程中，两位作者从卢森堡政府等各种权威信息来源处检索、收集了大量可靠素材，并对这些信息、资料和素材进行梳理、翻译、加工、整理，力求完整准确、精益求精，以便为读者客观、全面地呈现卢森堡文化教育概貌。单志斌曾两次到卢森堡开展实地考察，走访参观了卢森堡市、埃施、申根、菲安登、克莱沃等地若干所中小学以及卢森堡大学，获取了大量最新的一手信息。书中所有照片均为考察期间现场拍摄。全书各章的资料信息、内容摘选、总结呈现由单志斌完成，评述部分由徐浩撰写初稿并由两位作者共同修改完善。全书由单志斌统稿。

  衷心感谢北京外国语大学党委书记、"一带一路"国家文化教育大系总主编王定华教授提供的撰著机遇和框架指导，感谢外语教学与研究出版社刘捷编审、孙凤兰编审、巢小倩副编审、杜晓沫副编审给予的专业支持和大力帮助。

  虽然本书所呈现的资料绝大部分取自近几年的信息来源，但由于时间和水平有限，难免存在纰漏和不尽准确之处，恳请学界和广大读者不吝批评指正。希望本书能为读者展现我国目前对卢森堡文化教育所开展的研究中，最新近、最完整、最有深度的描述、分析、评价和反思。

单志斌　徐浩

2024 年 5 月于北京外国语大学

目　录

第一章　国情概览 ·····1
第一节　自然地理 ·····1
一、地理位置 ·····1
二、地形地貌 ·····2
三、气候与水文 ·····4
四、自然资源 ·····5
五、自然环境保护 ·····7
第二节　国家制度 ·····9
一、国家符号 ·····9
二、行政区划 ·····11
三、政治制度 ·····12
第三节　社会生活 ·····17
一、人口情况 ·····17
二、语言状况 ·····20
三、经济概况 ·····23

第二章　文化传统 ·····25
第一节　卢森堡简史 ·····25
一、古代简史 ·····25
二、近代简史 ·····26
三、现当代简史 ·····27
第二节　风土人情 ·····29
一、卢森堡市 ·····29
二、红土区：以埃施为例 ·····31

  三、摩泽尔河谷：以申根小镇为例 ………………………… 33
  四、奥斯林地区：以菲安登、克莱沃为例 ……………… 34
  五、穆勒塔尔地区：以埃希特纳赫为例 ………………… 36

第三章 教育历史 …………………………………………… 37
第一节 初等教育简史 ……………………………………… 37
  一、19 世纪的初等教育概况 …………………………… 37
  二、20 世纪的初等教育改革 …………………………… 39
  三、21 世纪的初等教育改革 …………………………… 41
第二节 中等教育简史 ……………………………………… 43
  一、19 世纪的中等教育概况 …………………………… 43
  二、20 世纪的中等教育改革 …………………………… 45
  三、21 世纪的中等教育改革 …………………………… 51
第三节 高等教育简史 ……………………………………… 54
  一、雅典娜中学：高等教育的萌芽 ……………………… 54
  二、卢森堡大学中心：大学的雏形 ……………………… 56
  三、卢森堡大学：大学梦的实现 ………………………… 59

第四章 学前教育 …………………………………………… 62
第一节 学前教育的现状 …………………………………… 63
  一、教育托管服务体系 …………………………………… 63
  二、基本教育第一学段概况 ……………………………… 73
第二节 学前教育的特点 …………………………………… 80
  一、通过发放教育补贴促进教育平等 …………………… 80
  二、关注多语教育 ………………………………………… 84
  三、非正规教育质量高 …………………………………… 87

第三节 学前教育的经验 ·········· 88
- 一、学前教育体系贯通 ·········· 88
- 二、社会力量办学规划有力 ·········· 90
- 三、亲子助理成为专业群体 ·········· 91
- 四、符合幼儿发展内在需要 ·········· 93
- 五、教学标准参考框架明确 ·········· 94
- 六、实行多语制 ·········· 95
- 七、注重基础性能力发展 ·········· 96
- 八、多元文化与小规模并行 ·········· 97

第五章 基础教育 ·········· 98
第一节 初等教育的现状 ·········· 98
- 一、公立小学概况 ·········· 99
- 二、初等教育培养目标与课程方案 ·········· 102
- 三、初等教育课程评价 ·········· 104
- 四、其他初等教育课程 ·········· 116
- 五、小学毕业升学指导 ·········· 116

第二节 中等教育的现状 ·········· 118
- 一、普通中等教育 ·········· 119
- 二、通用中等教育 ·········· 129
- 三、中等教育国际课程 ·········· 141

第三节 基础教育的特点 ·········· 142
- 一、注重多语教育 ·········· 142
- 二、关注教育平等 ·········· 144
- 三、大力推进教育数字化转型 ·········· 146
- 四、师生比高配置 ·········· 147
- 五、细化初等教育三阶学段 ·········· 148

六、初等教育重视行动能力培养……………………149
　　七、初等教育课程体系具有显著通识教育
　　　　特征……………………………………………151
　　八、科学教育具备"研究"性……………………151
　　九、艺术与审美教育强调感知与表达……………153

第六章 高等教育……………………………………154
第一节 高等教育的现状………………………………155
　　一、大学概况………………………………………155
　　二、机构设置………………………………………159
　　三、人才培养………………………………………162
　　四、校园生活………………………………………170
　　五、科学研究………………………………………172
　　六、就业与社会服务………………………………175
第二节 高等教育的特点………………………………177
　　一、注重国际化……………………………………177
　　二、发展多语言……………………………………179
　　三、关注跨学科……………………………………182
第三节 高等教育的经验………………………………184
　　一、起步虽晚但资源丰富…………………………184
　　二、学校董事会与行政部门权责明晰……………186
　　三、推行大学院"学部制"………………………186
　　四、设立研究中心提高跨学科性…………………187
　　五、博士生培养与科研紧密结合…………………188
　　六、重视发展领域规划与外部评估………………189
　　七、完善学生就业支持体系………………………190

第七章 职业教育 192
第一节 职业教育的现状 192
一、中等职业教育 192
二、高等职业教育 206
第二节 职业教育的特点 210
一、对标职业、体系完备 210
二、选择性大、层次性强 211
三、纵横双向发展 212

第八章 成人教育 214
第一节 成人教育的现状 215
一、成人基本能力教育 215
二、中等教育第二渠道 217
三、高级技师认证 220
四、同等学力认证 223
五、成人多语言培训 226
六、相关机构 230
七、激励措施 234
八、继续教育与终身学习培训的市场结构 239
第二节 成人教育的特点 240
一、补偿性质鲜明 240
二、成人基本能力教育基于标准 241
三、同等学力认证广泛 242
四、高度发展的成人教育体系 243

第九章 教师教育 ... 244

第一节 教师教育的现状 ... 244
一、基础教育阶段教师概述 ... 244
二、教师职前教育 ... 247
三、公务员序列教师考录与入职实习 ... 253
四、公办小学教师招录的挑战和应对 ... 265
五、其他类型的教师与教师教育 ... 267

第二节 教师教育的特点 ... 272
一、教师人力资源管理体系完整 ... 272
二、教师职前教育体系健全 ... 273

第十章 教育行政与教育政策 ... 276

第一节 教育行政 ... 276
一、中央教育行政 ... 276
二、地方教育行政 ... 279

第二节 教育政策 ... 285
一、《儿童与青少年非正规教育全国参考框架》... 285
二、《中学校园社会心理支持和课外活动组织共同参考框架》... 288
三、《学业与职业规划指导参考框架》... 290
四、推广卢森堡语和卢森堡文化长期战略 ... 293

第三节 特色和经验 ... 297
一、中央教育行政的规划与管理职能特色 ... 297
二、卢森堡中学的组织与管理特色 ... 298
三、卢森堡语的语言政策与规划经验 ... 299

第十一章 中卢教育文化交流·······300
第一节 中卢高等教育交流·······300
一、复旦大学：卢森堡大学全球战略合作
　　伙伴······301
二、浙江大学－卢森堡大学高等智能系统与推理
　　联合实验室······302
三、卢森堡大学与国内其他高校的校际交流
　　合作······303
四、中卢高等教育交流的基本模式·······306
第二节 卢森堡的汉语教育及中卢文化交流······307
一、卢森堡中等教育中的汉语课程······307
二、卢森堡大学孔子学院······312
三、卢森堡中国语言文化中心······314
四、卢森堡中国文化中心······316
五、中卢文化交流思考······318

结　语······320

参考文献······327

第一章 国情概览

卢森堡大公国，简称卢森堡，是世界上唯一的大公国。卢森堡国土面积 2 586.3 平方千米，人口约 64.5 万人（2022 年统计数据）。[1]虽然国土面积不大，人口不多，但卢森堡经济发达，文化多元，在欧洲和国际事务中都发挥着重要作用。

第一节 自然地理

一、地理位置

卢森堡位于欧洲西北部，东邻德国，南毗法国，西部和北部与比利时接壤。卢森堡为东一时区，目前仍保留冬夏时制转换，每年三月的最后一个周日至十月的最后一个周日为夏令时，比北京时间晚六个小时；其余时间为冬令时，比北京时间晚七个小时。卢森堡东西长 57 千米，南北长 82 千米。国境线总长 356 千米：在东部，乌尔河、绍尔河和摩泽尔河由北向南构

---

[1] 数据来源于卢森堡经济研究与统计中心官方网站。

成了卢森堡与德国长 135 千米的天然边境线；在南部，与法国的边境线长 73 千米；在西部与北部，与比利时的边境线长 148 千米。[1]

二、地形地貌

卢森堡国土面积虽小，但地形地貌丰富多样。全国可以划分为两大地理区域：北部的奥斯林地区和中部、南部的古特兰地区。[2]

（一）奥斯林地区

奥斯林地区占地面积 828 平方千米，约占国土面积的三分之一。奥斯林地区属于阿登高地的东段，是比利时阿登山脉的自然延伸；继续向东，则与德国的埃菲尔高地相接。这也体现了比利时、卢森堡、德国三国之间密切的地理位置关系。奥斯林地区地势较高，平均海拔 400—500 米，陡峭的高峰和树木繁茂的深谷交错分布，中间有溪流潺潺而过。由于地势崎岖，植被葱郁，奥斯林地区的景色十分壮丽，适宜观光。[3]

卢森堡境内海拔最高点就位于奥斯林地区，是处于卢森堡—比利时边境的奈夫山，海拔 560 米。有意思的是，不远处的布尔格普拉兹山海拔 559 米，在 1952 年的地理测量中被记录为全国最高峰，山顶甚至还有一块写着"卢森堡最高点"的纪念碑。但在 1997 年的测量中，奈夫山的高度被校正，由之前的 558 米修正为 560 米，从而成为卢森堡的地理最高点。[4]

奥斯林地区的主要城市有克莱沃、菲安登（一译为维安登）、维尔茨、

---

[1] 资料来源于卢森堡国家信息门户网站。
[2] 资料来源于世界百科全书官方网站。
[3] 资料来源于奥斯林地区旅游局官方网站。
[4] 资料来源于奥斯林地区旅游局官方网站。

迪基希和埃特尔布鲁克。后两个城市由于地理位置接近，经济活动密切，已发展成一个更大型的城市群，名为"北方城"。

（二）古特兰地区[1]

古特兰地区的字面意思是"好地方"，占地面积 1 758 平方千米，约占国土面积的三分之二，人口更加年轻、稠密，更加具有活力。古特兰地区的地势相对较低，平均海拔 300—400 米，农田和森林广布，三分之二以上的土地用于农业生产；也有山丘，但起伏和缓许多。古特兰地区可以细分为五个景观各异的子区域。

一是摩泽尔河谷地区，位于东部，是卢森堡最大的河谷。此处气候温和干燥，适宜葡萄种植，是著名的葡萄酒产区，盛产白葡萄酒。卢森堡的海拔最低点位于摩泽尔河谷地区的瓦瑟比利希，海拔 130 米，绍尔河与摩泽尔河在此处交汇。

二是摩泽尔河谷以北的穆勒塔尔地区，这里有着卢森堡"小瑞士"的美称。河流蜿蜒前行，砂岩岩层被流水侵蚀后形成了独特的壮丽景观，地质学上有重要意义，同时也是天然的旅游资源。穆勒塔尔地区面积很小，只占全国面积的 7%，主要城市是埃希特纳赫。

三是艾施河的河谷区。艾施河蜿蜒曲折，绵延近 40 千米，一直延伸到梅尔施市汇入阿尔泽特河。艾施河连接了七座中世纪城堡，该区因此也被称为七城堡河谷区。

四是西南部的红土区，也称米内特区[2]，是一片富含铁矿石的盆地。这一地区地形地貌的形成与工业活动密切相关。自 1870 年起，卢森堡的铁矿开采与冶炼业得到了大力发展，红土区逐渐成为卢森堡的工业区；20 世纪

---

[1] 资料来源于卢森堡国家信息门户网站。

[2] 在卢森堡语中，铁矿石被称作 minett，这也是米内特区名字的由来。

70年代，受钢铁行业危机的影响，采矿、冶炼等工业基地逐渐关闭。1981年11月，卢森堡最后一家铁矿宣告关闭。[1]在这之后，昔日的工业用地或者转为城镇建设用地，或者恢复成自然环境保护区。红土区的主要城市是阿尔泽特河畔埃施（简称埃施）及其周边城市组成的集群。

五是首都区，主要包括首都卢森堡市及周边区域。这里绿地众多，阿尔泽特河与佩特鲁斯河交汇于此，有着千年历史的文物古迹和现代化的新式建筑和谐地结合在一起。

三、气候与水文

卢森堡虽处欧洲西北部，但并不临海，不具有典型的温带海洋性气候特征，阿登高地的屏障作用使得卢森堡的气候具有大陆性特征，属海洋—大陆过渡性气候。总体来说，卢森堡的年平均气温在9℃左右。夏季阳光明媚，偶尔会出现气温超过35℃的酷暑天气，但总体来说气温不算高：在一年最热的七月，平均气温17.5℃。冬季相对温和，但是受来自大西洋的低气压影响，经常阴天下雨，有时也会下雪：在一年最冷的一月，平均气温0.8℃。由于海拔不同，南北部两个地理分区之间的气候存在轻微的差异。在奥斯林地区，冬天更寒冷，可达零下15℃，夏天则更凉爽；在古特兰地区，冬天更温和，夏天则气温更高。[2]

卢森堡的雨水比较充沛，年平均降水量约为828毫米。降水量自西向东递减，西部某些地区可达每年1 200毫米，在卢森堡市约为800毫米，在摩泽尔河谷达到最低，约700毫米。一般来说，四月份雨水最少，降水量约58毫米；十二月雨水最多，降水量约89毫米。日照时间上，五月到八月的日照

---

[1] 资料来源于卢森堡《要点报》网站。
[2] 资料来源于卢森堡自然环境信息网站。

都比较充足，又以七月最为充足，每天平均有10个小时的日照时长，这也是游览卢森堡的最佳季节；一月日照最少，日均日照时长只有2小时。[1]

卢森堡的水文网络总长约1 800千米。卢森堡境内的主要河流都发源于邻国。从长度上看，发源于比利时的绍尔河最长，贯穿卢森堡中部，境内总长135千米；其次有阿尔泽特河（发源于法国，纵穿卢森堡南北，境内长67千米）、乌尔河（发源于德国与比利时边境，境内长52千米）、摩泽尔河（发源于法国东北部，境内长37千米）等。[2]这些河流常常充当卢森堡与邻国的天然边境线。摩泽尔河虽然不是最长的河，但流量最大，卢森堡境内的其他河流最后几乎都汇入摩泽尔河：阿尔泽特河和乌尔河注入绍尔河，绍尔河又注入摩泽尔河。摩泽尔河上还建有水坝和船闸，是卢森堡唯一能够通航的河流。因此，摩泽尔河可谓卢森堡的第一大河。

上绍尔湖是卢森堡最大的湖泊，位于奥斯林地区，面积380公顷。[3]不过它不是天然湖泊，而是上绍尔河大坝建成后形成的人工水库，是绍尔河水利治理的成果之一。上绍尔湖周围环绕着茂密的植被和宁静的溪流，是开展帆船、独木舟和皮划艇等水上运动的上佳场所。

四、自然资源

卢森堡自然资源总体比较贫乏。矿产资源方面，卢森堡除铁矿外几乎没有其他任何矿藏。铁矿主要分布在西南部红土区，曾有近百年的开采史，但现今卢森堡已经完全告别采矿业。

森林资源方面，卢森堡森林面积约为90 000公顷，约占国土面积的三

---

[1] 资料来源于卢森堡自然环境信息网站。
[2] 资料来源于卢森堡自然环境信息网站。
[3] 资料来源于卢森堡自然环境信息网站。

分之一，森林覆盖率在欧洲国家中排名前列。受地理位置和气候条件影响，森林资源中阔叶林约占64%，主要是山毛榉林和橡树林；针叶林约占36%，主要是云杉林。55%的森林资源分布在奥斯林地区。卢森堡约54%的森林资源为私人所有，其余为公有，包括市镇所有森林（约占33%）、国家所有森林（约占11%）和公共机构所有森林（约占1%）。卢森堡超过85%的森林距离人口聚集区不到1 500米，有利于居民在闲暇时间前往休憩、运动。26%的森林中修有道路。[1]

能源方面，由于国土面积小，卢森堡绝大部分能源依靠进口。卢森堡能源需求特点是石油占主导地位。2018年，仅石油消费就占全国一次能源消费的59.5%（所有化石燃料共占78%）。石油资源不仅用于卢森堡的交通运输，还满足了住宅和第三产业部门的很大一部分供热需求。2018年，卢森堡消费的所有油气资源和86%的电能都依赖进口，是国际能源署所有成员中外部能源依赖程度最高的国家。[2] 在卢森堡，仅交通部门就占能源消耗的一半以上，占温室气体排放总量的65%。为了实现可持续发展与环境保护，卢森堡政府的目标是使电动汽车覆盖率在2030年达到49%。为鼓励交通部门节能减排，卢森堡政府在大力推广清洁能源汽车之余，还积极推动公共交通发展。自2020年3月起，卢森堡全国的公共交通工具（包括火车二等座、有轨电车、公共汽车等）全部免费运营，本国居民和外国游客均可免费乘坐。只有火车一等座仍需按原票价购票乘车。[3] 卢森堡政府反对发展核能，因此更加重视可再生资源，包括风能、太阳能和水能等。

为了应对气候变化和环境挑战，保证国家的能源供应安全，卢森堡积极制定务实的能源政策。《国家能源和气候综合计划》是卢森堡气候和能源政策的基础。该计划提出了一系列指标和具体措施，力争在2020—2030年

---

[1] 资料来源于卢森堡自然环境信息网站。
[2] 资料来源于全球能源信息概况网站。
[3] 资料来源于卢森堡国家信息门户网站。

实现温室气体减排 55%，可再生能源结构占比达 25%，将能源效率提升至 44% 等。卢森堡认可《巴黎协定》制定的气候目标，力争到 2050 年实现温室气体零排放，可再生能源结构占比 100%。[1]

五、自然环境保护

卢森堡重视环境和生物多样性保护，先后制定了三个《自然保护国家行动计划》。最新版本的《计划（2022—2030 年）》配合欧盟《2030 年生物多样性战略》提出的目标，制定了一系列具体行动措施。[2] 卢森堡积极参与欧盟的"自然 2000"自然保护区网络行动，境内共有 49 个特别保护区，占地 41 588 公顷；12 个特殊保护地，占地 41 893 公顷。[3]

2020 年 10 月，米内特教科文生物圈正式进入联合国教科文组织人与生物圈计划世界生物圈保护区网络。[4] 人与生物圈计划是一个政府间科学计划，旨在为加强人与环境之间的关系奠定科学基础。该计划将自然科学与社会科学相结合，致力于改善人类生存条件、保护生态系统，以符合当地社会、文化传统和可持续的环保创新方法，促进经济发展。[5] 目前全球共有 727 个生物圈保护区，分布在 131 个国家，其中包括 22 个跨境保护区。这些保护区共同组成世界生物圈保护区网络。[6]

米内特教科文生物圈是卢森堡目前唯一一个生物圈保护区，占地面积 20 065 公顷，约占全国总面积的十分之一。从 19 世纪末到 20 世纪 90 年代，

---

[1] 资料来源于卢森堡环境部信息门户网站。
[2] 资料来源于卢森堡环境部信息门户网站。
[3] 资料来源于欧盟"自然 2000"自然保护区官方网站。
[4] 资料来源于卢森堡国家信息门户网站。
[5] 资料来源于联合国教科文组织官方网站。
[6] 资料来源于联合国教科文组织官方网站。

米内特红土区一直是卢森堡工业活动的中心，采矿业的兴衰在这里留下深刻印迹。保护区内有总长约 80 千米的人工道路网络，连接了区内重要的城镇、旅游景点和历史遗迹。道路因呈现出特殊的红色而得名红岩路径，深受徒步旅行者和自行车爱好者的喜爱。[1]

红土区是卢森堡继首都区之后的第二大人口核心区，也是全国第二大就业区，目前有超过 177 000 人居住，居民数占全国人口的近三分之一。目前，该区大约 46% 的居民是外国人，人口资源呈现出多元文化、国际性、高活力的特点。区内既有高度现代的城市建筑景观，也有沧桑的工业废弃荒地景观，它们与高地、幽谷、密林和险崖一起，体现了大自然与工业历史的有机融合，完美展现了人与自然的相互作用。保护区内的水道连接了不同的生物群落，为许多动植物提供了栖息地。[2]

米内特教科文生物圈分为三个区域。一是核心区，共 6 个，占地面积 19 平方千米，占生物圈总面积的 10%。核心区的目的是保护重要的生态资源和功能，区内只允许研究或监测活动。核心区全部是曾经的露天矿区。二是缓冲区，共 26 个，占地面积 42 平方千米，占生物圈总面积的 21%。缓冲区的目的是尽可能地减少人类活动对核心区域的负面影响。三是过渡区，即生物圈内的剩余区域，占地面积 139 平方千米，占生物圈总面积的 69%。在过渡区内，人类可以正常开展各类生产和生活活动。[3]

2022 年 4 月，穆勒塔尔自然与地质公园通过评估，入选联合国教科文组织世界地质公园。[4] 在 2.45 亿年前，穆勒塔尔自然与地质公园所在区域是一片海洋。随着时间的流逝和地质结构的演变，海水退去，沙石颗粒逐渐沉积，后又经受河流的冲刷，从而形成了今天独具特色的地质景观。在公园内可以看到卢森堡最大的"蘑菇"。"蘑菇"其实是一块砂岩巨石，蘑菇

---

[1] 资料来源于联合国教科文组织官方网站。
[2] 资料来源于米内特生物圈官方网站。
[3] 资料来源于米内特生物圈官方网站。
[4] 资料来源于穆勒塔尔自然与地质公园官方网站。

的"柄"是更容易被冲蚀的岩层，而"伞"则是更为坚固的岩层。在这颗巨大的蘑菇周围还能看到其他砂岩块，上面仍保留有新石器时代人类打磨斧头等器具留下的印迹。1935年，在公园内的黑恩兹山谷，一名小学教师发现了一具人类骨架以及一些残存的骸骨。科学家研究后认为，骨架属于一名男性，骸骨碎片属于一名女性，他们都生活在中石器时代。这名男性后来被认为是最早的卢森堡人。

第二节 国家制度

一、国家符号

卢森堡国旗为长方形，长宽比5∶3。旗面由三个等大的长方形色条组成，自上而下分别是红色、白色和天蓝色。卢森堡国旗与荷兰国旗的颜色非常相近，但卢森堡国旗的蓝色为天蓝色，荷兰国旗的蓝色为海蓝色。[1]

卢森堡的国徽有大、中、小三种样式。小号国徽是一枚盾徽，盾面是十条白、蓝相间的等宽水平条纹，上面绘有一只头戴金色王冠的红狮。盾牌上方还有一顶金色的大公冠冕。中号国徽在盾徽的左右两侧各有一头金狮。大号国徽呈斗篷式，顶部是金色王冠，斗篷将中号国徽包围起来，并在盾徽周围饰有绶带，下方悬垂一枚勋章。[2] 2007年，经议会同意，内阁宣布，国徽中的红狮也可以作为卢森堡的民用旗使用。[3]

卢森堡的国歌取自1859年的歌曲《我们的祖国》的首尾两节。《我们的

---

[1] 资料来源于卢森堡政府门户网站。
[2] 资料来源于卢森堡政府门户网站。
[3] 资料来源于卢森堡政府门户网站。

祖国》原是米歇尔·伦茨用卢森堡语写的一首诗，后由让-安托万·津宁谱曲。1864年，卢森堡国歌在埃特尔布鲁克的一个大型仪式上首次公开演奏，为和平与自由发出了慷慨激昂的呼吁。国歌表达了卢森堡在和平和繁荣中实现独立的喜悦。歌词大意是：

  阿尔泽特河浇灌牧场
  绍尔河冲刷砂岩
  摩泽尔河那紫红色的河岸
  是葡萄生长的地方
  这就是我们热爱的土地
  我们热爱的祖国
  为她，我们会一直付出鲜血
  哦，这片土地上人民的主人
  请用你强有力的手
  抵御外敌的威胁
  听到人民高呼自由
  孩童心魄激昂
  保佑我们在胜利的阳光下
  永远做一个自由的民族

  卢森堡的国庆日是6月23日。每年6月22日和23日，全国都会组织一系列庆祝活动，如烟花表演、火炬游行、音乐会等。正式庆祝仪式一般于23日上午10点在卢森堡音乐厅举行，大公家族、议会成员、内阁成员都会出席。大公、首相和议长首先向全国人民发表讲话，然后为做出突出贡献的卢森堡人颁发勋章。仪式以卢森堡爱乐乐团的音乐演奏结尾，演奏曲目每年由不同的作曲家创作。最后，鸣礼炮21响，在户外进行阅兵式。下午，在卢森堡圣母院完成传统的赞美诗仪式后，庆祝仪式宣告结束。[1]

二、行政区划

卢森堡的行政区划分为两级[2]：省[3]和市镇[4]。全国共划分为12个省、102个市镇。[5]但实际上，各省没有专门的行政机构，更多是方便划分选区和行政区的边界。卢森堡12个省的简况见表1.1。

表1.1 卢森堡各省简况（2022年）[6]

省份	人口（人）	面积（平方千米）	所含市镇（个）
卢森堡	198 476	238	11
埃施	186 468	243	14
卡佩伦	51 691	199	9
梅尔施	34 721	224	10
迪基希	34 309	239	10
格雷文马赫	31 748	211	8
雷米希	23 717	128	8
雷当日	20 371	267	10
克莱沃	20 016	332	5

---

[1] 资料来源于卢森堡政府门户网站。
[2] 卢森堡曾设有大区（法语称为district）一级行政区划，将全国分为迪基希、格雷文马赫和卢森堡3个大区，但这一行政区划已经于2015年撤销。
[3] 法语称为canton。
[4] 法语称为commune。
[5] 资料来源于卢森堡政府门户网站。
[6] 数据来源于卢森堡经济研究与统计中心官方网站。

续表

省份	人口（人）	面积（平方千米）	所含市镇（个）
埃希特纳赫	19 716	186	7
维尔茨	18 648	265	7
菲安登	5 516	54	3
总计	645 397	2 586	102

市镇是卢森堡的基层行政单位。卢森堡法律规定，以下12个地区可以称为"城市"[1]：迪基希、迪弗当日、迪德朗日、埃希特纳赫、埃施、埃特尔布鲁克、格雷文马赫、卢森堡、雷米希、吕姆朗日、菲安登和维尔茨。但这些城市与其他地区在行政等级上并无任何不同。

三、政治制度

（一）国家元首

卢森堡是世界上唯一一个大公国。卢森堡的现行宪法于1868年10月17日颁布，后经多次修订。宪法规定，卢森堡的国体是君主立宪制，大公为国家元首、武装部队统帅，拥有立法权和行政权，有权解散议会。大公是世袭的，实行的是不分性别的长子女继承制。实际上，议会行使立法权，政府行使行政权，对议会负责。[2]

---

[1] 法语称为 ville。

[2] 中华人民共和国外交部. 卢森堡国家概况 [EB/OL]. （2023-04-01）[2023-06-30]. https://www.mfa.gov.cn/web/gjhdq_676201/gj_676203/oz_678770/1206_679402/1206x0_679404/.

（二）立法机构

卢森堡议会是卢森堡最高立法机构。议会大楼位于首都卢森堡市，紧邻卢森堡大公宫殿。议会实行一院制，只有众议院。共有议员 60 名，任期 5 年。议会主要职责是表决法案，宪法还赋予议会管理金融事务和监督政府的权力。在国际事务领域，与其他国家或国际组织签署的任何条约都须经过议会批准方能生效。议会、大公和政府都有提案权，议会的提案称为法律建议，大公和政府的提案称为法律草案。[1] 议会的日常事务由议长和副议长负责。立法监督权属于宪法法院。[2]

卢森堡全国分为 4 个选区，具体情况见表 1.2。

表 1.2 卢森堡的 4 个选区 [3]

选区	省份	议员数（人）
南部选区	埃施、卡佩伦	23
中部选区	卢森堡、梅施	21
北部选区	迪基希、雷当日、维尔茨、克莱沃、菲安登	9
东部选区	格雷文马赫、雷米希、埃希特那赫	7

参选政党制定各选区候选人名单，名单人数不得超过各选区法定议员总数。原则上，立法选举时间为六月的第一个星期天。年满 18 周岁、拥有民事与政治权利、在卢森堡有固定居所的卢森堡公民有选举权；年满 21 周岁、拥有民事与政治权利、在卢森堡有固定居所的卢森堡公民有被选举权。议员不能兼任国家公共职务。公职人员被选为议员并接受委任，视为自动

---

[1] 彭姝祎. 卢森堡 [M]. 北京：社会科学文献出版社，2010：92.
[2] 中华人民共和国全国人民代表大会. 卢森堡议会 [EB/OL].（2011-05-20）[2023-06-30]. http://www.npc.gov.cn/npc/c16205/201105/4443808713074680bb313fc39c360eac.shtml.
[3] 资料来源于卢森堡议会官方网站。

放弃其原有职位；议员接受国家公职，将失去议员身份。

卢森堡目前的主要政党有基督教社会党（简称"基社党"）、民主党、社会工人党（简称"社工党"）、绿党、选择民主改革党、左派党、卢森堡共产党等。

根据宪法规定，卢森堡还设有国务委员会，是独立机构，主要行使立法建议权，在行政和司法领域也享有一定的建议权。[1] 按照法律规定，无论是议会提出的法律建议还是政府提出的法律草案，在表决前必须咨询国务委员会的意见。国务委员会审查文本草案是否符合宪法、国际公约和一般法律原则。另外，由于卢森堡议会是一院制，所有法案都必须由议会表决两次，两次表决至少间隔三个月。国务委员会可以免除二次表决，从而在一定程度上简化立法流程。如果国务委员会反对免除二次表决，那么很有可能是因为法案中有不符合宪法、国际法、欧盟法或法律一般原则的内容。[2]

国务委员会由21名委员构成，其中至少11人应当具有法学硕士及以上学位。候选人由政府、议会和国务委员会提出建议，委员由大公任免。在任命委员时，一般要考虑各政党在议会的分布情况，兼顾男女平等。

（三）行政机构

根据宪法，卢森堡的行政权属于大公，大公通过发布必要的政令来确保法律的执行。在实践中，这项任务是由内阁来完成的。[3] 内阁是卢森堡的最高行政机构，负责法律的执行。内阁由一名首相、若干名大臣，以及若干名国务秘书组成。理论上，大公有选择内阁成员的绝对自由，但实际上，大公提名的内阁成员还需要得到议会的大多数信任，即60名议员中至少有

---

[1] 资料来源于卢森堡政府门户网站。
[2] 彭姝祎. 卢森堡[M]. 北京：社会科学文献出版社，2010：96-98.
[3] 资料来源于卢森堡政府门户网站。

31名支持。一般来说，大公按照立法选举的结果任命首相，然后由首相负责组建内阁。首相一般是议会中多数党的领袖。如果没有一个政党在议会中取得多数席位，则需要几个政党联合组阁。二战以来，卢森堡多为两党（基社党、民主党或社工党）联合组阁。

作为行政机构，内阁拥有对公共事务的一般管理权，并负责执行法律法规。每位内阁成员领导一个或多个部级部门并负责其管理。除此之外，内阁在立法事务上也有主动权，可以向议会提交法律草案。内阁成员每周通过内阁会议对各项事务进行讨论。所有需要经大公决定的事务都必须经过内阁会议磋商。会议采取多数通过表决制，平票时，首相做出最终裁决。另外，内阁还负责管理国家的收支预算。

（四）司法机构

根据三权分立的原则，卢森堡的司法机构独立行使其职能。卢森堡宪法规定，卢森堡的司法系统分为三个序列：宪法法院、普通司法法院系统和行政法院系统。[1]

宪法法院设在卢森堡市，负责裁定法律是否符合宪法。宪法法院包含九名成员，只设一个法庭，有五名法官。当诉讼双方有一方质疑某项法律法规是否合宪时，宪法法院就需要介入以解决争端。宪法法院的判决是最终判决，不得上诉。

普通司法法院系统分为三级。最低一级为治安法院，全国共三个，设在卢森堡市、埃施和迪基希。治安法院处理涉案金额不超过10 000欧元的民商和刑事案件，以调解为主。中间一级为地区法院，全国共两个，设在卢森堡市和迪基希。在民商案件处理上，地区法院可以审理除法律专门规

---

[1] 资料来源于卢森堡政府门户网站。

定由其他法院负责审理之外的所有案件。在刑事案件的处理上，地区法院设有轻罪庭和刑事庭，根据犯罪的严重程度处理不同案件。最高一级为高等法院，全国只有一个，设在卢森堡市。高等法院下设一个上诉法院、一个翻案法院，以及一个总检察院。上诉法院负责受理对地区法院初审裁决的上诉，审理民商、轻罪和刑事案件。翻案法院负责审查地区法院和上诉法院的裁决，只负责对法律及其适用范围做出回答，不对案件事实进行判断，通过判例确保法律的正确适用。此外，高级法院以全体大会的形式审判议会对内阁成员的指控。

行政法院系统诞生于1996年的宪法修正案，负责受理与行政决定有关的纠纷诉讼。行政法院系统分为两级：行政法庭和行政法院，都设在卢森堡市。行政法庭负责裁定下列纠纷诉讼：行政机构不作为、滥用权力、侵犯私人利益的违法行为等。行政法院对各类上诉做出裁决，还负责裁定内阁与审计院之间的纠纷。

（五）各类选举

卢森堡是君主立宪制的代议民主制国家。与其他欧盟国家一样，卢森堡国民一旦拥有选民资格，就必须参加投票。各类选举包括立法选举、欧洲议会选举、市镇选举等。[1] 立法选举每五年进行一次，通过全民普选，按照比例代表制选出60名卢森堡议会议员。欧洲议会选举每五年进行一次，同样也是全民普选，整个卢森堡作为一个选区，选出6名欧洲议会议员。在卢森堡居住的欧盟其他成员国公民也可以在卢森堡参加欧洲议会选举。

市镇选举每六年进行一次，由市镇居民直接选出市镇议员。[2] 选举有两种模式，由市镇人口决定：人口少于3 000人的市镇采用绝对多数制，其

---

[1] 本小节资料来源于卢森堡政府门户网站。
[2] 资料来源于卢森堡政府门户网站。

余市镇采取比例制。市镇议员的人数（须为奇数）也由市镇的人口数决定。市镇议员任期6年，可连任。全体市镇议员组成市镇委员会。部分市镇委员进一步组成市镇长团，包括一名市镇长和若干名副市镇长。市镇长由大公直接任命，副市镇长由内政大臣任命，均需要体现市镇选举的多数结果。市镇长和副市镇长的任期也是6年。

除了以上三类定期选举之外，卢森堡还可举行全民公投，对某一提案表示赞成或反对。所有符合立法选举条件的选民都必须参加公投。

第三节 社会生活

一、人口情况

（一）人口结构

根据统计数据，截至2022年1月1日，卢森堡共有人口645 397人，人口密度为每平方千米249人，是欧洲人口最稠密的地区之一（欧盟各国平均人口密度为每平方千米118人）。[1]不过，卢森堡的人口分布并不均匀，城市人口大大多于农村人口。卢森堡市是全国人口最多的城市，有128 494人，集中了全国约五分之一的人口。埃施是卢森堡人口第二多的城市，但只有36 177人。卢森堡总人口的男女比例基本持平。[2]

卢森堡的外国人口众多。2022年，47.1%的卢森堡人口是外国人，来自170多个国家。此外，每天还有约19.7万名从法国、德国或比利时来的跨境

---

[1] 数据来源于卢森堡经济研究与统计中心官方网站。
[2] 数据来源于卢森堡经济研究与统计中心官方网站。

劳动者到卢森堡工作。卢森堡市的外国人口比例最高（70.6%）。但即便是在比较偏远的乡村市镇，外国人口也能占到总人口数的五分之一。[1]

1981—2022年，卢森堡人口年龄结构的变化趋势比较稳定：0—19岁的儿童和青少年增加不多，而40—64岁的劳动力人口和80岁及以上的老年人则翻倍增加，老龄化趋势比较明显。[2]

人口发展方面，2021年，卢森堡居民中有6 690人出生，4 489人死亡。与2020年相比，新生儿数增长了3.6%，死亡人数降低了2.6%。[3]

婚姻状况方面，2021年，共有1 945对伴侣举行了结婚仪式。其中，565对（29.0%）伴侣是跨国婚姻，657对（33.8%）伴侣均为外国籍，723对（37.2%）伴侣均为卢森堡籍。[4] 2004年以来，伴侣双方还可签订同居协议，这是一种比传统婚姻更加松散的结合方式。[5]

近年来，卢森堡的结婚率逐渐下降，初婚年龄逐渐提高。2021年，男性初婚年龄37.4岁，女性34.8岁。卢森堡的离婚率自1980年以来一直上升，从1.60‰上升到2021年的2.19‰。2021年，有1 400对伴侣离婚。[6]

（二）卢森堡的外国人

二战结束以来，卢森堡的外国人比例一直在稳步增长。1961年，只有13.2%的常住人口没有卢森堡国籍；而2020年，外国人口已经占卢森堡总人口的近一半。[7]今天的卢森堡虽然汇聚了来自世界各地的外国人，但在历史上的很长一段时间里，卢森堡很少接纳外国移民，反倒有大量本国居民

---

[1] 数据来源于卢森堡经济研究与统计中心官方网站。
[2] 数据来源于卢森堡经济研究与统计中心官方网站。
[3] 数据来源于卢森堡经济研究与统计中心官方网站。
[4] 数据来源于卢森堡经济研究与统计中心官方网站。
[5] 资料来源于卢森堡政府门户网站。
[6] 数据来源于卢森堡经济研究与统计中心官方网站。
[7] 数据来源于卢森堡经济研究与统计中心官方网站。

移居国外。[1] 在钢铁工业带来经济繁荣之前，卢森堡是一个贫穷落后的农业国家，许多卢森堡人前往他国寻求更好的生活。1908年，有16 000名卢森堡移民居住在芝加哥。[2] 许多卢森堡人在移居美国后成名，如"科幻杂志之父"雨果·根斯巴克，世界著名摄影师爱德华·史泰钦等。

从19世纪下半叶开始，许多德国人前往卢森堡的钢铁厂工作，并在卢森堡定居。此为第一次移民潮。20世纪初，许多意大利人也来到卢森堡，提供了许多廉价劳动力。此为第二次移民潮。20世纪60年代起，成千上万的葡萄牙人为了逃离独裁统治和贫困生活，前往卢森堡定居。此为第三次移民潮。20世纪后半叶，以金融业为首的服务业得到发展。经济繁荣最初与卢森堡的法国、比利时和德国社群人数增长密切相关，但随后，卢森堡也吸引了大量来自英国和北欧国家的国民前来定居工作。[3]

近几十年来，卢森堡的外国人口数大幅增长，原因主要有以下几个。一是致富机会众多。卢森堡无疑是周边区域最强劲的经济引擎，也是欧洲大陆公认的国际金融热点地区。卢森堡繁荣的经济是许多外国人前来定居的主要动机。二是欧洲首都地位。卢森堡市、比利时布鲁塞尔、法国斯特拉斯堡并称欧洲三大首都。目前，约有14 000名欧盟官员在位于卢森堡的众多欧盟机构中工作。[4] 三是高生活水平。在经济迅速发展的同时，卢森堡注重保留自然和文化遗产，国内风景宜人，适宜居住。同时，完备的医疗和社会保障体系、高质量的基础设施，以及政府对家庭的财政补贴都为居民提供了很好的生活质量保障。四是多语言环境。多年来，形形色色的外国移民已经融入了卢森堡社会，但又保留了自己的母语以及一些文化习俗，从而形成了独特的多语使用景观，建构起一个热情、开放、包容的社会。

---

[1] 资料来源于卢森堡政府门户网站。
[2] 数据来源于卢森堡经济研究与统计中心官方网站。
[3] 彭姝祎. 卢森堡[M]. 北京：社会科学文献出版社，2010：20-25.
[4] 数据来源于卢森堡经济研究与统计中心官方网站。

二、语言状况

由于处于法语区和德语区的交汇地带，卢森堡的语言和文化在漫漫历史长河中不断受到罗曼文化和日耳曼文化的双重影响，逐渐形成其独特性。自19世纪起，卢森堡开始吸收移民；尤其是20世纪下半叶以来，卢森堡作为欧洲政治、经济和金融中心，吸引着越来越多具有不同文化背景的世界公民。[1] 这些因素都使得卢森堡的语言状况十分复杂。

（一）卢森堡语

卢森堡语由摩泽尔法兰克语发展而来，与英语、德语、荷兰语等同属于印欧语系日耳曼语族西日耳曼语支。卢森堡语主要在卢森堡使用，是大部分卢森堡人的母语。比利时、法国和德国与卢森堡接壤的区域也有部分人口使用卢森堡语。卢森堡语内部也存在多种变体（如中部、北部、东部、南部变体等），19世纪以来一般以中部变体作为标准变体加以推广。另外，由于19世纪大量卢森堡人口移民到美国，卢森堡语也在美国中西部有所使用，形成了新的变体。

与其他日耳曼语言不同，卢森堡语在很长一段时间里只是一种口头语言，直到1825年才开始落实为文字，1850年才提出了第一个官方拼写方案。由于一直处于日耳曼语言文化和罗曼语言文化的交汇处，卢森堡语的拼写规则也试图向德语和法语靠拢，并在两者之间寻找平衡。

卢森堡语作为凝聚国家文化特性的象征，对卢森堡人的身份认同起到重要作用。但是，在高度多语的环境中，卢森堡语不可避免地会与法语、德语、英语等语言竞争，实际上仍然是一门相对脆弱的语言。为了更好地

---

[1] 资料来源于卢森堡政府门户网站。

保护并发扬卢森堡语和卢森堡文化，卢森堡政府制定了专门政策，提出了一系列相关措施。

（二）官方语言

在很长一段时间内，卢森堡的官方语言只有两种，即法语和德语。当时的卢森堡语被称为"卢森堡德语"，被认为是一种方言。随着民族情感的发展，卢森堡语的重要性逐渐提高，于1912年被引入小学教学。卢森堡人对卢森堡语的感情在第二次世界大战期间最为强烈，面对德国占领者对卢森堡的一系列德国化行动，卢森堡语成为卢森堡民族凝聚力的一种体现、民族反抗精神的一种表达。1984年2月通过的《语言制度法》结束了官方双语制的过去，开启了三语制的崭新一页。该法律对语言使用做了详细规定。① 民族语言：卢森堡的民族语言是卢森堡语。② 立法语言：法案及其实施条例以法语撰写。在法律法规附有译文的情况下，以法语文本为准。如果国家机关、市镇等以法语以外的语言发布了前款未提及的法规，则以该语言文本为准。③ 行政与司法语言：除特别规定外，在行政、诉讼、司法事务中，可以使用法语、德语或卢森堡语。④ 行政申请语言：当行政申请以卢森堡语、法语或德语起草时，行政部门必须尽可能地使用申请人选择的语言进行答复。[1]

据此，法语、德语和卢森堡语正式成为卢森堡的三门官方语言。这是卢森堡语的地位第一次在法律层面得到承认和保障。与此同时，多语制也被写入卢森堡法律，从法律层面上承认并保障了卢森堡社会的多语言属性。

---

[1] 资料来源于卢森堡法律条文汇编网站。

（三）多语使用 [1]

在卢森堡，不同的交际场景通常使用不同的语言。政治生活中，越来越多的辩论、演讲使用卢森堡语，但落实到书面仍然多用法语。在一般工作场合，卢森堡语、法语、德语和英语使用最为广泛。所有专业领域都要求员工熟练掌握法语。公共管理、公共交通、教育、医疗、通信以及其他需要与大量卢森堡人打交道的行业部门都要求员工掌握卢森堡语。各大欧洲机构、银行业和工业部门则广泛使用英语，来自不同国家的人普遍使用英语交流，开展业务。

卢森堡的传媒界高度多语化，是卢森堡语言状况的真实写照。纸媒方面，德语是报刊最常使用的语言，许多传统报刊，如《卢森堡言论报》《德语日报》均使用德语撰写文章。法语报刊有《法语日报》《要点》等。此外，周刊《接触》刊登葡萄牙语文章，主要面向葡萄牙移民群体。期刊报纸则经常在同一期内刊发两种或更多语言（主要是德语和法语，也有卢森堡语和英语等）撰写的文章。

广播电视方面，卢森堡的广播电台大量使用卢森堡语。收听率高的电台（如卢森堡语广播电台）都使用卢森堡语播报节目。1991年，卢森堡广播电视公司成立了卢森堡语电视频道。此外，大多数卢森堡居民也经常收看法国和德国的电视频道。

艺术方面，卢森堡的电影院放映各个语种的影片，或者播放原声配以法语、德语字幕，或者播放法语、德语译配版本。剧院则上演各种语言的戏剧作品，选择非常丰富。文学方面，最有名的卢森堡语作品当属米歇尔·罗当日1872年所著的讽刺作品《勒内尔》。不过，卢森堡文学并不仅限于用卢森堡语创作的文学，卢森堡作家可以自由选择用法语、德语或者其他语言进行文学创作。

最后，同一交际场景下的语码转换和语码混合现象在卢森堡绝非新鲜

---

[1] 本节资料除特别说明外，均来源于卢森堡政府门户网站。

事。人们可以自由地在不同语言间切换。可以说,卢森堡的多语言平行使用、多语言交叉使用已经渗透到了生活的方方面面,这样的语言景观在世界范围内来看也是十分特别的。[1]

三、经济概况[2]

卢森堡是名副其实的发达国家,国小民富。根据统计,2021 年,卢森堡国内生产总值 733 亿欧元,年增长率 6.9%;人均国内生产总值 113 573 欧元,在欧盟各国排名第一,是欧盟平均值的近三倍。当然,因为卢森堡有相当数量的跨境工作者为国内生产总值做出贡献,但并不计入人口数,所以人均国内生产总值会略有偏高。

财政方面,卢森堡 2021 年国家财政收入 316.65 亿欧元,支出 310.15 亿欧元,财政盈余 6.50 亿欧元;公共债务 178.56 亿欧元,占国内生产总值的 23%。标准普尔、惠誉、穆迪等机构主权债务评级均为 AAA 级。

外贸方面,卢森堡 2021 年总出口额 139.50 亿欧元,总进口额 217.70 亿欧元,逆差 78.20 亿欧元。主要贸易伙伴是欧盟国家,2021 年对德、法、比三个邻国出口共 76.96 亿欧元,占出口总额的 55.2%;从三国进口共 159.84 亿欧元,占进口总额的 73.4%。中国是卢森堡在欧盟以外第三大出口目的国和第三大进口来源国,前两名分别是美国和英国。

物价方面,卢森堡 2021 年通货膨胀率 2.5%。常见物品的平均价格如下:面包(500 克)3.19 欧元、可颂面包(1 只)1.36 欧元、猪肉(1 公斤)13.16 欧元、鲜牛奶(1 升)1.54 欧元、鸡蛋(12 个)3.79 欧元、黄油(250 克)2.79 欧元、苹果(1 公斤)3.22 欧元、无气泡矿泉水(1.5 升)0.84 欧元、

---

[1] WEBER J-J. Multilingualism, education and change[M]. Frankfurt am Main: Peter Lang, 2009: 154-155.
[2] 本节数据除特别说明外,均来源于卢森堡经济研究与统计中心官方网站。

报纸（1 份）3.05 欧元。

就业方面，卢森堡 2021 年全国劳动力人口 29.93 万，失业率 5.7%；家庭可支配收入平均 5 716 欧元 / 月，贫困线为 1 892 欧元 / 月，贫困率 0.1%；成人合格工人最低工资 16.046 5 欧元 / 小时，折合 2 776.05 欧元 / 月。

由于自然资源贫乏，市场狭小，卢森堡经济对外依赖性大。钢铁工业、金融业和卫星通信业是目前卢森堡经济的三大支柱产业。钢铁工业曾经是卢森堡唯一的支柱产业。卢森堡本土钢铁业以炼钢设备整体设计制造、生产技术程序软件开发见长。2022 年《财富》世界 500 强排行榜中，国际钢铁巨头安赛乐–米塔尔集团是卢森堡唯一上榜的企业，排名 153 位，营业收入 765.71 亿美元，利润 149.56 亿美元。[1]

在 1970 年钢铁工业危机后，金融业接替钢铁行业成为卢森堡的经济发动机。卢森堡是国际知名的金融中心，2021 年共有 124 家注册银行，总资产达 9 537 亿欧元。目前，中国共有 15 家银行进驻卢森堡，充当了中国与卢森堡、欧洲乃至世界的桥梁。卢森堡一直是欧洲传媒界的先锋：卢森堡广播电视公司是欧洲最大的视听媒体集团；总部设在卢森堡的欧洲卫星公司拥有 50 余颗卫星，数量居欧洲首位，卫星信号全球覆盖率达 99.999%，是世界上重要的通信与信息传送供应商。卢森堡位于欧洲中心，距离安特卫普、鹿特丹等欧洲主要货运港口很近，优越的地理位置使得卢森堡成为物流往来的理想平台。[2] 2014 年，"郑州—卢森堡"国际货运航线正式开通，横贯中欧的货运"空中丝绸之路"成功开启。2022 年 11 月 16 日，郑州—卢森堡"空中丝绸之路"国际合作论坛在河南郑州成功举办，签约发布了 31 项重要合作项目，为推动共建"一带一路"走深走实、促进国际交流合作贡献了力量。[3]

---

[1] 财富中国. 2022 年《财富》世界 500 强排行榜 [EB/OL]. （2022-08-03）[2023-06-30]. https://www.fortunechina.com/fortune500/c/2022-08/03/content_415683.htm.

[2] 资料来源于卢森堡政府门户网站。

[3] 河南省发展和改革委员会. 为推动共建"一带一路"贡献河南力量！郑州—卢森堡"空中丝绸之路"国际合作论坛成果丰硕 [EB/OL]. （2022-11-19）[2023-06-30]. https://fgw.henan.gov.cn/2022/11-19/2642416.html.

第二章 文化传统

本章首先概述卢森堡历史，然后通过几个重要的城市（市镇），简要介绍卢森堡不同地区的风土人情。

第一节 卢森堡简史

一、古代简史

现今卢森堡这片土地在公元前是高卢人的居住地。[1] 公元前 1 世纪，罗马恺撒军团征服了高卢，卢森堡成为罗马帝国的一部分。公元 5 世纪，日耳曼人入侵高卢，西罗马帝国灭亡，卢森堡又成为法兰克王国的一部分。法兰克王国分裂后，卢森堡所在的中法兰克王国由于地理位置的原因又进一步分裂，形成了封建诸侯国各自为政的局面。公元 10 世纪，卢森堡又被纳入松散的神圣罗马帝国，分封给阿登伯爵。

卢森堡这个名字在历史上首次出现是在 963 年的一份契约中。1060 年，

---

[1] KREINS J-M. Histoire du Luxembourg[M]. Paris: Presse universitaire de France, 2021: 6.

阿登伯爵的后裔被神圣罗马帝国封为卢森堡伯爵。在此后的几个世纪里，历任伯爵不断加固堡垒，并以最初的"卢森堡"为中心拓展疆域，通过联姻、购买土地、战争等方式扩大版图。在13世纪末，卢森堡伯爵拥有默兹河和摩泽尔河之间的一大片区域，横跨了德语区和法语区的语言边界。

进入14世纪后，卢森堡在欧洲的影响力愈发扩大。卢森堡伯爵奉行结盟和扩张的政策，统治着神圣罗马帝国和法国之间的一块重要领土，其范围远远超出了现今卢森堡大公国的边界。1308年，卢森堡伯爵亨利七世当选神圣罗马帝国皇帝，开启了神圣罗马帝国的卢森堡王朝时期。亨利七世的后代查理四世继承王位之后，陆续集卢森堡伯爵、波希米亚国王、德意志国王和神圣罗马帝国皇帝的头衔于一身。1354年，他将卢森堡伯爵领地升为公爵领地。1364年，卢森堡版图达到了顶峰，是当今大公国国土面积的4倍。

查理四世去世之后，卢森堡的国力日渐式微。1443年，勃艮第公爵"好人"菲利普征服了卢森堡，结束了卢森堡近五个世纪的自治。自此，卢森堡开始了被外国统治的时期，在15—18世纪先后受西班牙、法国和奥地利统治。处在战略要道上的卢森堡市不断被欧洲列强争夺，可谓"北方直布罗陀"。1795年，法国占领了卢森堡。卢森堡自此成为法国的"森林省"。[1]

二、近代简史

1815年，拿破仑帝国崩溃，卢森堡的地位也发生了变化。在同年召开的维也纳会议上，欧洲战胜国为防止法国东山再起，重新划分了欧洲的政治版图。卢森堡被升为大公国，但大公由荷兰国王威廉一世兼任。同时，卢森堡加入德意志联邦，由普鲁士军队驻防。

---

[1] 彭姝祎. 卢森堡[M]. 北京：社会科学文献出版社，2010：56-61.

1839年4月签订的《伦敦条约》标志着卢森堡大公国的独立，但条约把原大公国的法语区强行划分给了比利时。卢森堡大公仍然由荷兰国王兼任。1840年，威廉二世继任卢森堡大公。1841年，卢森堡颁布了第一部宪法。正是从这个时候开始，卢森堡人的民族情感开始萌芽、发展。爱国主义歌曲的出现和卢森堡语文学的发展就是例证。1842年，威廉二世宣布卢森堡加入德意志关税同盟，这为卢森堡打开了一个广阔的资本、产品和劳动力市场，在此之前，直到19世纪上半叶，卢森堡仍然是一个农业国家，经济上尚难以实现自给自足。从19世纪下半叶开始，随着铁矿矿藏的发现和运输煤炭铁路的建设，卢森堡的经济开始强劲增长，对劳动力的大量需求使得19世纪末出现了卢森堡的第一次移民潮。

威廉二世过世后，威廉三世继任卢森堡大公。1867年，第二份《伦敦条约》规定卢森堡为永久中立的独立国家，普鲁士驻军撤出了卢森堡的防御要塞，要塞随后也被拆除。1890年，威廉三世去世，奥兰治-拿骚家族再无男性后裔，于是大公转由拿骚家族唯一的男性继承人，拿骚-威尔堡家族的阿道夫公爵继任。自此，卢森堡彻底结束了与荷兰的隶属关系，开始了自己的朝代。阿道夫公爵去世后，儿子威廉四世继任大公；威廉四世去世后，家族又没有了男性后裔，卢森堡王室废除陈规，将王位传给了威廉四世的女儿玛丽-阿黛拉伊德。[1]

三、现当代简史

第二份《伦敦条约》并未给卢森堡带来实际的安全保障。1914年，第一次世界大战爆发，德国军队入侵卢森堡。一战结束后，玛丽-阿黛拉伊

---

[1] 彭姝祎. 卢森堡[M]. 北京：社会科学文献出版社，2010：61-64.

德女大公因战时的亲德态度而于1919年1月退位，并让位给妹妹夏洛特。

1919年9月，卢森堡内阁就是否保留君主立宪制组织了全民公投。民众选择继续保留君主立宪制。1921年，卢森堡与比利时缔结了比利时—卢森堡经济联盟，使用比利时法郎作为比—卢经济联盟的货币，同时也保留了卢森堡法郎，但发行量降低。在国际社会上，卢森堡积极参与日内瓦国际联盟的工作，巩固了自己的地位，同时保持中立。

1940年5月10日，德军再次入侵卢森堡，夏洛特女大公和卢森堡内阁被迫流亡海外。德军占领卢森堡后，实施了许多将卢森堡国民德意志化的手段，遭到了卢森堡人民的坚决抵制。面对纳粹德国的残酷镇压，卢森堡人民的民族凝聚力在抵抗运动中得到了淋漓尽致的体现。二战给卢森堡造成了巨大的物质损失和精神创伤。

二战结束后，卢森堡放弃了中立地位，积极加入国际政治和军事组织：1945年加入联合国，1949年加入北大西洋公约组织。经济方面，卢森堡在马歇尔计划下开展战后重建，于1948年加入欧洲经济合作组织。1944年内阁流亡期间，卢森堡与比利时、荷兰建立了关税联盟，此为比荷卢经济联盟的前身。1951年，卢森堡与法国、德国、意大利、荷兰和比利时一同创立了欧洲煤钢共同体。

二战后，卢森堡表现出了强烈的亲欧洲立场，积极签订《罗马条约》(1957年)、《马斯特里赫特条约》(1992年)；1985年，德国、法国、荷兰、比利时和卢森堡五国在卢森堡边境小镇申根签署了《申根协定》，1995年协定正式实施；1999年，卢森堡加入欧元区，是欧盟首批加入欧元区的国家之一。欧洲一体化建设历程的重要步骤都有卢森堡人的参与：加斯东·托恩，卢森堡前首相，前欧盟委员会主席；雅克·桑特，卢森堡前首相，欧盟委员会前主席；让-克洛德·容克，卢森堡前首相，欧元集团前主席，欧盟委员会前主席。可以说，卢森堡是欧洲一体化建设积极、坚定的参与者和推动者。[1]

---

[1] 彭姝祎. 卢森堡 [M]. 北京：社会科学文献出版社，2010：64-70.

第二节 风土人情

一、卢森堡市

作为卢森堡的首都，卢森堡市历史底蕴丰厚，是卢森堡的政治、经济、文化和交通中心，同时又是欧洲重要的国际都市。

卢森堡市位于阿尔泽特河和佩特鲁斯河的交汇处，最初仅仅是建立在陡峭岩石上的一座小城堡，是一个天然的防御工事。由于地处西欧中心，地势险要，卢森堡市在历史上有着非常重要的战略意义，有"北方直布罗陀"之称。在长达几个世纪的外国统治期间，卢森堡市的防御工事经过无数次加固，成为欧洲最大的堡垒之一。1867年《伦敦条约》签订后，大部分防御工事被拆除，但仍有部分遗迹被保留。如今，卢森堡市的战略意义已逐渐淡化，但老城的军事和建筑遗迹仍然能够让人想起战火纷飞的往昔。1994年，卢森堡市老城区及其防御工事被联合国教科文组织列入世界文化遗产名录。[1]

在现代化城市建设中，老城区的大部分布局都被保留了下来。许多古建筑修旧如旧，在尽量保持外观不变的情况下另做他用，如改为居民住宅、行政机构或博物馆等。廷根堡垒就是一例。廷根城堡是卢森堡市防御工事中唯一留存下来的外围堡垒，其遗迹的考古挖掘工作于20世纪90年代初完成。1996年，卢森堡议会通过了两条法案，在廷根城堡废墟的基础上修建一座现代艺术博物馆和一座城堡博物馆（即现在的三橡果博物馆）。卢森堡现代艺术博物馆由著名华裔建筑设计师贝聿铭设计，体现了他一贯的古今新旧结合的思想。

---

[1] 资料来源于联合国教科文组织官方网站。

卢森堡是欧洲一体化建设的重要推动者，首都卢森堡市自然也就成为众多欧洲机构的所在地。1952年，卢森堡市被选为欧洲煤钢共同体的临时总部。1965年以来，卢森堡市与比利时布鲁塞尔、法国斯特拉斯堡并列欧洲三大"首都"。欧盟委员会和欧盟理事会设在布鲁塞尔，欧洲议会设在斯特拉斯堡，欧盟主要的金融和法律机构则设在卢森堡市。目前，设在卢森堡市的欧洲机构包括欧洲议会总秘书处、欧洲法院、欧洲检察院、欧洲审计院、欧洲统计局、欧洲投资银行、欧洲投资基金、欧洲金融稳定基金、欧盟出版办公室等。这些机构大多坐落在老城区东北部的基希贝格新区，基希贝格因此成为卢森堡市的"欧洲区"。[1]

卢森堡市风景优美，绿地占整个城市面积的近四分之一。卢森堡市最具特色的景观非市中心的佩特鲁斯河大峡谷莫属。大峡谷狭长深远，两侧50米高的崖壁郁郁葱葱，谷底的小河流水潺潺，是休闲散步的好去处。峡谷底部还修有一个滑板公园，成为不少年轻人消遣娱乐的场所。卢森堡市桥梁众多，最为著名的两座当属阿道夫桥和夏洛特女大公桥。阿道夫桥本名新桥，人们为了纪念当时在位的大公阿道夫，给这座桥起了新名字。阿道夫桥是一座石拱桥，长84.65米，曾是世界上跨度最大的石拱桥。建桥所用的石块全部来自卢森堡本地的采石场，可谓百分百卢森堡制造。不过，阿道夫桥的设计师并不是卢森堡人，而是法国人保罗·赛茹尔内。阿道夫桥1900年开始修建，阿道夫大公本人也出席了奠基仪式；1903年建成通车，后又进行了若干次修缮、拓宽，以适应有轨电车的通行需求。桥面下方还修建了自行车道，以若干吊索悬挂式固定。夏洛特女大公桥是卢森堡市最大的桥，长355米，连接了卢森堡市中心和基希贝格欧洲区。与阿道夫桥不同，夏洛特女大公桥是这座桥的本名，但因为桥身被刷成了红色，也被称为红桥。1957年，卢森堡内阁对桥梁建设方案进行了全球招标，德国建筑

---

[1] 资料来源于卢森堡市政府官方网站。

设计师艾根·扎克斯中标。大桥1963年开始建造，1966年建成通车，夏洛特女大公本人出席了建成通车仪式。[1]

卢森堡市的另一个地标建筑是位于宪法广场的金色女子像。[2]雕像由卢森堡艺术家克劳斯·西托于1923年创作完成，命名为"记忆建筑"，以一个举着橄榄枝花环的镀金女性形象纪念在第一次世界大战中丧生的卢森堡人。第二次世界大战纳粹占领期间，纪念碑被纳粹侵略者拆除，雕像也在拆毁过程中被损坏。1985年，在经历了大量的修复工作后，金色女子像重获生机，恢复了原本的样貌。2010年上海世博会期间，金色女子跋山涉水来到上海，在世博会卢森堡馆前安家，充分体现了卢森堡对中卢友谊的高度重视。

二、红土区：以埃施为例

埃施全称阿尔泽特河畔埃施，位于卢森堡与法国的边界，是卢森堡第二大城市，也是红土区最重要的城市。埃施市中心很小，最具特色的是一条长约五千米的建筑走廊，集中展示了埃施所汇集的历史主义、新艺术主义、现代主义、功能主义等不同风格的建筑。[3]此外，埃施还建有国家抗战纪念博物馆，记录了第二次世界大战期间卢森堡人民抗击纳粹德国侵略的历史。

埃施周围有若干铁矿开采区，承载着卢森堡钢铁工业辉煌的过去。埃施西部的贝尔瓦曾经是工业生产基地，现在已完成城市化改造，呈现出崭新的面貌。不过，旧时的工业活动痕迹并未被完全清除，游客可以在贝尔

---

[1] 资料来源于卢森堡国家信息门户网站。

[2] 资料来源于卢森堡国家信息门户网站。

[3] 资料来源于卢森堡国家信息门户网站。

瓦直观感受粗犷的工业建筑与现代化城市的有机融合，获得冲击力很强的美学体验。例如，卢森堡大学贝尔瓦校区旁边就保留了三座高炉，其中一座修缮后向公众开放，感兴趣的游客可以进入高炉内部，沿设计好的游览线路拾级而上，不仅能了解高炉的运行原理以及钢铁冶炼的相关知识，还能在上料口处的平台俯瞰整个埃施城。每年七月，埃施的高炉节会举办一系列烟火表演、舞蹈演出、音乐会、免费导览等文化活动。

以埃施为中心，游客可以通过米内特徒步线路到达红土区的许多景点，沿途亲近大自然，近距离感受红土区的魅力。例如，位于芳德格拉的米内特公园是了解卢森堡采矿工业历史的绝佳地点。芳德格拉曾是卢森堡最重要的采矿中心之一，为卢森堡的经济发展做出过巨大贡献。虽然矿石开采业务早在1955年就已结束，但这里并没有变成工业荒地。1973年起，当地志愿者把历史悠久的蒸汽机车改造成旅游专列，命名为"1900列车"。列车从佩当日出发，在绿意盎然的芳德格拉山谷中穿行，以米内特公园为终点站。米内特公园是一个露天的博物馆，以铁矿开采为主题设计了一系列文化活动。游览完米内特公园后，游客还可以继续搭乘老式矿车，到达位于拉索瓦日的一座矿井深处，获得独一无二的参观体验。[1]

2022年，埃施与周围的10个市镇，以及法国上阿尔泽特河谷共同体的8个市镇一起，当选2022欧洲文化之都。[2] 这是继卢森堡市1995年、2007年两度当选欧洲文化之都后，卢森堡第二个获此殊荣的城市。埃施2022系列活动于2022年2月26日拉开序幕，12月26日闭幕，围绕着"文化大融合"这一主题，为公众献上了两千余场文化盛宴。借此机会，卢森堡大力宣传了米内特教科文生物圈，通过丰富的文化和自然遗产展示了卢森堡红土区的活力。

---

[1] 资料来源于米内特公园官方网站。
[2] 资料来源于埃施2022欧洲文化之都官方网站。

三、摩泽尔河谷：以申根小镇为例

申根本是卢森堡东南部一个默默无名的葡萄种植小镇，因为处在德国、法国、卢森堡三国的边境交界处，有重要的象征意义，而被选作《申根协定》的签署地。[1] 1985年6月14日，法国、德国、比利时、荷兰和卢森堡五国在玛丽-阿斯特丽德公主号游船上签署了《关于逐步取消共同边界检查》的协定，拉开了无边境欧洲建设的序幕。1995年3月26日，德、法、西、葡、荷、比、卢7国正式实施《申根协定》，相互取消了对人员和商品过境的检查。截至2023年，申根区共有27个国家。

2010年，欧洲申根博物馆在申根小镇落成，以纪念申根协议签署25周年。博物馆占地200平方米，通过常设展览向参观者展示申根协定签署的步骤和重要意义。博物馆还专门设置了儿童活动区，以寓教于乐的方式向小朋友们介绍欧洲常识，为培养了解欧洲、认同欧洲、为欧洲一体化建设努力的新一代青年做出贡献。博物馆外的小广场上立有三根钢铁纪念柱。2017年，欧盟委员会宣布，经独立专家委员会评审，同意授予申根小镇欧洲遗产标识，高度认可了申根小镇背后所蕴含的欧洲共同价值观。为了进一步纪念这一重要的历史事件，卢森堡政府收购了玛丽-阿斯特丽德公主号游船，准备将其改造为船上博物馆，预计2025年对公众开放。

申根小镇所在的摩泽尔河谷地区风景秀丽，气候宜人，游览者不仅可以乘坐游船体验摩泽尔河两岸的风光，也可以通过徒步、骑行近距离感受美景。河谷地区有三条"梦之路"旅行线路，沿途可以感受砂岩地貌的独特魅力，欣赏葡萄种植园风光，还能看到历史悠久的风车磨坊。摩泽尔河谷是历史悠久的葡萄酒产地，享受原产地认证保护。当地最著名的是白葡萄酒和白葡萄气泡酒，也有一些地区特色产品，如晚收酒、草酒和冰酒

---

[1] 资料来源于卢森堡国家信息门户网站。

等。[1] 每年葡萄收获的季节，摩泽尔河谷的市镇都会组织葡萄与葡萄酒节，举行烟火表演、游行、品酒等活动。

四、奥斯林地区：以菲安登、克莱沃为例

坐落在乌尔河畔的菲安登历史悠久，丛山环绕。狭窄的街道、中世纪的城墙以及建于11世纪的古堡为这座城市增添了浓厚的中世纪气息。菲安登城堡最早可以追溯到高卢罗马时期，当时山顶就已建有要塞。中世纪，城堡在原有的古罗马废墟之上不断扩建，并在不同的伯爵家族之间辗转，后成为卢森堡大公的私有财产。18世纪时，城堡曾遭遇火灾，损毁严重，修缮工作几经波折。1977年，卢森堡大公将城堡捐赠给了国家。随后，大规模的修缮工程启动，按照历史样貌对城堡进行了修复。城堡占据了菲安登小城的制高点，在城内任意位置抬头都能看到城堡尖耸的塔楼，在城堡上则能登高望远，欣赏山谷密林间宁静悠然的小城。每到夏季，城堡还会举办骑士节，组织一系列带有中世纪韵味的文化活动。[2]

法国大文豪维克多·雨果曾多次到访卢森堡。1862—1865年，雨果曾赴克莱沃、菲安登、埃希特纳赫等地旅游。1871年，雨果因反对法国当局屠杀巴黎公社社员而流亡，在菲安登居住过几个月。雨果当时居住过的三层小楼于1935年改建为雨果文学博物馆，用于纪念这位伟大的作家。博物馆不仅陈列了雨果在菲安登居住期间的部分手稿，还有他的部分画作，如描摹的菲安登城堡废墟、申根城堡等，此外还收集了雨果作品的各个语种译本，包括在中国出版的《悲惨世界》《巴黎圣母院》等中译本。在博物馆对

---

[1] 资料来源于卢森堡国家信息门户网站。
[2] 资料来源于卢森堡国家信息门户网站。

面,还立有法国雕塑家奥古斯特·罗丹所作的雨果半身像。[1]

菲安登是卢森堡重要的核桃产地。每年十月的第二个周日,菲安登会举办核桃节,除了出售新鲜核桃之外,也提供其他各类美食美酒。

克莱沃位于阿登山区,是卢森堡12行政区中地理位置最靠北的。灰顶白墙的克莱沃城堡坐落在克莱沃的中心高地上,俯瞰着整个地区。城堡的各个部分建造于不同时期,最先建造的应当是城堡西翼,可以追溯到12世纪,很可能是由菲安登伯爵的兄弟格哈德伯爵下令修建。1944年12月,克莱沃城堡在阿登战役中被毁为废墟。之后,国家收购了该城堡并对其进行了全面修复和改造,改造为三个展览馆。一是阿登战役博物馆,记录了二战中一场著名的战役。克莱沃靠近比利时和德国边境,阿登战役的第一场坦克战就在这里打响。二是卢森堡城堡模型博物馆,收藏了22个卢森堡主要城堡的模型。三是《四海一家》(*The Family of Men*,也译作《人类大家庭》)摄影展展厅。[2]

《四海一家》摄影展是卢森堡裔传奇摄影师爱德华·史泰钦为纪念纽约现代艺术博物馆建馆25周年所策划组织的摄影展览,精选了来自68个国家273位作者的503幅作品,全面展现了人类的生死、爱情、学习、工作和创造,歌颂了人类的智慧,揭露了战争的残酷。1955—1962年,《四海一家》摄影展在世界范围内巡回展出,共吸引了近千万人参观。1964年,美国政府将最新版本的完整展览全部捐赠给卢森堡。史泰钦借此机会也故土重游,并希望摄影展能在克莱沃城堡永久展出。在经历了场地修缮与照片修复后,1994年起,《四海一家》摄影展正式作为常设展览在克莱沃城堡向公众开放。2003年,联合国教科文组织将影展列入世界记忆遗产名录。[3]

---

[1] 资料来源于卢森堡国家信息门户网站。
[2] 资料来源于奥斯林地区旅游局官方网站。
[3] 资料来源于史泰钦摄影作品集官方网站。

五、穆勒塔尔地区：以埃希特纳赫为例

埃希特纳赫是卢森堡最古老的城市，也是穆勒塔尔地区的历史和文化中心。城市保留了许多中世纪元素，如迷宫般的街道、老城墙的遗迹和塔楼，以及哥特式的市政厅广场。市中心有一个史前博物馆。市郊有一个罗马住宅遗址，设有常设展览，游客可以了解、体验罗马人的日常生活。[1]

每年圣灵降临节（复活节后 50 天）后的第一个星期二，埃希特纳赫市中心都会组织"舞步"游行。[2] 游行仪式自 1100 年以来就有文字记载，一般认为始于 739 年。当年，创建埃希特纳赫修道院的牧师圣威利布罗德去世。为了悼念这位仁慈的牧师，朝圣者自发前往其墓地祭拜。游行仪式的特别之处在于，参与者五人一排，手拉手连成片，随着波尔卡旋律的节奏不断跳跃着行进。目前，每年都会有 8 000—9 000 人参与"舞步"游行。游行队伍从修道院出发，穿越埃希特纳赫的大街小巷，最后到达罗马大教堂，来到教堂内主祭坛下的圣威利布罗德之墓。

"舞步"游行起初是一个宗教仪式，但现在已经世俗化。2008 年，"舞步"游行被列入卢森堡国家非物质文化遗产名录。埃希特纳赫建立了修道院博物馆和"舞步"游行文献中心，用于记录、保护和传承这一文化遗产。2010 年，埃希特纳赫"舞步"游行被列入联合国教科文组织非物质文化遗产名录。[3] 2021 年，埃希特纳赫圣威利布罗德遗迹被授予欧洲遗产标识。[4]

---

[1] 资料来源于卢森堡国家信息门户网站。
[2] 资料来源于卢森堡国家信息门户网站。
[3] 资料来源于联合国教科文组织官方网站。
[4] 资料来源于欧洲文化遗产名录官方网站。

第三章 教育历史

1839年,《伦敦条约》签订,卢森堡大公国独立。本章以此为起点,简要回顾19世纪至今,卢森堡初等教育、中等教育和高等教育发展历程中的重要事件。

第一节 初等教育简史

一、19世纪的初等教育概况

1843年,卢森堡颁布了第一部《初等教育法》。法律规定,初等教育由内政部下属的卢森堡教育委员会负责协调管理,在全国范围内的所有小学开展。

初等教育学制六年,开设的必修科目包括:宗教和道德教育、德语、法语、算术、簿记、基础地理、基础历史等;此外,女孩还应学习女红。在此基础上,学校可以根据实际情况额外开设一些特色课程。初等教育阶段的德语和法语教学大大提高了学生的语言能力:几乎所有学生在刚入学时都只会讲卢森堡语,但完成初等教育学业后大多数可以用德语和法语交流。

1881年起，初等教育成为义务教育。学龄儿童在6—12周岁必须就读小学，市镇有权将本地儿童义务教育的结束年龄延长到13岁。所有市镇都必须开展初等教育。市镇需提供校舍，并承担学校日常运行的各项费用。国家也会提供一定补贴，用于帮助市镇支付小学教师的薪资。但是，初等教育并不免费，市镇可以根据家庭收入、家庭在学儿童数等因素制定阶梯收费费率。

小学教师由市镇根据督学的建议并经内政大臣批准后聘用或解聘。小学教师职位的候选人必须持有卢森堡教育委员会颁发的教学能力证书，以及由市镇长团和教区牧师颁发的公民和宗教道德证书。教学能力证书共四级，四级为最低，一级为最高。小学教师的薪资与所持教学能力证书级别挂钩，级别越高，薪资越高。此外，从教满一定年限的教师还可领取补贴。

卢森堡最早的师范学校成立于1817年，目的是培养小学教师。师范学校设男生部和女生部，两者完全分开，独立教学。学制三年，男师范生走读，女师范生住校。国家为男师范生提供三十个助学金名额，为女师范生提供十五个助学金名额。

完成了初等教育的学生有资格进入高级小学继续就读。根据1878年法律，高级小学学制两到三年，开设科目包括宗教和道德教育、德语、法语、代数、簿记、几何及其应用、绘画、自然科学基础、历史和地理基础、书法、音乐（声乐）等。在女子高级小学，几何及其应用课通常被手工课所取代。政府还可以授权某些学校教授符合当地需求的其他科目。课程的教学语言为法语和德语。

如果要在高级小学任教，男教师需要持有卢森堡教育委员会颁发的二级以上教学能力证书，或卢森堡雅典娜中学文科中学部颁发的教学能力证书，或雅典娜中学工业与商贸部颁发的教学能力证书；女教师则需要持有卢森堡教育委员会颁发的三级以上教学能力证书。高级小学教师的聘用流程、薪资情况与普通小学教师基本一致。

1881 年颁布的法律还规定，经市镇委员会和卢森堡教育委员会同意后，各地可以开设托管学校（面向未达学龄的儿童）和成人学校（面向已过学龄的成人）。

根据统计，1907—1908 学年，卢森堡全国共有普通小学 862 所，学生 33 385 人（男生 17 338 人，女生 16 547 人），教师 865 人（男教师 459 人，女教师 406 人）；高级小学 22 所，学生 827 人；托管学校 32 所，学生 1 661 人；成人学校 800 所，学生 10 709 人。[1]

二、20 世纪的初等教育改革

进入 20 世纪后，卢森堡人逐渐意识到，必须接受良好的教育才能够在新兴经济部门（主要是钢铁工业）中担当重任。事实是，由于卢森堡的工业化进程相对落后，在 19 世纪末，钢铁工业中超过三分之二的关键工作岗位（如工程师等）都由德国人把持，卢森堡人大多只能从事一些相对简单的工作，薪水自然也相对低微。要想扭转这一局面，提高卢森堡在欧洲市场的竞争力，增强卢森堡青年人的就业能力，就必须要让技术工人接受良好的职业培训，而这必须建立在一个坚实牢靠的初等教育基础之上。因此，改革初等教育以提升公民素质迫在眉睫。

1912 年 8 月颁布的《初等教育组织法》（常被简称为《1912 年教育法》）为卢森堡的初等教育带来了深刻变革。该法共包括两部分，第一部分对初等教育进行了大刀阔斧的改革，主要内容包括以下几点。① 延长义务教育年限至七年，学生在 6—13 周岁必须上学；义务教育完成后，学生还应当修读两年初等教育后课程，这些课程多以讲座形式组织，结合社会生活的实

---

[1] 资料来源于初等教育教学百科词典网站。

际需要对初等教育进行补充和延伸，以帮助学生保持知识和能力水平。这些初等教育后课程也面向成年人开放，可以大致算作终身学习的一种尝试性倡导。②取消初等教育学费，实行免费教育。③降低班级人数限额，每班不超过70名学生。④开设一系列新科目，革新学习目标。学生在校学习的目标并不仅仅是获取已有的知识并将其牢记，而是要通过知识学习获得实用的技能。为此，增设基础物理与自然科学课程，向学生讲授与钢铁冶炼工业相关的基本知识。此外，增设体育课程，以提高学生的身体素质；增设美术（绘画）、音乐（声乐）等实用性稍显薄弱的课程，以培养学生的审美能力。⑤增设卢森堡语课程，作为必修课，目的是增强学生的民族意识，加深认同感，提高凝聚力。[1]从这一点上来说，提升普通民众的受教育水平，也能够增强他们参政议政的能力，从而更好地践行民主。可以说，《1912年教育法》为1919年引入全民普选制奠定了基础。

《1912年教育法》的第二部分涉及小学教师的权利和义务，主要围绕着教育世俗化展开，主要内容包括以下几点。①教师代表成为市镇教育委员会的当然委员，参与教育事务的决策。②宗教教育由教区牧师负责组织，地点仍在学校内部，但教师不再需要参加。此前，教区牧师有权要求教师参加宗教教育，或代为组织宗教教育（如教授教理课）。这样，教师就与宗教教育脱钩了。③废除教区牧师对教师的监管权，宗教证书不再是教师聘用所必需的文件。[2]

矛盾的是，无论是教权派（主要是教会和右翼集团）还是反教权派（主要是社会民主党和自由党）都对法案进行了强烈抨击，一方认为世俗化的举措太过激进，严重破坏了宗教教育在初等教育中的重要地位；另一方则认为举措太过保守，继续深入改革的空间还很大。

在旷日持久的辩论后，议会最终以34票赞成、17票反对、1票弃权通

---

[1] 资料来源于卢森堡法律条文汇编网站。
[2] 资料来源于卢森堡法律条文汇编网站。

过了该法。1912年7月10日，该法的主要制定者，内政大臣皮埃尔·布劳恩将法案提交给国家元首玛丽-阿黛拉伊德女大公签署。但女大公直到8月10日才签署了该法律。作为一名虔诚的天主教徒，女大公并不愿意签署这样一项不被教会认可的法律。玛丽-阿黛拉伊德女大公在此事上犹豫不决的态度被广为诟病，使得她在卢森堡人民心目中的形象进一步受损，加快了她一战后被迫退位的步伐。而内政大臣布劳恩则名留青史，《1912年教育法》也被称为《布劳恩法》。[1]

《1912年教育法》围绕初等教育的义务、免费、世俗化三个属性展开，在教权派与反教权派之间寻得了微妙的平衡。自1919年以来，卢森堡内阁绝大多数时期由右派政党（今基督教社会党）领导，但世俗和宗教教育之间的分离从未受到根本性的挑战。《1912年教育法》奠定了卢森堡初等教育体系的基础，为卢森堡青年人提升受教育水平、提高就业竞争力做出了重要贡献。在漫长的20世纪中，陆续有一系列局部改革对初等教育的各方面进行了微调，但卢森堡的初等教育体系总体上继承了《1912年教育法》的要义。

三、21世纪的初等教育改革

进入21世纪后，卢森堡的教育面临新的挑战。卢森堡国民教育部的一份调研报告指出，学生需要学习的知识越来越庞杂，但他们却因为各种各样的原因逐渐失去了对学习的兴趣。学生在语言学习上的倦怠感尤为明显，有近半数学生对法语表现出厌学态度，四分之一学生不喜欢德语。这显然不利于培养具有多语能力的青年人才。一部分学生家长由于自身受教育水

---

[1] MOES R. La réforme scolaire de 1912[J]. Forum für Politik, Gesellschaft und Kultur, 2013(1): 35-38.

平有限，对子女教育的重视程度不足，也不知道如何应对子女在求学过程中遇到的各类问题。另一部分家长则认为卢森堡的教育体系对子女的阶级跃升帮助有限。部分教师也曾经历或正在经历职业倦怠危机，亟须提升其对教师职业的认同感和获得感。[1]

2009年1月，卢森堡议会通过了四项与学前教育和初等教育有关的新法律，分别是《义务教育法》《基本教育组织法》《基本教育人员法》《教育质量监测机构和基本教育教师在职教育学院成立法》。自此，学前教育和初等教育被合并称为"基本教育"[2]。针对基本教育的改革自2009年9月起全面铺开。

2009年教育改革的主要内容有以下几点。①继续延长义务教育的年限，自4周岁起，至16周岁止。②在基本教育阶段，以学段为单位对学习进展进行评价，不再采取逐年升级的传统模式。基本教育共分为四个学段，每个学段两年。这就使得学生有更充足的时间来学习知识、发展技能。游刃有余的学生测评合格后可以提前进入下一学段，进展缓慢的学生则可以申请延长某一学段的学习年限，待准备充分后再进入下一学段。学校要继续秉持"学生在校不是单纯学习知识，而是要发展各项能力"这一思想，正确认识知识与能力之间的关系：知识是能力发展的必要前提，能力是知识学习的最终目标。教学评价去分数化，更关注学生能够完成哪些任务，而不仅仅是测试学生已掌握或未掌握哪些知识。学习评价总体上变得更加积极。另外，学校要根据学生状况开展分层教学，对学习困难的学生提供针对性指导。鼓励学校和教托机构接力合作。③强调教师团队的合作。在同一个学段各平行班任教的全体教师组成教学团队，定期集体备课、教研，研究教育教学问题的解决方案。提高综合教育教师、心理咨询师等其他教辅人员在日常教学活动中的参与度。④建立参与式民主框架，鼓励学校广

---

[1] 资料来源于卢森堡国民教育部官方网站。

[2] 法语称为 enseignement fondamental。

泛吸收各方资源，实现自主发展。制定学校发展规划，明确工作重点和难点，有的放矢地调配资源，优先解决最紧迫的问题。鼓励家长参与学校重大决策的制定和实施，加强家校互动。[1]

第二节 中等教育简史

一、19世纪的中等教育概况

雅典娜中学是卢森堡教育历史上浓墨重彩的一笔：它是卢森堡历史最悠久的中学，而且在很长一段时间内是唯一一所中学；它还是卢森堡高等教育的摇篮。雅典娜中学的历史最早可以追溯到1603年成立的耶稣会学校。耶稣会被教皇废除后，学校由教区神父接手管理。在1795—1814年的法国占领时期，学校教学活动中断。1802年，一所中心学校[2]在其旧址上成立，并于1805年更名为中等学校。拿破仑战败后，学校改建为文科中学[3]，后又于1817年更名为"大公王室雅典娜中学"。雅典娜中学的课程分为三大类：一是预科班，学制一年；二是古典人文主义中学课程，学制六年，前三年为初中，后三年为高中；三是"高级课程"，学制一年，实际上是大学预备课程。

19世纪上半叶，雅典娜中学在卢森堡中等教育史上近三个世纪的垄断地位逐渐消解。1834年和1841年，雅典娜中学分别在埃希特纳赫和迪基希设立了两个文科中学分部，开设预科和初中课程。1891年，迪基希的文科

---

[1] 资料来源于卢森堡国民教育部官方网站。
[2] 法文称为 école centrale。参见王晓辉. 法国教育史[M]. 北京：商务印书馆，2022：214.
[3] 法文称为 gymnasium。文科中学以教授古典人文科目见长。参见王晓辉. 法国教育史[M]. 北京：商务印书馆，2022：137-138.

中学分部独立出来，开齐预科、初中和高中各年级课程，成为一所完全文科中学。1900 年，埃希特纳赫的文科中学分部也成为完全文科中学。

1848 年，雅典娜中学增设了工业与商贸部，专门培养希望在工业和商贸领域工作的青年人才，尤其是工程师和会计师。雅典娜中学原本的文科中学部则延续传统，继续教授古典语言（拉丁语和古希腊语），深耕人文主义教育。[1] 不过，工业与商贸部在运行之初缺乏经济学相关的课程，对语言教育也不够重视。为了更好地提高教学质量，1892 年，工业与商贸部从雅典娜中学独立出来，自成体系，卢森堡市工业与商贸学校诞生。

1896 年，在卢森堡市又成立了国立手工业学校（现工艺与职业中学的前身），旨在为有志从事手工业的年轻人提供技艺知识和实践技能，为以后的学徒培训奠定基础。手工业学校学制两到三年不等，包括一年的预科学习和一到两年的正式课程学习。除了教授高级小学课程中的某些科目，如宗教和道德教育、德语、法语等外，手工业学校还开设制图、基础技术、基础机械原理、基础建筑原理、基本法律概念等课程。此外，学校还会组织一系列实操实训。学生每年支付的学费不超过 40 法郎。困难学生可以申请全部或部分免除学费。1906 年，手工业学校的教职人员共 20 人，包括校长 1 人、教师 5 人、车间主管 3 人、实训教员 3 人、课程讲师 6 人、临时代课讲师 2 人。[2]

卢森堡早期的职业教育也由中学承担。例如，卢森堡最早的农学课程由迪基希文科中学分部于 1848 年开设，负责人是夏尔·法布尔博士。迪基希也就成为卢森堡农学课程的发源地。1856 年，迪基希文科中学分部的农学课程停开，转由同年在埃希特纳赫成立的卢森堡农业学校开设，而农业学校的校长正是法布尔博士本人。1883 年，农业学校迁往埃特尔布鲁克，

---

[1] 富尔曼. 公民时代的欧洲教育典范 [M]. 任革, 译. 北京：人民出版社，2013：40.
[2] 资料来源于初等教育教学百科词典网站。

新校址配套建设了有机化学实验室和学生宿舍。[1] 农业学校是卢森堡第一所公立职业教育中学。

二、20世纪的中等教育改革

（一）20世纪上半叶：动荡中发展

进入 20 世纪后，卢森堡的钢铁工业继续飞速发展，成为卢森堡经济腾飞的唯一动力。[2] 但是，钢铁工业重镇埃施还没有设立中学。在 1901 年 5 月的议会辩论中，来自埃施的议员尼克·维尔特要求道："你们卢森堡市有的（学校），我们埃施也要有。"同年，埃施工业与商贸学校成立，并于 9 月招收了第一批共 118 名男学生。埃施工业与商贸学校为工业、商业和政府部门培养了一大批专业技术人才和行政管理人员。[3] 不过，在建校之初，埃施工业与商贸学校并未开设拉丁语课程，这导致学生的后续学业和职业发展受到限制。为解决这一问题，1926 年起，学校在初中部开设了拉丁语选修课，并于 1940 年开齐所有年级的拉丁语课程，从而大大地增加了学生毕业后接受高等教育的机会。

针对女生的中等教育也于 20 世纪初萌芽。1906 年，卢森堡著名钢铁企业家埃米尔·梅里施的妻子阿琳娜·梅里施–德–圣–于贝尔发起了卢森堡妇女权益组织，开始为女性受教育权奔走。1911 年，在卢森堡市和埃施两个城市分别成立了一所女子中学，女学生终于能够在公立学校接受中等教育。

---

[1] 资料来源于迪基希年鉴网站。
[2] 彭姝祎. 卢森堡 [M]. 北京：社会科学文献出版社，2010：114.
[3] 资料来源于埃施男子中学网站。

但是，受当时经济和社会因素的限制，女子中学和男子中学的学制和课程设置并不一致。女生小学毕业，通过入学考试后进入女子中学就读。初中学制三年，进行通识教育，外语语种是英语，同时还开设缝纫、家政等实用科目。初中课程修读完毕后，参加高中入学考试，合格者继续学业。学生进入高中后立即分科：职业教育科时长两年，现代语言科和拉丁语科时长四年。职业教育科和现代语言科的毕业生一般直接就业，而拉丁语科的毕业生则有资格继续接受高等教育。这种女子中学结构一直保持到1968年，只在二战后有一些细微的调整：两年制的职业教育科被取消，现代语言科被拆分为家政科和商贸科。

由于女生进入高中后才开始学习拉丁语，所以只有天资最聪颖的女生才有望获得大学教育的机会，因为掌握拉丁语是当时接受高等教育的必要条件。相比之下，男生在初中就开始学习拉丁语。这种课程设置上的不平等实际上加剧了男女在职业选择上的不平等。

20世纪上半叶，两次世界大战对卢森堡的中等教育产生了深刻影响。总体来说，一战期间，德国军队的入侵对中学日常运行的干扰不大，但师生必须避免任何可能被德军视为挑衅的言论和行为。二战期间，纳粹的入侵则对卢森堡的中等教育造成了沉重打击。卢森堡的中学几乎都被改建为纳粹德式中学。教师必须前往德国参加纳粹洗脑课程，拒不参加的教师被撤职；学生则被要求加入希特勒青年团，否则开除学籍。1942年9月起，许多学生被强行征召入伍，大多数人被送往前线并最终阵亡。雅典娜中学的高级课程也全部停开。

二战结束后，卢森堡的中等教育逐渐恢复原有秩序。1945年，许多学校更换了校名：雅典娜中学更名为大公雅典娜中学，卢森堡市和埃施的工业与商贸学校更名为男子中学；埃希特纳赫和迪基希的文科中学更名为古典中学。但是，男子中学的学制和课程设置总体没有太大变化。当时的男子中等教育共有三种分科：拉丁语-古希腊语科，学制七年，前四年为初中，后三年为高中；拉丁语科，学制七年，前四年为初中，后三年为高中，进入高中后细分为语言文学方向和数学方向；现代语言科，学制六年，前三年为初中，后三年为高中，进入高中后细分为工业方向和商贸方向。学生在入学时就要选择分科。

（二）20世纪中期：欧洲学校的诞生

1952年，卢森堡市被选为欧洲煤钢共同体的临时总部。很快，各国驻卢森堡代表的子女教育问题就凸显出来。卢森堡地处法、德、比交界处，法语和德语均广泛使用。因此，来自法国、比利时和德国的儿童很容易适应卢森堡的教育体系。但是，来自意大利和荷兰的儿童则没有这么幸运。因此，共同体决定专门创建一所欧洲学校，提供多语教育，促进不同国家的儿童和青少年互动交流，共同学习。在卢森堡政府的支持下，欧洲学校从设想逐步变为现实：1953年，第一所欧洲幼儿园成立，面向3—7岁的儿童；同年10月，第一所欧洲小学成立；1954年10月，第一所欧洲中学成立；七年制的完全中学（包括初中段和高中段）则在1958年9月诞生。[1]

欧洲学校发展历程中的重要一步是欧洲学校专属的毕业证书——欧洲中学毕业证书——的诞生。1957年7月，关于欧洲中学毕业会考的议定书在卢森堡签署。议定书规定，成员国承认欧洲中学毕业证书，通过欧洲会考取得证书的学生有资格进入成员国任意一所高校就读。第一届欧洲中学毕业会考于1959年举行，24名考生中有23人成功获得了欧洲中学毕业证书。[2]

作为历史上第一所欧洲学校，卢森堡欧洲学校的成功也促进了各大欧洲机构在各自的驻地建设欧洲学校。2004年，卢森堡欧洲学校第二分校成立，以更好地满足日渐增长的教育需求。截至2023年6月，全欧洲一共有

---

[1] 资料来源于卢森堡欧洲学校第一分校官方网站。
[2] 资料来源于欧洲历史百科全书数字版官方网站。

13 所欧洲学校，分布在卢森堡、比利时、德国、荷兰、意大利、西班牙等 6 个欧洲国家。这些学校由欧盟和成员国政府联合建立、共同管理，在成员国内的地位等同于普通公立学校。自 2005 年起，根据欧洲议会的建议，各成员国的普通学校也可申请开设欧洲课程、组织欧洲中学毕业会考。截至 2023 年 6 月，全欧洲共有 22 所学校通过认证评估，开设欧洲课程，其中卢森堡有 6 所。[1]

总的来说，欧洲学校创造了一个微型社会。在这个社会中，儿童和青少年通过多语教育了解不同国家灿烂的文化，增进互信，摒除陈见，培养欧洲公民的行为标准和价值观，建构欧洲公民的身份认同，成为建设统一、繁荣的欧洲的有生力量。

（三）20 世纪下半叶：教育体系全面革新

1968 年，卢森堡进行了大规模的中等教育改革，对中等教育的目的进行了重新界定，强调中等教育要为学生后续接受高等教育打下坚实的基础。

改革主要措施包括三部分。① 实行男女同校制。中学应当平等地招收男女学生，开设完全相同的课程，混班上课。改革施行后，许多学校虽未改名（如卢森堡市和埃施的男子中学），但已经开始招收女学生。② 调整学制和课程设置，主要是降低拉丁语和古希腊语在中学课程中的比重。改革后的初中学制三年，从低到高依次为七年级、六年级、五年级。[2] 七年级为通识教育。进入六年级后，学生需要选择外语语种，古典语言方向的学生开始学习拉丁语，并在五年级开始学习英语；现代语言方向的学生开始学习英语，在进入高中后可以学习第二外语。改革后的高中学制四年，从

---

[1] 资料来源于欧洲学校总秘书处官方网站。

[2] 这种倒序计数的年级记名方式与法国中等教育体系类似，都是以中学毕业会考为最终目标，年级数字越小则越接近会考。

低到高依次为四年级、三年级、二年级、一年级。无论古典语言方向还是现代语言方向的学生都要选择分科：语言文学（A）、数学（B）、自然科学（C）或经济学（D）。③要求中学逐步设立和完善校园心理支持与疏导、学业规划指导等教育教学辅助部门。[1]

1968 年的改革把卢森堡全国的中等教育体系一起来。一些历史悠久的名校，例如雅典娜中学和卢森堡男子中学，似乎变得与其他学校并无不同了。但实际上，这些百年名校一直秉持继往开来的优良作风，把握守正与创新的平衡，始终走在中等教育改革的前列。例如，卢森堡男子中学就是卢森堡第一所开设高中造型艺术（E）分科的中学。1972 年，卢森堡女子中学改名为罗伯特·舒曼中学。之所以用欧盟之父的名字命名中学，是因为中学位于基希贝格，也就是卢森堡市的"欧洲区"，学校也秉持面向欧洲的国际化办学理念。[2]

1968 年，卢森堡只有 8 所完全公立中学（开齐初中和高中课程）。为了满足更多学生接受中等教育的需求，卢森堡政府一方面对这些中学进行扩建，一方面增建新中学。1968 年，卢森堡市第四所中学成立，暂命名为"新中学"，后于 1970 年正式命名为米歇尔·罗当日中学。[3] 这所以卢森堡著名文学家命名的中学一定程度上纾解了雅典娜中学、卢森堡市男子中学和卢森堡市女子中学的办学压力。1969 年，北部中等与职业学校成立，后于 1992 年更名为北部中学。北部中学位于维尔茨，是卢森堡西北部地区第一所公立中学。[4]

1968 年之后，卢森堡的中等教育陆续经历了大大小小的改革。例如，在高中引入全科学习阶段，不急于分科；对数学课进行分层教学，分为基础班和高级班，以满足不同学生的要求；增设新的分科，如造型艺术（E）、

---

[1] 资料来源于卢森堡国民教育部官方网站。
[2] 资料来源于罗伯特·舒曼中学官方网站。
[3] 资料来源于米歇尔·罗当日中学网站。
[4] 资料来源于北方中学网站。

音乐（F）等。相关考试也有所调整。初中升高中的入学考试于1975年废除，改为直升；小升初的入学考试于1998年废除，调整为升学指导。中学的组织管理结构也逐步明确，并增设了一些教育教学人员，如社会实践教师、图书资料管理员等。

1979年，卢森堡通过改革，对当时复杂的中学职业教育课程体系进行了规范化管理，建立了中等技术教育体系。总的来说，中等技术教育专门接纳那些有能力在义务教育结束后继续学习，但难以完成传统中学学业的学生。中等技术教育的目标是培养能胜任政府或私营部门中低层次岗位的青年人，在一定程度上适应了卢森堡当时第三产业逐渐发展的社会经济形势。中等技术教育分为初级、中级和高级三个阶段。初级是通识教育和职业导向阶段，学生首先要学习一般性的知识，然后逐渐确定将来要精钻的专门技术或者职业。中级和高级阶段则进行更加深入的职业理论与实践培训。许多职业学校转型成了技术中学。不过，中等技术教育和普通中等教育在当时仍是两个完全独立的体系。

1990年，中等技术教育又进行了一次改革。主要变化是：在初级阶段之后引入了三个独立的学习序列，按照要求从低到高分别是职业培训、技师培训和技术培训。改革后的中等技术教育初级阶段学制三年，从低到高依次为七年级、八年级、九年级。[1] 职业培训学制三年，从低到高依次为十年级、十一年级、十二年级，学习合格可获得"职业与技术合格证"。技师培训学制四年，从低到高依次为十年级至十三年级，学习合格可以获得"技师证书"。技术培训学制四年，从低到高依次为十年级至十三年级，如果学习医疗等专业，还要额外学习一年，即十四年级，学习合格可以获得"中等技术教育毕业证书"，其效力与传统中等教育毕业证书相等同，有资

---

[1] 由于此时中等技术教育与普通中等教育尚未并轨，中等技术教育的各年级并未按照普通中等教育的倒序计数法记名，而是按照学习年限自然累进的方式记名。

格接受高等教育（当然，可选择的专业有限）。[1] 1994 年，针对那些直接接受中等技术教育有较大困难的学生，卢森堡设置了中等技术教育预科制度，力求通过一年的预科班学习帮助学生查漏补缺，赶上学习进度。

三、21 世纪的中等教育改革

（一）新式中学：教育改革的大胆尝试

为了更好地探索中等教育的新模式、新方法，在实践中检验新理念，2005 年，卢森堡新式中学成立。作为一所教育改革实验学校，新式中学不执行国家课程，而是创造性地探索各种教育教学模式，帮助学生成才。

新式中学成立之初曾尝试进行项目式学习。学生需要与同伴结成小组，合作完成若干主题研究项目。这些项目不再拘泥于某个单一学科，而是属于四大跨学科主题：艺术与社会、科学与技术、体育与健康、价值观教育。每个研究项目持续约六周，学生在教师的指导下与同伴共同确定研究问题，探索解题思路，学习相关知识，交流学习收获，培养综合能力。教师不再是知识的传授者，而是学生主题探究活动中的领路人和帮手。[2]

随着教育改革的不断深入，新式中学的教学理念和方法也不断调整。2012 年，新式中学从卢森堡市迁至梅施，更名为埃梅辛德中学。为了更好地帮助学生实现个性化发展，学校为每个学生配备了导师，密切关注学生的成长。埃梅辛德中学的教育教学的主要特色体现在以下四个方面。其一，个人发展规划。在每个学期开始时由学生、导师和家长共同确定，明确学生在本学期希望了解的职业或知识领域。其二，个人研究或实践项目。学

---

[1] 彭姝祎. 卢森堡 [M]. 北京：社会科学文献出版社，2010：229-231.
[2] 资料来源于卢森堡国民教育部官方网站。

生在导师指导下，以年为单位开展理论研究或实习实践，完成一篇论文或报告，其内容与个人发展规划密切相关。其三，实习与创业。2023年，学校共有16家内部企业，均为学生创立。每个学生要选择一家与个人发展规划最匹配的企业，每周至少工作8小时，以积累社会经验。其四，助教。学生要选择两门最擅长、与个人发展规划关系最密切的课程，担任助教，与其他同学分享学习经验，促进集体共同进步。[1]

（二）2012年中等教育改革

总体来说，卢森堡的基础教育，特别是中等教育，在19世纪末20世纪初布局之时主要是为了培养两类人：一是能够在政府和企业担任要职的多语精英，二是高素质的技术工人（主要输送至钢铁行业）。进入21世纪后，这样的目标已经不足以满足全球化和知识型社会的发展需求，也不能与日渐多元化的青少年群体相匹配。继2009年基本教育改革之后，卢森堡又于2012年对中等教育进行了大规模改革。改革重申了学校的基本职能：教育（传递知识、发展技能）、社会化（培养学生公民意识）、赋能（为变革中的社会输送合格人才）。学校教育应力求提高效率，促进公平。改革的主要措施包括以下几点。

第一，调整中等教育体系结构，使其更加简洁。新的中等教育体系包含三个序列：职业教育序列、普通中等教育序列和中等技术教育序列。职业教育序列实际上包含了1990年改革后诞生的职业培训和技师培训；而技术培训则单列出来，冠以"中等技术教育"之名，与普通中等教育的关系更为密切。在初中阶段，弱化普通中等教育和中等技术教育两个序列之间的壁垒，使学生有机会从一个序列切换至另一个序列。中等技术教育各年

---

[1] 资料来源于埃梅辛德中学网站。

级的记名方式也向普通中等教育靠拢，采取倒序计数法，年级从低到高依次为七年级至一年级。

第二，调整课程要求和评价方式。在初中阶段，延续基本教育改革的做法，引入学段制，七年级和六年级形成一个学段，留出两年的时间供学生发展核心技能。在高中阶段，先设置一年的综合教育，逐步引导学生选择适合自己的分科。高中阶段的课程分为三类：一是语言和数学科目，设置分层教学，满足不同群体学生的发展需求；二是专业科目，是所选分科的核心课程；三是通识教育课程，尽可能拓宽学生的视野。在二年级，学生需要完成一个个人研究项目，撰写小论文，目的是综合运用从进入中等教育以来所获得的知识和技能，并进一步锻炼时间管理能力、思辨能力，培养刻苦学习、迎难而上的耐力，增强跨学科意识，以便为后续接受高等教育做好准备。

第三，加强对学生的课业辅导，鼓励个性化指导。帮助学生适应中学学习生活，逐步提高自主能力，并对未来的学业和职业加以规划。

第四，加强升学指导，尤其是中等技术教育序列学生的择业指导。

第五，增加学校的自主权，鼓励学校加强家校合作，加强与市镇的联系，充分调动各类教育教学资源。学校要思考自身定位，提炼办学特色；制定学校发展规划，为教育教学评估制定一系列可操作的指标。

2017年，中等教育序列的名称又进一步调整。中等技术教育更名为通用中等教育，各年级记名使用字母G；普通中等教育各年级记名则使用字母C。[1]

---

[1] 普通中等教育的法语由 enseignement secondaire général 改为 enseignement secondaire classique，后者字面翻译过来是"传统中等教育"或"古典中等教育"。为了符合中文的表达习惯，仍译作"普通中等教育"。而中等技术教育的法语由 enseignement secondaire technique 改为 enseignement secondaire général。考虑到接受中等技术教育的学生既有机会在毕业后接受高等教育，也可以中途转入职业教育序列，故译作"通用中等教育"。在卢森堡官方文件中，常常用 ESC 这一缩写表示普通中等教育，用 ESG 这一缩写表示通用中等教育。

第三节 高等教育简史

一、雅典娜中学：高等教育的萌芽

自1817年起，雅典娜中学开始开设"哲学班"，学制一年，面向已经完成全部中学学业的学生，教授逻辑学、形而上学、数学、物理学等课程。这些课程严格来说属于"中学后教育"[1]，某种意义上可以算作准大学课程或大学预科课程。1824年起，课程更名为"学术课程"。哲学班的设立在一定程度上弥补了卢森堡没有大学的遗憾。不过，这些准大学课程并未能连续开设，而是经历了若干次中断和改革。

1830年，比利时爆发起义，反对威廉一世的统治。由于大部分卢森堡人支持比利时人，威廉一世便试图阻止卢森堡青年人进入比利时的大学接受革命思想的熏染。1832年起，卢森堡不再承认比利时的大学文凭。1835年的一项法令规定，卢森堡学生只能在德意志联邦内部接受大学教育。在1837年的弗里德曼改革中，这种德意志化的教育政策得以延续。改革意图把卢森堡雅典娜中学变成德国大学的预备学校，从而达到控制卢森堡青年精英的目的。改革同时废除了雅典娜中学的学术课程，卢森堡初具规模的高等教育体系就此崩塌。[2]

1839年，卢森堡大公国独立。大公虽然仍由荷兰国王兼任，但卢森堡需要组建自己的行政机构。对未来执掌国家部门的精英的培养就成了一个重要议题。当时人们普遍认为，在卢森堡建立一所学制完全的大学是不可行的，至多只能组织一些高等教育课程；但这些课程具体如何组织，不同政治派别的意见分歧很大。右翼教会派倾向于模仿德国模式，而左翼自由

---

[1] 法语称为 enseignement post-secondaire。
[2] ELZ M. Les débuts de l'enseignement supérieur du Luxembourg[J]. Ons Stad, 2009(2): 44.

派则支持比利时模式。最终，卢森堡选择了比利时模式，由教授和社会各界精英组成评审委员会，对大学文凭候选人进行考核，通过考核则获得大学文凭。当时的大学文凭更多是用于表明一个人有能力担任公职，而不是证明他具有多高的学术水平。对政府来说，大学文凭的授予牵涉到国家主权问题，因此需要严格的监管。当时，在外国取得的大学文凭并不能自动获得卢森堡政府的承认。

1848年，卢森堡颁布了第一部《中等和高等教育法》。先前被废止的学术课程以"高等课程"之名重新开设，仍由雅典娜中学负责组织。高等课程学制一年，分为两大方向，文科方向包括哲学和文学，理科方向包括数学和物理学。学生修习完毕后可以获得大学文凭候选人资格。随后，候选人需要到外国继续修读专业课程。但是，即便在国外获得了大学文凭，候选人也必须回国参加考核，由评审委员会决定是否授予卢森堡本国承认的大学文凭。

高等课程恢复后，修读的学生主要是雅典娜中学的毕业生。起初，选择文科方向的学生较多。后来，随着卢森堡的工业革命不断推进，到19世纪末，选择理科的学生数已大大增加。

不难看出，高等课程不过是对当时外国高等教育课程的一种简单模仿，很难说有多么高的培养质量。卢森堡国内对此也有颇多争论：高等课程究竟是中等教育的延伸，还是大学教育的开端，还是一种两不像的混合体？高等课程和中学课程都由雅典娜中学这一所学校开设。在实际授课中，理科方向的高等课程其实就是工业与商贸部的中学高年级课程，这也导致很多人质疑高等课程有名不副实之嫌。1892年，工业与商贸部从雅典娜中学独立出来，理科方向的高等课程也随之由新成立的卢森堡市工业与商贸学校负责开设，但课程内容与难度的问题似乎并未得到根本解决。对于雅典娜中学保留的文科方向高等课程，不少人也颇有微词，因为哲学课几乎全部由神父教师负责，很多人指责哲学课其实是变相的神学课。事实上，教会在很长一段时间内都希望在卢森堡设立一所天主教大学以保持其影响力，但这所大学最终未能建成。

另外，卢森堡的学位授予制度也受到越来越多的批评。学位授予考核的失败率起初比较低，但在进入20世纪后开始上升，一度达到50%。很多人认为，这是卢森堡制度的内在缺陷造成的：学生并不总是能在外国的大学学习规定的考试科目，而评审委员自己也不见得掌握最新的知识、了解研究前沿。这一问题在高等课程尚未覆盖的那些学科上体现得最为明显。

在1848年法律颁布后的一百多年里，有关高等教育改革的批评与辩论此起彼伏，但高等课程作为一种卢森堡特色一直延续下来。人们认为，如果彻底废止了高等课程，那么卢森堡本国就完全缺失了高等教育，国家的独立性会大打折扣。这一体系一直持续到1969年。当时，高等课程覆盖的学科已经有所增加，文科方向包括文学、哲学、法学等，理科方向包括数学、物理学、自然科学等，还增加了医生和药剂师的执业培训课程。高等课程得到了部分外国大学的承认。但是客观来讲，卢森堡在1969年以前绝对算不上真正拥有一所大学。原因包括学科单一且薄弱、教学科研人员数量少、国家财政支持不足、没有独立校舍、缺乏与国外大学的交流合作等。

二、卢森堡大学中心：大学的雏形

1969年6月颁布的《高等教育与外国高等教育文凭认证法》是卢森堡高等教育史上的一个重要转折点。这项法律废止了原有的学位授予制度，建立了对外国高等教育文凭的认证制度。开设了一百余年的高级课程被保留下来，更名为"大学课程"，作为大学第一学年的课程继续开设。法律还规定，建立一个名为"卢森堡大学中心"的机构，开设上述大学课程。自此，卢森堡的高等教育发展开启了新篇章。[1]

1974年起，若干高等教育机构相继诞生。1974年2月，卢森堡大学中心正式成立。中心最初设三个系、两个培训部，分别是法学与经济学系，文学与人文科学系，科学、医学与药学系，教师培训部和法律培训部；后又增设了管理与信息科学系。各系大部分专业只提供大学第一学年或前两学年的课程。学生修业合格后，有资格进入法国、比利时和德国的大学完成后续学业。

1974年4月，卢森堡国际大学学院成立，在行政上隶属于卢森堡大学中心。学院最初只开设比较法相关课程，后逐渐丰富了课程设置。国际大学学院主要负责组织大学后教育，重点建设对大公国经济和社会发展具有重要作用的学科。为此，学院设有以下三个系：法学研究系、政治经济学系和欧洲研究系。学院主要通过组织学术研讨会和开办面向大学毕业生的暑期研讨班来实现教育目的。从1999年起，学院重新调整了教学活动，增加了三个新的专业方向：企业管理、公共卫生管理、通信与传媒。[2]

1974年5月，卢森堡高等技术学院成立。学院下设四个系：土木工程系、电机工程系、机械工程系和应用信息工程系，主要为制造业、应用科研机构和服务业等领域的技术部门培养人才。[3]

1983年9月，卢森堡教育学高等研究院成立。高等研究院的主要任务是和卢森堡大学中心的教师培训部一起，培训学前和初等教育师资，同时也为继续教育教师提供培训。大学课程逐渐成为卢森堡职前教师的必修课程。

然而，这时似乎仍然不能说卢森堡真正拥有一所属于自己的大学。因为此时的高等教育课程往往只持续短短的一年，学生后续还需要去其他国

---

[1] 资料来源于卢森堡法律条文汇编网站。
[2] 彭姝祎. 卢森堡[M]. 北京：社会科学文献出版社，2010：235-236.
[3] 彭姝祎. 卢森堡[M]. 北京：社会科学文献出版社，2010：235.

家继续深造。高等教育机构还没有专职科研人员，开展的科学研究工作数量有限，且呈碎片化，学科意识不强。另外，许多课程更偏重应用实践，职业导向性强，而理论高度不足。

根据统计，1990—1991学年，卢森堡共有4 407名青年学生接受高等教育，其中1 156人在卢森堡本国修读各类专业，约占总人数的四分之一。这1 156人的具体情况见表3.1。

表3.1 1990—1991学年在卢森堡接受高等教育的卢森堡学生简况 [1]

机构	专业	人数
卢森堡大学中心	法学	92
	经济学	94
	短期课程	198
	文学	89
	医学	56
	药学	16
	科学	62
	未定专业	4
	小计	611
教育与社会学院	—	77
高等技术学院	—	254
教育学习与研究高等研究院	—	214
	总计	1 156

---

[1] TRAVOSTINO E. Petit histoire de l'enseignement supérieur au Luxembourg au XXe siècle[J]. Forum für Politik, Gesellschaft und Kultur, 1992(12): 13.

剩余 3 033 名学生在外国接受大学教育，国家分布情况见表 3.2。

表 3.2 1990—1991 学年在外国接受高等教育的卢森堡学生简况 [1]

国家	人数
比利时	1 316
法国	816
德国	631
奥地利	130
英国	72
其他	68
总计	3 033

三、卢森堡大学：大学梦的实现

1996 年，卢森堡国家高等教育委员会成立。人们又开始讨论是否应当在卢森堡建立一所真正的大学。不同声音的交流碰撞体现出当时人们纠结的心态：从经济角度看，开办大学成本高昂，却也能吸引更多企业前来投资，实现经济多样化；从地理角度看，卢森堡国土面积实在太小，但也需要与周边国家合作，积极参与欧盟事务；从人口角度看，卢森堡没有足够的师资，学生数量也不多，但师生需要国际交流的平台，卢森堡也希望吸引外国学者；从社会角度看，需要将卢森堡建设成一个知识型社会，但又要警惕学术圈过小而引起近亲繁殖……

---

[1] TRAVOSTINO E. Petit histoire de l'enseignement supérieur au Luxembourg au XXe siècle[J]. Forum für Politik, Gesellschaft und Kultur, 1992(12): 13.

1999年的立法选举中，卢森堡几个政党都将建立大学写入了选举方案。最终赢得选举的基社党虽未明确提出要创建一所大学，但也提出了一些高等教育的发展建议。虽然当时的首相容克曾在政府声明中表示，暂时不希望在卢森堡建立一所完整的大学，但从 2000 年起，有关的政策文件却成倍增加，创建大学的想法越来越具体。

2000 年 5 月，卢森堡高教科研部发布了《卢森堡高等教育白皮书》。白皮书重点阐述了卢森堡高等教育的历史和现状，但对未来发展计划着墨不多，使用的也是"大学活动区"这样一个相对模糊的术语。"卢森堡大学"一词在 2000 年 7 月通过的一项动议中首次出现。2001 年末，一份题为《卢森堡大学》的政策性文件面世，探讨了大学的基本原则（教学与科研的统一、国际化、多语言等）和组织结构。这份文件比白皮书更加面向未来，有效回答了"为什么现在要在卢森堡建设一所大学"这一问题，同时也探讨了另一个更具体、更有建设性的问题："卢森堡需要一所怎样的大学？"

有学者认为，卢森堡大学的快速落成与卢森堡钢铁工业的历史有着密切的关系。[1] 随着钢铁工业逐渐退出历史舞台，工业荒地的治理与转型利用就成了一大难题。负责这一议题的内政部希望将工业荒地改造成一个富有活力的科学城，吸引青年才俊开展科学研究。这样一来，改造工业荒地和建造卢森堡大学两个想法便自然而然地联系起来。事实上，高教科研部在起草高等教育法草案时咨询了许多外国专家的意见。专家组的主席是爱尔兰利默里克大学校长罗杰·唐纳，而利默里克大学（1972 年建校）恰恰是一所建在工业荒地上的年轻大学。另外，卢森堡已于 1999 年加入博洛尼亚进程，需要加快建设高等教育，与欧洲其他国家接轨，积极参与欧洲教育一体化。[2] 在这样的背景下，卢森堡大学的建设进程自然大大加快了。

不过，在热烈庆祝卢森堡终于拥有一所大学的喜悦声中，也夹杂了一

---

[1] 资料来源于卢森堡政治经济文化评论类论坛网站。
[2] 李化树. 建设欧洲高等教育区（EHEA）——聚焦博洛尼亚进程[M]. 北京：人民出版社，2014：260.

些批评的声音。内阁在咨询了数量有限的外国专家后就起草了法案，并没有公开、广泛征集更多卢森堡本国高等教育与科学研究领域从业人员的意见，这被认为是一种技术官僚作风。法案在提交给议会之前甚至处于保密状态，公众并不知情。后期所谓的公开辩论都基于"决定创建大学"这一既定事实。基社党之所以采取这样一种推进风格，或许是为了避免选举造成的不可控因素，因为《高等教育法》最终投票时离下一次立法选举已经不足一年，各政党在新一届议会中的席位变动有可能使事情变得更加复杂。

无论如何，在21世纪初，卢森堡人拥有一所属于自己的大学的理想终于成为现实。

第四章 学前教育

本章主要介绍和评述卢森堡0—6岁儿童的教育体系与教育政策，同时简要介绍12岁以下儿童的课外教育托管情况。这样的安排与卢森堡的教育现实有关。一般意义上的学前教育指的是对从初生到6岁左右的儿童所进行的教育。[1] 而卢森堡严格意义上的"学前教育"[2] 指的是儿童4—6周岁的教育，共计两年；在此之前还有一年的"早期教育"[3]，对应的是儿童在3周岁这一年接受的教育。这两者都属于广义学前教育的范畴。根据卢森堡《教育法》，学前教育属于义务教育范围，所有适龄儿童必须入学；早期教育则非强制，家长可以根据儿童情况自由取舍。早期教育和学前教育一起，构成了卢森堡"基本教育"的第一学段，共三年；基本教育的后三个学段对应的是"初等教育"[4]。

---

[1] 黄人颂. 学前教育学 [M]. 3版. 北京：人民教育出版社，2015：3.
[2] 法语称为 éducation préscolaire。
[3] 法语称为 éducation précoce。
[4] 法语称为 enseignement primaire。

第一节 学前教育的现状

一、教育托管服务体系

在卢森堡，有多种类型的教育机构为0—12岁的儿童提供托管和教育服务。这些机构会同时接待多名儿童，因此统称为集体教育托管机构，包括幼儿园、迷你幼儿园、日托中心、托管驿站、学业之家（仅在卢森堡市设有）等。一些集体教托机构与国家签订了合作协议，可以获得国家资助。它们或由非营利性组织运营，或由当地政府管理，这些机构也被称为协议合作机构，可以大致理解为公立教托机构。另一些机构则并未与国家签订合作协议，多为营利性的私营公司开设，这些机构被称为非协议合作机构，可以大致理解为私立教托机构。家长可以自主选择将孩子送至什么机构，并自主联系机构完成注册手续。各个教托机构可以自行设定注册标准。例如，有些机构只接受居住在本市镇，或者在本市镇接受正规教育的儿童。正式注册时，教托机构和家长之间会签署合同明确权利和义务。

在卢森堡还有另一种协助父母照看幼儿的方式，即聘请亲子助理。与集体教托机构在专门场所开展业务不同，亲子助理是以自由职业者的身份在自己的家中照顾儿童。家长可以选择白天或夜间将孩子送至亲子助理处。亲子助理同一时段最多可以照顾5名儿童（包括助理本人的子女）。家长如果有相关需求，可以联系专门中介了解详细信息。该中介也会为亲子助理提供各种在职培训。

无论是集体教托机构还是亲子助理，都必须通过卢森堡国民教育部对机构或个人声誉、从业人员职业资质以及硬件设施等方面的考核，获得营业许可。政府还为教育工作者提供在职培训，帮助他们更好地在低龄儿童教育专业领域积累科学知识，提高实践能力。

2019—2021 年，卢森堡各类教托机构的学位数见表 4.1。

表 4.1 2019—2021 年卢森堡教托机构学位数 [1]

单位：人

机构类型	2019 年	2020 年	2021 年	2020—2021 年变化（%）
公立集体教托机构	41 241	42 453	43 777	+1 324（+3.1%）
私立集体教托机构	14 505	15 098	15 995	+897（+5.9%）
亲子助理	2 551	2 340	2 164	−176（−7.5%）
合计	58 297	59 891	61 936	+2 045（+3.4%）

（一）公立幼儿园：以卢森堡市市立幼儿园为例

卢森堡市政府开设了六家市立幼儿园，共可以接待约 400 名年龄 3 个月至 4 周岁的儿童。幼儿园根据儿童年龄分班，一般开设四个班：1 岁以下（3—12 个月龄）、1—2 岁、2—3 岁和 3—4 岁。每个班的总人数一般为 15 人。小班教学能够促进幼儿与教托人员建立情感联系，增进相互信任，使幼儿顺利融入幼儿园集体生活。幼儿园参与儿童教育托管的人员包括幼师、儿科护士和护理助理等，其中 80% 的人员拥有低龄儿童社会教育等相关专业的学位。[2] 幼儿园会开展一系列符合幼儿成长规律和节奏的活动，促进幼儿发展认知能力、运动技能和创造力。这些活动包括烘焙、手工、绘画、游览参观等。幼儿园有户外游戏区域，以鼓励孩子们增强体育活动，探索自然世界。

卢森堡市市立幼儿园使用卢森堡语作为日常通用语言，旨在促进不同国籍、语言和文化背景的儿童交流融合，加强卢森堡社会多语言背景下的

---

[1] 数据来源于卢森堡国民教育部官方网站。同一个学位在不同时段可以接待不同的儿童。
[2] 资料来源于卢森堡市市立幼儿园网站。

凝聚力。在幼儿园学习卢森堡语也为儿童后续在卢森堡学习提供便利。

入园条件方面，居住在卢森堡市内，并且父母双方至少有一方有正式工作的家庭均可以申请子女入托。市立幼儿园优先考虑来自单亲家庭或家庭条件较差的儿童入托。父母需要直接与幼儿园联系，约定面试时间。后续面试程序因幼儿园而异。从获得入托许可到正式注册入托前，儿童可以有一定时间的适应期。适应期内，父母中的一方可以在场陪伴儿童适应幼儿园的生活。

儿童入园有三种时制可以选择：全日制（每周教托服务时长 50 小时）、半日制上午和半日制下午（每周教托服务时长 25 小时）。全日制和半日制上午托管每日配有午餐，半日制下午托管不配餐。幼儿园拥有专业厨师团队，与营养师合作，保证使用新鲜、当季、当地、有机食材，提供适合儿童年龄、符合营养学建议的餐食，确保儿童饮食健康、膳食平衡；也可为有特殊饮食需求的儿童定制餐食。每个儿童的注册费用会根据父母收入以及登记入托的儿童数动态调整，并不是固定的。幼儿园可以使用教托支票。

（二）私立教托机构：以 Rockids 集团为例

Rockids 集团拥有十余年的教托经验，在卢森堡设有若干幼儿园、日托中心和蒙台梭利幼儿园，专门为 0—12 岁儿童提供教育托管服务。[1]

1. 幼儿园

Rockids 集团旗下的幼儿园接待 3 个月至 4 岁的儿童。特殊情况下，也可以接待 2 个月的婴儿，家长需要与园方接洽确定具体事宜。幼儿园每周

---

[1] 本小节资料来源于 Rockids 集团网站。

一至周五营业，周末和法定节假日休息。幼儿园接受全日制或半日制入园，家长可以根据自身情况灵活选择。幼儿园的员工数量严格遵守卢森堡国民教育部的标准，即每个工作人员最多可同时照顾6名2岁以下儿童，或8名2—4岁儿童。幼儿园为满1岁的儿童提供免费的多语教育。幼儿园的主要语言是法语。

幼儿园根据儿童年龄分班。0—2岁的儿童编入"探索者"班。班内活动空间全部铺设软垫，方便儿童安全、自由地活动，获得感官和运动体验。班内还有专门的午休室。2—3岁的儿童编入"彗星"班。班级注重发展儿童的自理能力和身体意识，特别强调如厕训练及心因运动技能和精细运动技能的发展。语言能力、社会性和认知能力发展也是教学的重要内容，均通过专门设计的游戏和活动完成。3—4岁的儿童编入"宇航员"班。他们会参与一系列寓教于乐的活动，为后续学习做好准备。

幼儿园为儿童提供游戏和学习材料，鼓励儿童进行体验式学习。专业教育团队践行积极教育理念，为每个孩子提供个性化的成长支持和建议，帮助他们按照自己的节奏发展和成长。幼儿园拥有适合儿童年龄的专业设施，为幼儿提供简洁明快、充满童趣的室内外活动空间。集团每年有固定预算用于更新各类设备。每个园区都有室外活动空间，配备娱乐设施、菜园、"泥巴厨房""赤脚探索线路"等，鼓励儿童动起来探索周围环境。幼儿园每周还会组织主题烹饪活动，让孩子们自己动手，用简单的食材制作食物，在中午正餐或下午加餐时享用自己的烹饪成果。

幼儿园的教育团队还会设计一系列主题活动，让儿童更有针对性地了解外部世界，探索他们生活的环境。主题活动根据儿童的年龄进行调整，如探索语言、认识食物、体验农场生活、观察季节更替等。在学校假期周仍然在园的儿童可以参与教育团队精心设计的娱乐周活动。每个假期周都会有不同的主题，通过天马行空的设计，培养儿童的想象力和创造力。例如，儿童将扮演宇航员，自己制作火箭；或者变身生活在城堡中的公主或骑士，设计自己的纹章；又或者变成考古学家去寻找恐龙蛋。此外，每个假期周都会安排一次在卢森堡或周边地区的出游活动，如参观动物园、游乐园、文化展览或开展室外拓展活动等。

幼儿园还会与当地的学校、图书馆、养老院、慈善机构等建立合作关系。儿童有机会体验不同的生活环境，从而提高适应能力，学会如何与他人和谐共处。与幼儿园有合作关系的图书馆和多媒体图书馆还会定期更新园内的阅读空间和音乐空间，让孩子们接触到最新的文化产品。

Rockids集团充分重视卢森堡的多元语言文化环境，积极为入园儿童开展多语教育。集团旗下幼儿园的主要语言是法语，蒙台梭利幼儿园则是英法双语，在此基础上广泛使用多种语言。园内设阅读区，提供不同语言、不同主题的书籍（如故事、童话、图画书等），优先采购用儿童家庭语言写成的书籍。教学团队掌握多种语言，在与儿童交流的过程中充分调动所有语言资源，以回应儿童的需要和兴趣，提高他们的表达欲望。教学团队使用法语、德语、卢森堡语、葡萄牙语、英语等语言，教唱多语种儿歌，讲多语种午睡前故事，教导儿童使用不同语言进行日常生活中常见的礼貌仪式。儿童沉浸在多语言的环境中，轻松愉悦地学习语言。

集团下属幼儿园为1—4岁的儿童推出个性化的多语教育项目。使用教托支票后，每个孩子每周都可以免费学习20个小时的法语和卢森堡语。对于0—2岁的儿童，教师在与孩子单独对话以及日常活动中（例如帮助儿童换衣服、午间哄睡和吃饭等）优先使用卢森堡语。除了每天的多语言交流外，还单独提供30—45分钟的卢森堡语活动，以儿歌、玩偶戏、朗诵等方式进行。这些活动能让孩子们积极参与，激发他们对语言的兴趣。此外，各种游戏活动需要儿童相互协作，在交流的过程中，儿童彼此的家庭语言自然地相互融合。幼儿园也会邀请家长用自己的语言为园内儿童朗读故事，以增加儿童的多语接触机会。

2．日托中心

Rockids 集团下的日托中心是私立教托机构，功能相当于公立的托管驿站。中心为 4 岁（义务教育入学年龄）至 12 岁（完成小学课程学习的年龄）的儿童提供课外托管服务。日托中心以法语为主要教学语言，同时为儿童提供多语言、多文化的学习环境。工作人员可以为儿童提供家庭作业帮助和支持。中心还在上学前、午餐时间和放学后提供班车服务。

日托中心按照儿童的年龄分班，根据不同年龄儿童的特点提供针对性服务。4—6 岁的儿童编入低年级班。这一阶段的儿童通常仍然相信童话和奇幻故事。因此，中心为他们设计了一系列基于奇幻故事的主题活动，作为教托服务的主线。每个主题活动或在学期中进行，持续一到两个月；或在学校假期期间集中组织。7—9 岁的儿童编入中年级班。这一阶段的儿童逐渐能够将自己投射到未来计划中，了解事件之间的因果关系，区分真实与虚幻，发展同理心。儿童在日托中心时，父母通常在工作。而父母的职业通常是儿童对未来自我投射的第一个落脚点。由此，中心设计了一系列以职业探索为主题的教育活动，引导儿童从父母的职业开始，进而更多地了解周围人的职业（如面包师、售货员等），并逐步将认识范围扩展到离自己生活相对较远的职业上。10—12 岁的儿童编入高年级班。这一阶段的儿童已经能够制定一个比较详细的、分步骤的未来计划，能更深刻地理解因果关系，对所生活的外部环境及其制约因素提出质疑。因此，对于这个年龄段的儿童，日托中心的重点是帮助儿童更加理性地制定未来活动计划。通过与同伴交流共享彼此的计划，儿童能够逐渐发展集体意识，学会尊重他人的价值观，了解每个人的权利和义务，为融入社会做好准备。在每学年开始时，日托中心会组织成立儿童委员会，其代表均从高年级班中选出。教师帮助他们表达自己的想法，与其他儿童互动，合作行事。儿童委员会能够向中心的管理层提出建议，表达自身诉求。

（三）托管驿站

托管驿站面向已经在学校接受正规教育的儿童，在学校上课时间之外（如早上上课前、下午放学后，或者学校假期期间）提供教托服务。因此，托管驿站是学校与家庭之间名副其实的接力站。一般来说，托管驿站由各个市镇设立并负责运营，部分私立集团也设有驿站服务。此处以艾尔市镇的托管驿站为例进行简要介绍。艾尔市镇位于卢森堡西部，面积 21.55 平方千米，2022 年 3 月有居民 1 544 人。艾尔市镇的托管驿站紧邻当地小学，是一幢现代化、多功能的建筑。托管驿站现有工作人员 9 名，接受 3—12 岁的儿童注册入托，主要业务有三项：开展支持儿童发展的社会教育活动，提供均衡、多样、优质的餐饮服务（包括午餐和点心加餐），提供家庭作业帮助。托管驿站在学期中的开放时间为周一至周五 7：00—8：00、12：00—19：00；在学校假期期间，托管驿站从 7：00—19：00 持续开放。[1]

在首次注册入站前，儿童家长需要提前联系托管驿站预约面谈时间，方便双方相互了解。注册需要提供儿童、父母、除父母以外可以接送儿童的人员、除父母以外的紧急联系人等人员基本信息，还要告知儿童的家庭医生（如果有）、疾病、过敏、药物、疫苗等医疗信息。驿站会就以下问题征求家长意见：托管服务结束后，是否同意儿童自行离开驿站？是否同意驿站的校车接送儿童？是否允许驿站在活动期间拍摄儿童的照片并用于宣传？是否允许驿站在组织室外活动时带领儿童乘坐公共交通工具？此外，家长还要提供一系列文件，如儿童和家长的身份证复印件、儿童的社保卡复印件、父母的工作合同等。

获得驿站同意注册入站的答复后，家长需要填写表格，详细告知儿童在驿站接受托管服务的日期和时段。表格以月为单位，每月 25 日之前要提

---

[1] 资料来源于艾尔市镇官方网站。

交下个月的入站时间安排表，以方便驿站进行管理。对于初次入站的儿童，驿站设置适应期，建议家长在九月适当陪同，以使儿童尽快适应新的学习生活环境。

（四）卢森堡市学业之家

与托管驿站类似，卢森堡市的学业之家在放学后和学校假期期间为3—12岁的儿童提供教育托管服务，通过非正规教育对儿童的学业和个人发展进行补充。学业之家由卢森堡市政府出资运营，下设两大业务中心：学业托管服务中心、教学与休闲活动组织中心。[1]学业托管服务中心在卢森堡市内有若干园区，负责学期中的课后服务和学校假期期间的托管服务；教学与休闲活动组织中心则负责设计和组织项目式教育活动，以及组织"班贝希行动"。班贝希是卢森堡市西北部的一大片户外活动空间，"班贝希行动"是卢森堡市的一个特色活动，面向居住在卢森堡市的4—12岁儿童，通过一系列免费的娱乐活动，激发儿童的创造力，让他们放松身心，在娱乐中学习知识，在集体中成长。这个项目在1973年首次启动，延续至今，每年举行三次，分别在复活节周、暑假（连续四周）和圣诞节周。活动以露天形式为主，包括室外游戏、城市漫步、手工作坊、戏剧表演等；如果天气恶劣，也会转移到室内（如文化中心、大型教室等）进行。由于"班贝希行动"在学校放假期间进行，孩子们可以自由选择想参加的活动，不必顾虑课业负担。

卢森堡市学业之家各园区的运营时间和主要活动见表4.2和表4.3。

---

[1] 资料来源于卢森堡市学业之家网站。

表 4.2　卢森堡市学业之家在学期中的运营时间和主要活动 [1]

时段（周一至周五）	活动
11:50—12:30	第一学段儿童入园，组织教育活动和游戏
12:00—14:00	第二至第四学段儿童入园，组织游戏活动（每周一、三、五）
12:30	儿童入园，午餐，各项活动
14:00—16:00	项目式教育活动，作业辅导（每周二、四）
16:00—18:00	加餐，项目式教育活动，作业辅导（每周一、三、五） 第一学段儿童每周一、三、五的入园时间是 15:50
18:00—18:30	托管与各项活动，儿童离园

表 4.3　卢森堡市学业之家假期运营时间和主要活动 [2]

时段	活动
7:30—12:30	儿童入园，项目式教育活动，加餐
12:30—14:00	儿童入园，午餐
14:00—16:00	项目式教育活动
16:00—18:00	加餐，项目式教育活动
18:00—18:30	托管与各项活动，离园

（五）亲子助理

如前文所述，父母或其他有亲权的人可以聘请亲子助理，为 0—12 岁或尚未完成基本教育的儿童提供定期、有偿的日间或夜间护理。除了上文提到过的同一时段最多照看 5 名儿童外，亲子助理的工作还有其他一些限制条

---

[1] 资料来源于卢森堡市学业之家网站。
[2] 资料来源于卢森堡市学业之家网站。

件，如对同一儿童的日夜连续照看时间不得超过三周，不得同时照看两个及以上的 2 周岁以下儿童，能够照看的儿童总数不超过 12 人等。亲子助理可以安排一至两人作为临时替班。但替班时长不能超过每周 8 小时，总时长不能超过每年 200 小时。替班也需遵守最多照看 5 名儿童的规定。

任何成年人在获得批准后都可以在自己家里开展亲子助理业务，或作为自身主业，或作为主业外的辅助活动。要获得批准，必须满足以下条件：年满 18 周岁；身体健康（申请人本人和临时替班人都需要提供全科医生出具的 30 天内的医疗证明，证明身体和心理状况适合从事亲子助理活动）；品行良好（提供无犯罪记录）；具有专业资格（持有社会心理学、教育学、社会教育学或医学文凭；或持有社会—家庭援助职能培训证书；或持有亲子助理职业培训证书）并完成亲子助理岗前培训；语言能力合格（掌握卢森堡语、法语和德语中的至少一种，有扎实的口笔头理解和表达能力）；具备急救技能（提供 5 年内的急救培训证书）；均投保职业责任保险；提交亲子服务方案；定期参加后续的职业培训（2 年内完成 40 小时）；业务场地（即家中）的基础设施必须满足最低的安全和健康标准。[1]

亲子助理必须与儿童家长签订服务协议，详细规定权利和义务。亲子助理必须确保在父母不在的情况下，儿童的基本需求得到满足；必须确保儿童的身心健康，并创造一个有利于儿童发展的环境。根据儿童的年龄不同，亲子助理可以提供的服务包括：基本医疗保健；提供休息场所和哄睡；提供均衡膳食；促进儿童的社会、情感、认知、语言和意识活动能力的发展；促进儿童对文化、音乐、艺术和体育活动的参与；定期组织户外活动；监督学习，包括提供一个有利于完成家庭作业的安静环境。

---

[1] 资料来源于卢森堡公民办事一站通网站。

（六）迷你幼儿园

2018年7月，卢森堡议会通过了创建迷你幼儿园的法案，一种为0—12岁儿童提供服务的新型教托机构诞生。[1] 迷你幼儿园是介于幼儿园和亲子助理之间的小型机构，最多可以招收11个儿童入园，其中最多有4个1周岁以下的婴幼儿。迷你幼儿园由两名具备资质的人员组成团队，完成管理和运营：一名教育工作者（有相关学历或学位），一名已完成儿童社会教育培训或持有亲子助理职业培训证书的人员。迷你幼儿园开放时间灵活，可以从5:00—23:00持续营业，以便为需要轮班工作的家长提供更灵活的教托服务。总体来说，迷你幼儿园这一新模式对于在居民数较少的地区提供教托服务有重要意义，可以弥补现有教托设施不足的短板。

二、基本教育第一学段概况

卢森堡的"基本教育"大致对应中国的学前教育和小学教育，基本教育的第一学段基本对应中国的学前教育。第一学段的主要目的是让儿童通过一系列互动形成社会体验，对各种互动背后的意义有直观的感知。儿童不仅与同龄人互动，也与周围其他成年人接触，学习使用多种日常物品，开展初步社会交往。儿童将在以下领域发展技能：数学能力，包括简单逻辑推理和数的意识；语言能力，主要学习卢森堡语，同时初步了解法语，初步发展多语意识；通过各种感官发现、探索世界；运动和健康；创造性表达、审美和文化意识；集体生活和价值观。[2] 其中，语言能力和数学能力是教学最为关注的两个领域。

---

[1] 资料来源于卢森堡国民教育部官方网站。
[2] 资料来源于卢森堡国民教育部官方网站。

在基本教育阶段，卢森堡儿童原则上在公立学校就读，也可以在私立学校、欧洲学校、国际学校或国外就读，极特殊情况下也可以申请在家上学。卢森堡目前共有170余所公立小学，十余所私立、欧洲和国际学校。公立学校教育完全免费，就读私立学校则需要缴纳一定费用，如学费、择校费等。

早期教育不属于义务教育，但一旦选择入学，家长必须确保儿童正常出勤。原则上，所有居住在卢森堡、当年9月1日前满3周岁的儿童均可以注册入学，接受早期教育。

学前教育属于义务教育，所有当年9月1日前年满4周岁且居住在卢森堡的儿童都要按照法律规定注册入学。原则上，每个居住在卢森堡的儿童都必须在其居住地所对应学区内的公立学校上学。在每年4月15日之前，居住地市镇的管理部门会通过信函通知家长儿童入学事宜，并按规定自动在居住地学区的学校内为儿童报名。如果儿童的健康状况不佳，或者身体或智力发展程度落后，家长可以凭儿科医生出具的医疗证明向市镇提出申请，得到同意后，儿童可以推迟一年入学。如果因为特殊原因，家长希望将儿童送入非居住地学区内的公立学校就读，则需要提前向市镇政府提交申请。如果选择在非公立学校就读，儿童父母需要向居住地的市镇政府报告，并提交学籍证明，以证明接受了义务教育。

卢森堡国民教育部设有专门网站，定期公布与教育相关的基础统计数据。统计数据分为两大类：一是教育关键数据概览，内容简明扼要，更新较快；二是教育详细数据与学业情况分析，内容更加丰富，但更新相对较慢。截至2023年6月，教育关键数据概览已经更新至2022—2023学年，但教育详细数据与学业情况分析只更新至2020—2021学年。因此，同一个统计项目会因为年份不同而存在细微的差异。2022—2023学年，卢森堡共有4 497名儿童注册接受早期教育，12 192名儿童注册接受学前教育。[1]

---

[1] 数据来源于卢森堡国民教育部教育信息统计网站。

（一）早期教育概况

2020—2021学年，卢森堡共有4 397名儿童在卢森堡公立学校接受早期教育，他们的国籍、性别、语言等具体情况见表4.4和表4.5。

表4.4　2020—2021学年卢森堡接受早期教育儿童的情况[1]

国籍	女童人数	男童人数	合计人数	占比
卢森堡	1 234	1 235	2 469	56.2%
葡萄牙	249	288	537	12.2%
法国	181	179	360	8.2%
意大利	58	61	119	2.7%
德国	60	50	110	2.5%
比利时	52	54	106	2.4%
叙利亚	33	21	54	1.2%
其他国家	300	342	642	14.6%
总计	2 167	2 230	4 397	100%

表4.5　2020—2021学年卢森堡接受早期教育儿童的语言情况[2]

单位：人

第一语言	第二语言					总计
	无第二语言	卢森堡语	法语	德语	其他语言	
卢森堡语	1 159	—	95	61	190	1 505
葡萄牙语	530	116	138	4	35	823
法语	509	92	—	20	203	824

---

[1] 数据来源于卢森堡国民教育部教育信息统计网站。

[2] 数据来源于卢森堡国民教育部教育信息统计网站。

续表

第一语言	第二语言					总计
	无第二语言	卢森堡语	法语	德语	其他语言	
英语	90	13	18	6	37	164
意大利语	59	10	30	2	23	124
阿拉伯语	80	5	22	0	7	114
德语	47	17	15	—	29	108
其他语言	466	72	80	6	111	735
总计	2 940	325	398	99	635	4 397

在早期教育阶段，学校上课时间被划分为若干个固定的时段，每个时段大致对应一个半天，上午时段一般是8：00—11：30，下午时段一般是14：00—16：00。儿童每周至少要有3个时段在校，最多则可以有8个时段（全日制，即上满5个上午和3个下午）。儿童的在校时间相对比较灵活，家长可以自由安排，但最常见的安排是全日制入学：2020—2021学年接受早期教育的儿童中，有三分之二都上满了8个时段。

2016年以来，接受早期教育的儿童数量比较稳定，小班化教学得以保证并加强；外国籍学生的数量缓慢增加，详见表4.6和表4.7。

表4.6 2016—2021年卢森堡早期教育情况 [1]

学年	2016—2017	2017—2018	2018—2019	2019—2020	2020—2021
学生总人数	4 380	4 411	4 342	4 532	4 397
班级个数	237	276	281	294	292
平均每班人数	约18.5	约16.0	约15.5	约15.4	约15.1

---

[1] 数据来源于卢森堡国民教育部教育信息统计网站。

表 4.7 2016—2021 年卢森堡接受早期教育儿童的国籍情况 [1]

国籍	2016—2017 学年 人数	占比	2017—2018 学年 人数	占比	2018—2019 学年 人数	占比	2019—2020 学年 人数	占比	2020—2021 学年 人数	占比
卢森堡籍	2 471	56.4%	2 493	56.5%	2 439	56.2%	2 486	54.9%	2 469	56.2%
外籍	1 909	43.6%	1 918	43.5%	1 903	43.8%	2 046	45.1%	1 928	43.8%
总计	4 380	100%	4 411	100%	4 342	100%	4 532	100%	4 397	100%

（二）学前教育概况

2020—2021 学年，共有 12 250 名儿童在卢森堡公立学校接受学前教育。他们的国籍、性别、语言等具体情况见表 4.8 和表 4.9。

表 4.8 2020—2021 学年卢森堡接受学前教育儿童的情况 [2]

国籍	女童人数	男童人数	合计人数	占比
卢森堡	3 243	3 422	6 665	54.4%
葡萄牙	885	1 011	1 896	15.5%
法国	383	421	804	6.5%
意大利	163	143	306	2.5%
比利时	146	149	295	2.4%
德国	103	91	194	1.6%
叙利亚	73	95	168	1.4%
其他国家	952	970	1 922	15.7%
总计	5 948	6 302	12 250	100%

---

[1] 数据来源于卢森堡国民教育部教育信息统计网站。
[2] 数据来源于卢森堡国民教育部教育信息统计网站。

表4.9 2020—2021学年卢森堡接受学前教育儿童的语言情况 [1]

单位：人

第一语言	第二语言					总计
	无第二语言	卢森堡语	法语	德语	其他语言	
卢森堡语	3 104	—	301	186	457	4 048
葡萄牙语	1 796	323	433	5	80	2 637
法语	1 311	274	—	39	459	2 083
英语	174	30	44	11	80	339
德语	101	48	38	—	51	238
意大利语	157	32	62	2	51	304
阿拉伯语	228	16	59	0	26	329
其他语言	1 391	227	286	40	328	2 272
总计	8 262	950	1 223	283	1 532	12 250

与早期教育的情况类似，2016年以来，接受学前教育的儿童数量呈缓慢增加的态势，小班化教学得以保证并加强；外国籍学生的数量缓慢增加，占比也在增加。详见表4.10和表4.11。

表4.10 2016—2021年卢森堡学前教育情况 [2]

学年	2016—2017	2017—2018	2018—2019	2019—2020	2020—2021
学生总人数	11 008	11 253	11 726	12 012	12 211
班级个数	672	694	760	780	808
平均每班人数	约16.4	约16.2	约15.4	约15.4	约15.1

---

[1] 数据来源于卢森堡国民教育部教育信息统计网站。

[2] 数据来源于卢森堡国民教育部教育信息统计网站。

表 4.11 2016—2021 年卢森堡接受学前教育儿童的国籍情况[1]

国籍	2016—2017 学年		2017—2018 学年		2018—2019 学年		2019—2020 学年		2020—2021 学年	
	人数	占比	人数	占比	人数	占比	人数	占比	人数	占比
卢森堡籍	6 004	54.5%	6 186	55.0%	6 524	55.6%	6 557	54.4%	6 665	54.4%
外籍	5 004	45.5%	5 067	45.0%	5 202	44.4%	5 491	45.6%	5 585	45.6%
总计	11 008	100%	11 253	100%	11 726	100%	12 048	100%	12 250	100%

卢森堡基本教育第一学段的时长并不固定，可以根据儿童的发展情况和需要进行调整，发展程度高的儿童可以提前一年结束学习进入下一阶段，发展遇到困难的儿童则可以申请延长一年。因此，第一学段的时长在 1—3 年不等；如果儿童接受了早期教育，那么第一学段的总时长是 2—4 年不等。第一学段结束后，学校会以学段总结的形式对儿童进行评估并颁发证书，证明儿童已经具备了在第二学段继续学习所必备的技能。在学段中，班主任会与教学团队的其他教师合作，根据课程方案中规定的能力基础和课程目标，对儿童的学业进展进行定期评估，以了解儿童学业状况。每学年分为三个学期，在第一学期末和第三学期末，教师会与家长面谈，共同对儿童的发展情况进行评估，填写评估报告。报告分为三大部分：教学团队意见（教学团队在面谈前填写）、家长意见（家长在面谈过程中填写）和共同意见（面谈结束后填写，由教学团队和家长共同明确儿童的下一阶段发展目标）。

如果第一学段结束时，儿童在某一领域有所欠缺，教学团队会在学段评估中进行备注，以便后续学段的教师有针对性地加以弥补。如果儿童的

---

[1] 数据来源于卢森堡国民教育部教育信息统计网站。

发展水平整体较弱，则需要延长一年学习。2016年以来，留级儿童的人数稳定在300人左右。2020—2021学年，共有316名儿童延长了第一学段（即留级一年）。

如果儿童的发展水平整体领先同龄人，达到了进入下一学段学习的要求，则有机会在5周岁时进入第二学段学习。2016年以来，跳级学生的人数稳定在60—100人之间。2020—2021学年，有93名儿童成功跳级。

上文提到，卢森堡允许儿童在公立学校以外的机构接受早期教育和学前教育，这样的机构共有十余家。2020—2021学年，在这些机构接受早期教育的儿童共227人。其中，女童106人，男童121人，男女比例基本均衡。就读的儿童中绝大多数是外籍，有195人，占85.9%；卢森堡籍儿童只有32人，占14.1%。2020—2021学年，在这些机构接受学前教育的儿童共1 484人。其中，女童714人，男童770人，男生数量稍多。就读的儿童中绝大多数是外籍，有1 337人，占90.1%；卢森堡籍儿童只有147人，占9.9%。[1]

第二节 学前教育的特点

一、通过发放教育补贴促进教育平等

在学前教育阶段，教育形式大多为非正规教育。进入义务教育阶段后，非正规教育仍然是学校教育的有效补充。卢森堡政府通过发放教育补贴的形式，让不同家庭背景的儿童都能享受高质量的非正规教育，力图为每个孩子创造平等的发展机会。

---

[1] 数据来源于卢森堡国民教育部教育信息统计网站。

2009年，卢森堡国民教育部推出了教托支票，为有适龄儿童的家庭提供财政支持，确保所有13岁以下的儿童可以更公平地获得教育和托儿服务。家长聘请亲子助理或者将儿童送至集体教托机构时，都可以使用教托支票冲抵部分费用，这部分费用由卢森堡中央政府和各市镇共同承担。一般来说，教托机构的费率单位是欧元/小时，公立集体教托机构的费率由当地市镇统一确定，私立集体教托机构以及亲子助理则可以自由确定费率。卢森堡政府规定，教托支票最多可以冲抵的教托服务时长为每周60小时。对于在集体教托机构注册的儿童，教托支票的兑付上限是每小时6欧元；如果聘请亲子助理，日间（7:00—19:00）托管的兑付上限是每小时3.75欧元，夜间（19:00—次日7:00）、周末和法定节假日托管的兑付上限在此基础上每小时增加0.5欧元。所有超额部分均由家长自行承担。在教托机构的餐食补助单独计算，兑付上限是每餐4.5欧元，每周5餐。餐食指的是午餐正餐，其他餐食均由家长自行承担。

家长需要签订教托支票服务协议，并缴纳一定费用（类似于缴纳工会会费），才能获得教托支票。但家长缴纳部分的金额并不固定，而是根据若干因素进行测算和调整。这些因素包括：儿童所在家庭的应纳税收入（政府和其他机构发放的补贴不算在内；已婚、民事结合或普通同居的夫妇一视同仁）、家庭中领取儿童福利的儿童总数及该儿童在家中的排行、教托机构的类型（集体教托机构或亲子助理）、儿童享受教托服务的时长等。不同年龄的儿童还有不同类型的特殊补贴。

教托支票最多可以冲抵的教托服务时长为每周60小时。这60个小时又被分为三个部分，称作一区、二区和三区。家长在每个分区的缴费费率也不尽相同，但都遵循从一区到三区费率逐渐提高的原则。由于篇幅所限，表4.12仅列出贫困和低保家庭以及家庭总应纳税收入低于3.5倍卢森堡社会最低工资（SSM）家庭的费率表以供参考和比较。

表 4.12 教托支票家长缴费费率表（节选）[1]

家庭收入	子女在家中排行	一区小时数	一区费率（欧元/小时）	二区小时数	二区费率（欧元/小时）	三区小时数	三区费率（欧元/小时）	餐费费率（欧元/餐）
贫困和低保家庭	1	13	免费	21	免费	26	0.5	免费
	2	13	免费	21	免费	26	0.3	免费
	3	13	免费	21	免费	26	0.15	免费
	4 及以后	13	免费	21	免费	26	免费	免费
家庭总应纳税收入低于 3.5 倍 SSM	1	3	免费	21	2.5	36	4.5	2
	2	3	免费	21	1.8	36	3.3	2
	3	3	免费	21	0.9	36	1.65	2
	4 及以后	3	免费	21	免费	36	免费	2

如果家长是卢森堡居民，可以直接到居住地的市政部门申请签署教托支票服务协议。如果家长不是卢森堡居民，则可以向卢森堡儿童未来基金会提出申请。服务协议中会明确教托支票可兑换的教托服务费率（每小时价格低于封顶价的，按实际价格兑付；超过封顶价的，按封顶价兑付）、家长的缴费费率（包括餐费），以及协议的生效日期和失效日期。协议可以在每月任意一天签署，签署后立即生效，有效期最长为 12 个月。协议可以更新，家长最晚需要在到期前一个月完成更新。逾时不更新的，教托支票停止兑付，后续所有费用由家长承担。一般来说，家长参加教托支票服务要缴纳的费用按自然月扣除。

签署教托支票服务协议后，家长会获得一张印有孩子姓名的卡片，凭卡片上的信息可以登录国民教育部专门网站，查询教托支票兑付明细、下载教

---

[1] 资料来源于卢森堡国民教育部官方网站。

学材料、获得多语教育项目的有关信息等。不过，获得这张卡片并不确保能被心仪的教托机构录取，因为各个机构的接待能力有限，优先录取的人群也不尽相同。取得录取通知后，家长仍然要在自己选择的教托机构完成正式登记注册。对于在集体教托机构注册的儿童，家长需要与机构签订一份协议，明确每周的教托服务时长和价格。私立教托机构可能还会收取一些额外费用，如保证金、注册费、提前终止教托服务的违约金等，这些费用均由家长承担。私立教托机构提供的其他服务（例如校车接送服务等）也由家长自费。如果选聘用亲子助理，那么家长也需要与亲子助理签订协议，明确服务时长和费率。亲子助理需要通过专门中介将所有服务信息（如服务时长、提供餐食数等）上传至国民教育部的信息平台，以方便管理。

经过多年的运行，教托支票补贴已经从一个单纯的财政支持工具演变成教育政策工具，加速了非正规教育的高质量发展。根据卢森堡国民教育部的统计数据，2017—2021年，享受教托支票补贴的儿童数见表4.13。

表4.13 2017—2021年享受教托支票补贴的儿童情况[1]

	2017年		2018年		2019年		2020年		2021年	
	本地	跨境	本地	跨境	本地	跨境	本地	跨境	本地	跨境
享受补贴的儿童人数	46 851	1 240	49 157	1 839	51 077	2 347	49 035	2 559	51 862	2 920
占儿童总数比例	55.5%	—	57.4%	—	58.7%	—	55.7%	—	58.2%	—

从表4.13可以看出，2017—2021年，享受教托支票补贴的儿童人数一直在稳步增长，只有2020年例外。这一临时性下降应当与新冠肺炎疫情有关。

[1] 数据来源于卢森堡国民教育部官方网站。

2021 年，受益儿童人数恢复了增长，与疫情前（2019 年）的水平基本持平。

2022 年 7 月，卢森堡议会通过了关于免费非正规教育的法案。从 2022—2023 学年开始，儿童从接受义务教育之日起（也就是从 4 周岁起），在上学期间可以免费获得非正规教育机构提供的教托服务。免费服务的使用时段为学校教学周的周一至周五的 7：00—19：00。超出这一时段的，参照教托支票的费率表计算缴费金额。在假期周内，原先的固定封顶费率缴费政策不再适用，转为参照教托支票的费率表计算缴费金额。

二、关注多语教育

大量研究早已证实，幼儿能够自然习得多种语言。经常接触一种以上语言的幼儿，语言学习能力会更加出众。这些幼儿不仅能够更轻松地学习多种语言，而且还能发展一般认知能力（比较、分析、归类、排序等），并从中受益终生。因此，卢森堡希望抓住这一机会，尽可能地让所有儿童赢在生活和学习的起跑线上。2017 年 10 月，卢森堡政府推出了面向低龄儿童的多语教育计划，并对教托支票进行了相应的改革。[1] 多语教育计划面向 1—4 岁在集体教托机构注册的儿童，目的是让低龄儿童尽早接触多种语言，而这些语言在将来的学习、工作和社会生活中会广泛使用。尽早接触，尽早学习，就意味着为个人发展积累更多优势。

多语教学的内容主要是卢森堡语和法语的启蒙，其中卢森堡语的优先程度又高于法语。卢森堡语是融入卢森堡社会的重要工具，但并不是所有幼儿在家中都有机会使用卢森堡语。多语教学能够一定程度上弥补这一缺失。另外，熟悉卢森堡语也能为进入小学后学习德语提供便利。至于法语，

---

[1] 资料来源于卢森堡国民教育部官方网站。

在家中不讲法语的幼儿能够在多语教学中以较为自然、轻松的方式学习这门语言。在具体教学中，教师会充分考虑幼儿认知发展的规律和节奏，在日常生活的方方面面（饮食、体育运动、游戏、唱童谣、讲故事等），通过寓教于乐的活动，激发幼儿的好奇心，帮助他们形成初步的语言能力。在学习法语和卢森堡语两门语言的同时，也鼓励拥有不同文化背景的幼儿使用自己的家庭语言，因为家庭语言往往与幼儿的身份认同密切相关。这样一来，儿童便处在一个自然的多语言、多文化环境中，能够发展必要的语言能力，保留自身的文化独特性，对跨文化交际有初步直观感知。

卢森堡国民教育部牵头组织制定的《儿童与青少年非正规教育全国参考框架》对多语教育计划的目标进行了详细界定：唤起儿童对不同语言的渴望和好奇心；帮助儿童习得多门语言，发展个人多语能力；完成卢森堡语和法语启蒙；尊重儿童的家庭语言；确保在多语社会中，所有儿童都有均等的机会参与社会生活；反映不同的语言和文化在卢森堡社会中的和谐融合；使多语教育成为日常教学的有机组成部分。[1]

为了实现上述目标，《参考框架》提出了若干教学原则，并给出了详细的实操建议。

原则一，注意教学态度。积极、有兴趣地倾听儿童的发言，向他们提问，保持耐心，给他们充足的时间来表达自己；以身作则，成为儿童多语使用的榜样，不将各种语言机械地分开，允许儿童选择语言自由表达；仔细观察儿童的日常语言实践，反思自己的语言使用，使教学适应儿童的需要。

原则二，提供有针对性的语言支持。确保语言表达自然、清晰，以适当的节奏和音量同儿童讲话；充分调动所有的语言资源，包括面部表情、手势

---

[1] Ministère de l'Éducation nationale, de l'Enfance et de la Jeunesse, Service national de la jeunesse, Charlotte Bühler Institut für praxisorientierte Kleinkindforschung, et al. Cadre de référence national sur l'éducation non formelle des enfants et des jeunes[R]. Luxembourg: MENEJ, 2021: 122-124.

和肢体语言等，确保所有儿童的理解和参与；语言伴随行动：充分解释自己的行动或意图，并对观察到的儿童的行为加以描述；提出开放式的问题，让儿童积极参加对话讨论；呼应、补充和扩展儿童所说的内容；提供纠正性反馈；拓展语言使用的范畴，谈论过去、当下不在身边的事物或未来的计划。

原则三，创造环境促进语言使用。创设轻松愉悦的氛围，使儿童在不感到恐惧或焦虑的情况下学习和使用家庭语言和新语言；设计多种活动，促进儿童的多语使用，如阅读和讨论故事，唱儿歌，玩角色扮演游戏，模拟进行日常生活中的仪式等；与儿童对语言本身进行讨论，鼓励他们体会使用不同语言的乐趣，引导他们注意不同语言的特性（例如体会押韵等）；鼓励儿童之间的语言交流；创设条件让儿童感知书面文字和符号，提高对书籍的兴趣；让家长积极参与到多语教学的日常中，具体形式包括邀请家长参与课堂教学活动、请家长课后带领儿童阅读不同语言的童书等。

为了减轻家庭负担，提高计划吸引力和参与度，卢森堡政府规定，教托支票在原有服务不变的情况下，可以为参与多语教育计划的儿童兑付每年最多46周、每周最多20小时的多语启蒙课程。剩下的6周默认对应公共假期周，分别是复活节周、圣灵降临节周、暑假周（七月末和八月初各一周）、万圣节周和圣诞节周。所有多语启蒙课程都由集中托管机构开设。亲子助理的托管方式并不在多语教育计划的范围内，因为助理自己一人无法创造多语环境。

需要注意的是，如果儿童已经开始接受全日制早期教育（每周8个半天），那么就不能同时享受教托支票提供的多语教育计划补贴；如果儿童接受的是非全日制早期教育（每周不满8个半天），那么教托支票仍然可以兑换每年最多46周，每周最多10小时的多语教育课程。

参与多语教育的教师必须至少熟练掌握卢森堡语和法语中的一种（达到《欧洲语言共同参考框架》C1以上级别），并定期参加有关幼儿语言发展和个人多语的继续教育培训。为了确保多语教育计划能够有效实施，国民教育部成立了相应的科学委员会，委员会由 12 名幼儿教育、个人多语、语言发展和多语教育领域的专家组成。他们通过听课调研等形式，对多语教育开展情况提出意见和建议，确保有关工作顺利开展，保质增效。

三、非正规教育质量高

卢森堡的教育托管服务不断发展，无论是集体教托机构还是亲子助理，其职能都早已不再是简单地通过照看儿童来帮助父母更好地协调家庭和工作，而是以儿童为中心，提供一个适应儿童需求的发展环境，并帮助儿童充分挖掘自身潜力。这一目标在儿童入学后依然适用：促进课内学习，唤醒并保持好奇心，鼓励个性化发展。由于卢森堡一半以上的儿童都接受教托服务，卢森堡政府特别重视教托服务的质量，在 2016 年推出了教学质量监测体系，做到了所有集体教托机构和亲子助理全覆盖。这个体系的核心是《儿童与青少年非正规教育全国参考框架》。该框架规定了儿童教托服务机构和个人应遵循的总体目标和教学原则，以便在以下七个关键领域为儿童的全面发展提供学习经验和机会。① 创造力、艺术和美学。教托服务应当为儿童提供各种艺术活动：音乐、舞蹈、小型戏剧、艺术作品欣赏启蒙等。② 语言、交流和媒体。教托服务机构应当反映卢森堡的社会现实，即多种语言并存。教托服务应当尽可能多地使用卢森堡语和法语，同时尊重儿童的家庭语言；鼓励儿童与同伴交谈，并给儿童讲故事，组织儿童阅读书籍，以及组织小型角色扮演游戏等来增加儿童语言使用的机会。③ 运动、身体意识和健康。鼓励儿童在室内外活动，以便发展运动技能。注意在日常生活中渗透健康饮食的观念。④ 价值观、参与和民主。通过各种日常活动，让儿童参与集体生活，学会接受他人和融入团体。⑤ 情感和社会关系。与同龄人以及成年人打交道的过程中，儿童学习与他人合作、尊重反对意见、管理情绪、解决冲突。⑥科学和技术。通过寓教于乐的方式促进儿童对数学、自然科学和技术进行探索。⑦重要发展事件。关注儿童成长中的关键事件，如入学、升学、毕业等，帮助他们做好身心调适，完成平稳过渡。

以上领域与基本教育第一学段的发展目标基本一致。正规教育和非正规教育向着同一个方向努力，促进儿童的全面发展。《儿童与青少年非正规教育全国参考框架》还规定，所有教托机构和个人都要配备一系列质量保证措施。集体教托机构必须制定总体行动计划，记录运行日志，对社会教育工作者提供继续教育培训，并接受外部评估。亲子助理必须编制服务计划详案，撰写并提交年度活动报告，接受继续教育培训，并接受外部评估。外部评估由国家青年服务局指派的约 20 名地区专员进行。平均而言，专员每年会对教托机构和个人进行两次访查，重点检查运行日志或服务计划详案以及工作人员的继续教育培训情况。

第三节 学前教育的经验

一、学前教育体系贯通

从教育宏观政策与规划的角度看，卢森堡学前教育最大的特色是其体系的贯通性，即学前教育作为整个教育体系的子体系，与其他子体系（主要是高等教育前的全部其他学段）同步规划，融为一体。这与世界上很多国家都有差异。不少国家会以中小学教育作为核心体系开展规划，并将中小学教育阶段前的学前教育看作"卫星"体系，虽有密切联系，但仍相对是独立设计、独立运作的。卢森堡的学前教育体系或子体系显然是作为广义上的基础教育中不可分割的部分来进行规划的。这实质上会加长广义基础教育的实际时长；由于是在中小学阶段之前加长了教育时限，又不影响人力资源投入社会生活和经济市场的时间，故不会推迟学校正规教育履行完毕的时间。

作为广义基础教育的重要组成部分而非"卫星"体系，卢森堡的学前教育为真正意义上的基础教育"一条龙"做出了贡献，而不是将"龙"的各部分分别建构后再拼接起来。[1]但这似乎并不影响卢森堡学前教育体系作为具有其特殊性的教育阶段开展更为精细的学段规划。由于具有整体、贯通的全程规划，卢森堡学前教育的学段规划更像是建构"龙"的基本骨架——待中小学阶段再进而建构"龙"的其他系统，如各种器官、肌肉、表皮等。换言之，卢森堡学前教育的学段规划并不是聚焦成形的"龙"的某一部分，而是在还原了"龙"建构全过程的基础上由内而外开展人的培养和培育。

与此同时，卢森堡学前教育体系除了开展了学段规划外，即本学段和其他学段的共有目标和特异性目标，还开展了清晰、具体、可操作、可检测的学段内规划。学前教育的各种标准性和指导性文件或文本对各个年级（年龄）幼儿的发展领域、发展目标、学习内容、教学方法、评价建议都做了翔实的描述，学段内规划结构清晰、内容易懂。这或许是欧盟教育政策与规划的特点在卢森堡学前教育政策与规划实践中的一种体现。

卢森堡学前教育（子）体系的规划特色对其他国家学前教育的完善与发展有重要借鉴意义。对于处在高等教育前的未成年人的培养，应当对其发展的不同阶段给予同等重视。如果将"龙"的建构看作是身体部分的拼接，那么自然头和身体主体更为重要——这会导致广义的基础教育中某个特定的阶段更被重视。越是升学竞争激烈的国家和地区，临近小学升入初中、初中升入高中或高中升入大学的相应阶段就越有可能得到更多关注，教育资源也会自然倾斜，最终导致基础教育作为完整的"龙"，身体发展不均衡，比

---

[1] 西尔瓦，梅尔休伊什，等. 学前教育的价值：关于学前教育有效性的追踪研究 [M]. 余珍有，易进，译. 北京：教育科学出版社，2011：155-156.

例不协调。如果借鉴卢森堡学前教育体系学段规划与学段内规划的理念与经验，则应更重视不同年龄段的特定或特异性发展任务，且每个小阶段都同等重要，就像"龙"的各系统对真正意义上的"一条龙"都必不可少一样。

二、社会力量办学规划有力

尽可能多地调动各方资源与力量参与学校教育是当代绝大多数国家教育行政与管理部门的基本政策之一。一国之内的教育资源（尤其是广义的基础教育资源）的主体应当来自政府，而重要的补充便是社会力量。如果更有效地调动、盘活、监管、督导社会力量办学，对学前教育的发展来说可能更具重要意义。卢森堡在社会力量办学参与学前教育的规划方面，展示了较高的设计与管理水平。

首先，卢森堡允许、鼓励非营利机构参与学前教育。作为参与办学的社会力量，非营利机构无非包括两种情形：一种是专门提供学前教育服务的非营利机构；一种是具有更加广泛的宗旨的非营利机构，学前教育服务是其业务领域之一。专门针对学前教育的非营利机构往往由关心、关注学前教育发展的企业家、社会团体或个人创立，通常旨在通过自身努力探索学前教育规律和经验，或为某一地区或社区提供力所能及的服务，是国家教育行政与管理部门的重要补充。兼司其他业务领域的非营利机构则很可能因为其所具有的资源能够惠及学前教育，才会积极将业务领域拓展至学前教育。这样的资源包括房地产、师资、教学硬件及软件等多种形态。由此可见，非营利机构参与学前教育，其目的是多元的，参与方式也是多样化的，所做出的贡献往往不只是提供了学前教育服务本身，更多地或许还涉及促进学前教育研究、转化闲置社会资源（包括人、财、物）等，因此对促进社会力量办学有着积极意义。

其次，私营公司不仅被允许参与提供学前教育服务，还能够依法获得政府补贴。允许私营公司参与并非卢森堡政府鼓励学前教育私有化或具有私有化成分，而是按照卢森堡和欧盟的相关法律精神，不对此类行为实施禁止性的行政干预。但私营公司依法获得政府补贴，也并不是为了鼓励更多的私营公司投资学前教育，而是按照公平原则对幼儿接受教育进行基于"人头"的资助。换言之，卢森堡政府允许、补贴私营公司参与学前教育，并不是通过政策杠杆鼓励学前教育私有化，或是调动资本流向学前教育领域，而是一种依法依规的标准化操作而已。因此，卢森堡的这种做法和经验，并不能作为教育领域（尤其是广义的基础教育）引入社会资本参与的一种依据。允许资本参与学前教育与鼓励资本私有化学前教育具有完全不同的性质。

最后，卢森堡政府教育行政与管理部门对学前教育中的社会力量参与并没有统一的、制度性的管理标准。只是对具体教学内容和标准方面进行指引，并不对资源、资本的运行模式进行过多干预。这使得社会力量办学有了更多的空间与自主性，客观上促进了学前教育服务选择的多样性。

三、亲子助理成为专业群体

如果公立幼儿园属于体制内的学前教育资源，非营利性组织属于准体制性资源，那么卢森堡的亲子助理无疑是一种体制外资源。从亲子助理的制度化、规范化与专业化程度可见，卢森堡政府对体制外学前教育资源的规划与开发为很多国家树立了先进典范。体制外资源不仅是卢森堡学前教育体制的重要补充，同时也是促进社会互信、家庭选择、个人发展的隐性方式。对卢森堡社会来说，亲子助理这种行业性制度建立在幼儿家庭与亲子助理之间有效了解、相互信任的基础上，这无疑从侧面反映了卢森堡社会的互信程度处在较高水平；对幼儿家庭来说，机构化的学前教育或许有诸多不适和不足，这自然产生了个性化的需求，而亲子助理在理论上更容易满足这种需求；对从事亲子助理的个人来说，同样能在回避或部分回避机构化专业发展的困境和限制的同时，促进自身的专业成长和发展。

在卢森堡，亲子助理作为一个专业性的社会群体，其法律和专业制度建设也相对较为完善。从业规范方面，亲子助理的体系性非常强。相关法律、法规对从业人员的资质、专业活动、专业发展、社会法律关系都做了非常明确、详细的规定。门槛资质方面，亲子助理应当具备严格对口专业的高等教育经历，即对亲子助理从业人员的知识结构有明确的规范性要求；同时，对亲子助理的多语言能力亦有高于一般人群的要求。专业活动方面，亲子助理应当或可以开展的教育教学活动，也有翔实、清晰的操作指引，最大程度上确保幼儿获得最基本的学前教育质量保障。专业发展方面，相关部门不仅为亲子助理提供了专业发展相关的内容和资源，还通过设定工作时间上限来确保从业人员有时间和机会顾及自身发展，利用由法律保障的业余时间规划自我提升。社会法律关系方面，亲子助理与托管家庭之间的权利义务关系也被要求以一定程度上的定式合同或协议予以确认和规范。总之，在卢森堡，亲子助理作为体制外学前教育组成部分的法律和专业制度建设全面系统、翔实规范。

对其他国家来说，由于国情不同，很可能无法直接将亲子助理制度嫁接到学前教育情境中，但仍能从亲子助理的确立、管理、规范和发展中得到一些重要启发。例如，不妨更充分地评估和挖掘社会（或各地区甚至是各社区）中能够有效、稳定支持学前教育事业的社会资源（尤其是体制外资源）或资源潜势。这需要学前教育研究者，尤其是教育政策、教育社会学、教育经济学相关领域的研究者，进一步开展系统研究的课题和问题。再如，卢森堡亲子助理制度的建立与发展，其根本要义聚焦在提高教育者的资质以保障教育教学质量。因此，应当更加重视学前教育教育者资质的提高，从根本上改善学前教育的具体实践。

四、符合幼儿发展内在需要

制定教育政策与方针，有两种不同的取向：一种是根据社会所需人才最终的素质和能力结构来倒推每个学习阶段的学习和发展任务，即发挥教育规划的主动性来塑造、改造人以适应社会的需要；另一种是根据人作为个体从婴幼儿到青少年的成长过程所经历的不同发展阶段各自的基本特点和基本规律，来设计和制定不同学习阶段的发展领域和内容，即教育规划主要服从于人自身的发展特点。当然，这两种取向并非互斥，完全可以兼容。从卢森堡学前教育的政策性文件和其他公开信息来看，卢森堡的学前教育更倾向于教育过程适应人的发展这一取向。

基于卢森堡政府相关文件对学前教育目标、内容、方法和评价的描述来看，这种从人本主义教育学和发展心理学视角出发的教育规划主要有以下三个特点。第一，学前教育的总体目标是帮助幼儿更好地认识外部世界，理解个体与自然和社会的关系。学前教育的教育教学标准和各类指导方案均非常强调对外部世界的探索，但探索本身并不是最根本的目标。探索的内容则是学前教育整体理念的核心反映，即幼儿对自我和外部世界关系的认知。第二，学前教育实践非常强调户外活动，尤其是前往较为远离幼儿所熟悉的生活或社区环境的自然环境。对于幼儿来说，直观或直接经验对其心性的发展具有更强的促动作用。因此，需要通过丰富幼儿所接触的环境类型来提供这种直观或直接经验。换言之，新环境本身就具有教育价值，并非新环境中需要包含哪些特定的、被人为设计的要素才能发挥教育功能，对生活或社区环境进行教学改造无法替代户外新环境的作用。第三，学前教育还非常重视促进幼儿的社会化进程，但又同时谨防超前社会化。从各种给予学前教育教师或从业者的指引来看，促进幼儿在群体内对同伴及其他人员（或活动参与者）的观察、关注、理解和交流，是学前教育阶段幼儿社会化发展的核心任务。这基本符合发展心理学对幼儿心理发展的基本认识。

鉴于此，其他国家学前教育领域可从卢森堡的做法和经验中获得诸多启发。第一，要进一步警惕、防止、遏制学前教育产生技术性学科化的倾向和导向，即坚决反对将中小学的学科教学前置到学前教育阶段。对于幼儿来说，过重的学科导向不仅无助于学科知识的超前学习（鉴于幼儿本身的认知能力，这种学习实际上很难达成），反倒面临某些模式化的学科思维禁锢幼儿思维的风险。第二，加强外部世界探索教育，创造探索所需要的必备条件，包括自然环境、中介工具、支架活动等要素，尤其要加强户外活动教育的研究和实践。

五、教学标准参考框架明确

任何类型和学段的教育教学除了需要基本原则、基本路径和基本方法外，还需要更具操作性的教学行为框架作为教师或从业者的具体指引。在卢森堡的学前教育中，作为具体指引的教学标准参考框架就非常明确、清晰，同时也非常简洁、易懂。卢森堡政府和学前教育界并不是特别强调教学标准参考框架所谓的统一性和完整性，而是更注重它的普遍指导性和情境适用性——框架不仅提出了基本原则，也描述了适用于某些特定情境或需求的具体方法。

综合考察这些原则性或操作性的教学标准描述，可以看到两个鲜明特点或特色。第一，框架对要求或期待教师所实施的教学行为都细化为具体的行为指标，且使用动词做了行为性描述，即并非只用名词做了概念性描述或用形容词、副词做了程度、方式方面的描述。这样的行为指标不仅易懂，且容易转化为实际的教学行为，更容易被观察、督导、评估和改进。具体化的行为指标更有助于操作和评价，既能促进教学行为的发生和发展，又便于专业共同体中的成员参与到教学评价与改进的过程中来。第二，框架对内含的部分行为指标做了层级描述，即同一个教学行为在实际中会表现为怎样的差异性水平。换言之，部分行为指标包含了级差点的描述，即教学水平不同等级的差异表现在某个教学行为上，具体是什么样子。对于教师或从业者来说，这不仅是一种自查、自评的工具，更是一种个人教学能力提升、发展的路径指引。级差点的描述更容易让教师或从业者找到自己的相对位置，即在某一个特定的行为表现上或教学领域中已经达到的水平和程度；同时，也能够为尚处于发展关键期的经验不足的教师提供一个明确的愿景，帮助其明确下一阶段的发展目标。

卢森堡学前教育的教学标准参考框架对世界其他国家学前教育领域教学标准方面的研究有一定借鉴价值。第一，或许需要更加致力于将原则性的描述转化、发展、拓展、具化为具有更高可操作性的行为指标及行为描述。只有将基本原则和基本方法转变为可视、可做、可查的行为性描述，才能真正落地、落实。这一点或许是教育行政管理部门在开展教学标准顶层设计时需要着重予以考虑的问题。第二，某些区域性或校本的操作化指引虽然不乏具体的行为性描述，但其中部分描述所指向的行为未必与统领性的原则规范（如具有国家标准功能的规范性文件）完全一致，或很好地体现了核心理念和要义。第三，可以进一步研究将行为指标级差化的必要性、可行性和适用性，以更好地指导实践教学和教师发展。

六、实行多语制

和卢森堡其他教育领域一样，卢森堡学前教育领域的语言政策、语言规划和语言景观也极具特色。卢森堡社会实行多语制，但这种多语制在学前教育领域体现为统一性与灵活性并存，即多语景观在学前教育机构和其他场景中应普遍存在，但涉及具体语言选择时不同机构和场景又具有差异性和多样性，如有些幼儿园在起始学段使用卢森堡语，而有些托管机构则从一开始就实施英法双语政策。由此可见，卢森堡学前教育领域的多语制是一种宏观规划与微观赋权相结合的语言政策。这种语言政策既明确体现国家意志，又充分考虑群体/个体意愿，将强制性与自主性体现在不同层面，最终达成统一性与灵活性的有机结合。

七、注重基础性能力发展

人的发展的重要体现是多维或多元能力的提升。因此，各国在规划不同学段教育体系时，都非常重视凸显能力发展方面的设计与描述。对能力发展的这种关注首先体现在对所培养的人应当具备何种能力结构所开展的规定性描述上。但不少国家的能力结构描述都以最终的人才培养结果作为起点或根本参照，即最终培养的人所具备的能力结构为何。这种能力发展的结果导向非常容易造成单纯重视能力结构的倾向；从另一个角度看，便是容易造成忽视能力发展过程的倾向。这就好比生产一辆汽车，如果单纯关注汽车本身的构造，就很容易得到某种偏态的认识——汽车是由诸多零部件拼接而成的，从而忽视零部件本身的生产过程，也忽视不同零部件拼接的过程实际上也存在主次、先后、轻重、缓急。换言之，单纯的能力结构解构很难对人的培养过程做出科学、有效的指导。

从这个角度看，卢森堡的学前教育则非常重视能力发展的过程规划和指导，并非单纯关注能力构成本身。具体而言，卢森堡的学前教育非常注重幼儿基础性能力的形成与发展，以使这种能力作为后续能力发展的基础，即将基础性能力作为全人能力发展的一个过程或阶段来加以培养。这一点非常明确地体现在卢森堡学前教育对能力培养的重点领域上，即语言能力与数学能力。卢森堡学前教育中非常重视的语言能力和数学能力并非一般意义上的语文学科能力和数学学科能力，而是语言和数学内容学习背后所指向的素质提升和品质养成。也就是说，语言和数学的内容学习只是一种中介和途径，而背后所要达成的素养和品质才是根本目的。从本章所呈现的相关资料可见，卢森堡学前教育中的语言教育直至通过语言学习和使用促进幼儿的认知发展，包括概念的形成、深化、拓展、系统化，也包括社会性的提升和个人情感的丰富，最终指向语言素养；数学教育则更关注通过数学活动（包括各种形式的游戏）来提升幼儿的思维品质，培养幼儿的观察、分析、判断、联想、推论等认知能力，而非以学习、掌握、识记数学学科知识作为目的。

八、多元文化与小规模并行

和卢森堡社会一样，卢森堡的学前教育领域处于多元文化中。由前文所呈现的数据可见，卢森堡接受学前教育的幼儿中有近一半具有外国国籍，因此幼儿在这样的多元文化环境中会有非常多元的学习与发展体验，对他们各方面的发展都将产生深刻、长远的影响。

另外，卢森堡学前教育虽然总体规模比较小，但群体和个体需求却是非常多样的。学前教育领域也的确为卢森堡适龄幼儿提供了多样的选择以满足不同的需求。如此小的规模，却有如此多的选择，是难能可贵的。当然，规模小本身也是一种自然的优势，差异化的需求也更容易得到满足。

第五章 基础教育

卢森堡的基础教育分为两大阶段：初等教育和中等教育。初等教育在小学开展，中等教育在中学开展。

卢森堡在基础教育上投入大量资金。2019年，在公立学校接受基础教育的学生平均每人每年的财政投入是21 002欧元，显著高于经合组织成员国的平均水平（每人每年9 576欧元）。[1]

第一节 初等教育的现状

与学前教育一样，卢森堡儿童原则上在公立小学就读，接受初等教育；也可以选择在私立学校、欧洲学校、国际学校或国外就读。2022—2023学年，卢森堡共有172所公立小学，覆盖卢森堡全境所有市镇；另有14所私立、欧洲和国际学校。公立学校教育完全免费，学费、书本费等全部由国家财政负担；就读私立学校则需要缴纳一定费用，如学费、择校费等。因为初等教育并不是义务教育的起点，儿童在之前就已经接受了至少两年的义务学前教育。

---

[1] 数据来源于卢森堡国民教育部教育信息统计网站。

一、公立小学概况

卢森堡《教育法》规定，基本教育分为四个学段。第一学段是广义的学前教育；基本教育的第二、三、四学段称为初等教育，标准时长为6年，每个学段各两年。卢森堡基本教育的结构见表5.1。

表 5.1 卢森堡基本教育的结构[1]

阶段	学段	学年	对应中国年级	儿童理论入学年龄（周岁）	是否义务教育
初等教育	第四学段	4.2	小学六年级	11	是
		4.1	小学五年级	10	
	第三学段	3.2	小学四年级	9	
		3.1	小学三年级	8	
	第二学段	2.2	小学二年级	7	
		2.1	小学一年级	6	
学前教育	第一学段	1.2	幼儿园大班	5	
		1.1	幼儿园中班	4	
早期教育		0.0	幼儿园小班	3	否

2020—2021学年，初等教育阶段共有36 197名学生学习卢森堡国家课程[2]，其中36 102人在卢森堡公立学校就读，95人在执行卢森堡国家课程方案的私立学校就读。[3] 这些学生的国籍、性别、语言情况见表5.2和表5.3。

---

[1] 资料来源于卢森堡国民教育部官方网站。
[2] 卢森堡国家课程由卢森堡政府制定课程方案，课程体系具有卢森堡特色。
[3] 数据来源于卢森堡国民教育部教育信息统计网站。

表 5.2 2020—2021 学年卢森堡初等教育儿童的国籍和性别情况[1]

国籍	女生人数	男生人数	总计	占比
卢森堡	9 609	10 292	19 901	55.0%
葡萄牙	3 299	3 509	6 808	18.8%
法国	1 074	1 007	2 081	5.8%
意大利	383	383	766	2.1%
比利时	348	335	683	1.9%
德国	287	267	554	1.5%
叙利亚	190	177	367	1.0%
其他国家	2 426	2 611	5 037	13.9%
总计	17 616	18 581	36 197	—
占比	48.7%	51.3%	—	100%

表 5.3 2020—2021 学年卢森堡初等教育儿童的语言情况[2]

单位：人

第一语言	第二语言					总计
	无第二语言	卢森堡语	法语	德语	其他语言	
卢森堡语	8 990	—	1 012	448	1 543	11 993
葡萄牙语	5 827	1 588	1 275	26	266	8 982
法语	2 999	1 024	—	117	1 215	5 355
德语	322	176	98	—	165	761
英语	526	100	119	38	145	928
意大利语	430	105	140	5	166	846

---

[1] 数据来源于卢森堡国民教育部教育信息统计网站。
[2] 数据来源于卢森堡国民教育部教育信息统计网站。

续表

第一语言	第二语言					总计
	无第二语言	卢森堡语	法语	德语	其他语言	
阿拉伯语	625	40	113	15	76	869
其他语言	3 884	916	655	149	859	6 463
总计	23 603	3 949	3 412	798	4 435	36 197

2016—2021年，外籍学生的数量及其占比总体比较稳定，见表5.4。

表5.4 2016—2021年卢森堡初等教育儿童的国籍情况[1]

国籍	2016—2017学年		2017—2018学年		2018—2019学年		2019—2020学年		2020—2021学年	
	人数	占比	人数	占比	人数	占比	人数	占比	人数	占比
卢森堡籍	17 797	53.8%	18 119	53.9%	18 837	54.7%	19 065	53.8%	19 901	55.0%
外籍	15 310	46.2%	15 519	46.1%	15 577	45.3%	16 344	46.2%	16 296	45.0%
总计	33 107	100%	33 638	100%	34 414	100%	35 409	100%	36 197	100%

一般来说，公立小学的每个学年从当年9月15日开始，于次年7月15日结束。一个学年一般分为三个学期，每学期各12个教学周。除暑假外，还会有若干假期周，如万圣节、圣诞节、卢森堡狂欢节、复活节、圣灵降临节等；以及若干假日，如国际劳动节、欧洲日、卢森堡国庆节等。在教学周内，学生周一、周三和周五全天上学，上学时段为8:00—16:00，中午有两个小时的休息时间；周二和周四则只有上午半天上学。

---

[1] 数据来源于卢森堡国民教育部教育信息统计网站。

二、初等教育培养目标与课程方案

卢森堡国家课程方案规定，初等教育的核心目标是培养学生的行动能力，即儿童利用知识达成某种结果的能力。初等教育课程方案规定了以下学习领域（学科），每个学科下面开设一门或多门课程：语文（开设读写素养与德语[1]、法语、卢森堡语三门课程）；数学；科学（开设科学启蒙、自然科学、人文社会科学三门课程）；运动与健康；艺术与审美；集体生活与价值观（开设道德与社会和道德与宗教两门课程，学生选择其中一门学习即可）。以上课程中，德语、法语、数学三门课程是主课，一般安排在上午；其他课程的时间则更加灵活、分散。

课程方案规定了每个学段结束时，学生在各个学习领域要达到的能力水平，称为能力基线。学生只有达到了能力基线，才能升入下一学段。当然，在实际教学中，有些学生在本学段结束时的能力已经大大超出了能力基线的要求，这在评价中会有所体现。除能力基线外，课程方案还规定了每个学段应当开设的课程和课时数，见表5.5、表5.6和表5.7。在满足方案基本要求的前提下，各个学校可以根据实际情况增开课程或增加课时数。

表5.5 卢森堡基本教育第二学段（小学一、二年级）课程与学时安排 [2]

学科与课程	学年课时数	平均周课时数
语文（德语、法语）[3]	360（306+54）	10
语文（卢森堡语）	36	1
数学	216	6

---

[1] 之所以把读写素养跟德语紧密联系起来放在同一门课，是因为卢森堡的初等教育使用德语组织教学，学生需要尽快发展德语读写素养，以应对其他课程的学习。在实际实践中，这门课通常简称为"德语"。

[2] 资料来源于卢森堡国民教育部官方网站。

[3] 德语和法语两门课程的课时数不做区分，统一计算；法语课程自第二学段第二学年后半段起开设。

续表

学科与课程	学年课时数	平均周课时数
科学（科学启蒙）	108	3
集体生活与价值观（道德与社会或道德与宗教）	72	2
艺术与审美	108	3
运动与健康	108	3
合计	1 008	28

表5.6 卢森堡基本教育第三学段（小学三、四年级）课程与学时安排[1]

学科与课程	学年课时数	平均周课时数
语文（德语、法语）	432	12
语文（卢森堡语）	36	1
数学	180	5
科学（科学启蒙）	72	2
集体生活与价值观（道德与社会或道德与宗教）	72	2
艺术与审美	108	3
运动与健康	108	3
合计	1 008	28

表5.7 卢森堡基本教育第四学段（小学五、六年级）课程与学时安排[2]

学科与课程	学年课时数	平均周课时数
语文（德语、法语）	432	12
语文（卢森堡语）	36	1

---

[1] 资料来源于卢森堡国民教育部官方网站。
[2] 资料来源于卢森堡国民教育部官方网站。

续表

学科与课程	学年课时数	平均周课时数
数学	180	5
科学（自然科学）	36	1
科学（人文社会科学）	72	2
集体生活与价值观（道德与社会或道德与宗教）	72	2
艺术与审美	108	3
运动与健康	72	2
合计	1 008	28

教学组织方面，处于同一学业进度的学生编成一个班。每个班级的平均学生人数稳定在15人左右，远低于法律规定的上限24人。若干名教师负责一个班的教学工作，其中有一人为班主任。教授同一门课程的教师组成学科备课组。此外，教授同一学段各班级的所有教师还会组成一个学段教学团队。学段教学团队每周开会，讨论学生的学习进度，协同备课，协调设计家庭作业，组织课后辅导，设计团队式教学项目等。每个团队需要指定一名协调员，由协调员设计每周会议的议程，并对会议期间做出的决定做简要报告。

三、初等教育课程评价

评价方面，卢森堡初等教育采取形成性评价和终结性评价相结合的模式，以更好地达成以培养行动能力为核心的教育目标。在传统的评价模式下，许多学生学习的唯一目的是在作业和考试中获得足够好的成绩，从而能够顺利升学。这一方面会导致学生更关注下一次作业或考试，而忽略对已学过知识的巩固和内化；另一方面会影响学习的可持续性：如果学生只是简单地记住了知识，而没有机会在真实情况下应用这些知识，那么知识并不能真正转化为行动能力。而以培养行动能力为核心目标，会导致教学发生一系列变化：学生逐渐学会在校内外各种情境下应用所学知识和技能，通过切身体验感受到学有所用，从而提高学习积极性。这样一来，评价就不再简化为一个个分数，而是要看学生究竟能够完成哪些行动。

在初等教育阶段，学习评价以学段为周期。在学段内的评价属于形成性评价，目的是帮助学生意识到自己所取得的进步，了解自己的学习风格和学习方法，明确达到能力基线还需要克服哪些困难。在学段结束时的评价是终结性评价，以证书报告的形式对学生的实际能力和能力基线进行比较，明确学生是否具备了进入下一学段学习所需的各种能力。总体来说，这一评估方法瞄准每个学段的能力基线，对学生的实际能力有更准确的描述，能更加详细地记录学生的成长轨迹，激励学生了解自身发展状况，激发潜能。

初等教育课程评价的一大特色是评价去分数化，这是 2009 年卢森堡基本教育改革的主要措施之一。传统的分数化评价并不能提供关于学生实际能力的具体信息。例如，仅凭 42 分的写作成绩，并不能知晓学生的写作究竟存在什么问题：是能够写出内涵深刻的文章但是语言错误较多，还是能够基本避免语言错误却写不出内容足够深刻的文章？再例如，学生甲在第一次作业中得了 50 分，第二次作业中得了 30 分，第三次作业中得了 10 分，那么甲的学期成绩（取三次的平均分）就是 30 分。学生乙则先是得到 10 分，然后是 30 分，最后是 50 分。在最终的成绩单上，甲乙两个学生的分数完全一样。显然，这种情况下，通过取多次测试的平均分而得到的最终成绩并不能体现学生学业的进展状况。当然，没有明确分数就意味着难以比较不同学生之间的学习状况。总之，卢森堡的初等教育更看重每个学生个体真正能做什么，而不是过分关注一个学生在群体中的排名。因此，培训教师使用新的评价工具，并且让学生和家长熟悉这些评价工具就变得尤为重要。

（一）评价工具

作为重要的教学指导和学习评价工具，学科能力发展进度表对学生的具体学习进度进行了梯度规划。该表将学生在整个基本教育四个学段内各个学科需要发展的能力进行了详细界定。对于语文和数学学科，进度表将学科能力分解为若干子能力，每个子能力又进一步分解为分项能力，每个分项能力对应一系列分级别的描述语。对于其他学科，进度表则将学科能力直接分解为分项能力，然后配备一系列描述语。表 5.8 以卢森堡语课程的听力理解子能力为例，展示能力发展进度表的内容。

可以看出，每个学段的课程教学目标都对应若干级别的能力。具体来说，每个学段教学的起点总是上一学段的能力基线，但终点均高于本学段的能力基线。这使得教学有更大余地因材施教，也能更加细致地体现学生的能力发展状况与学段学习目标之间的关系。

由于篇幅所限，下面只介绍各个学科在初等教育阶段对能力的细分情况，不再详细给出各个能力层级的描述语。

1. 语文

语文学科的能力包括听力理解、阅读理解、口头表达和书面表达四个子能力。

听力理解能力进一步细分为以下五项能力：理解说话人；理解所听材料；调动听的策略；识别、处理信息；对听力文本进行分析、比较和评价。

阅读理解能力进一步细分为以下五项能力：学习书面语言符号；阅读不同类型文本；调动读的策略；识别、处理信息；对阅读文本进行分析、比较和评价。

口头表达能力进一步细分为以下六项能力：与他人互动表达；在他人

表5.8 卢森堡语课程听力理解子能力发展进度表[1]

分项能力	1级（第一学段能力基线）	2级	3级（第二学段能力基线）	4级	5级（第三学段能力基线）	6级	7级（第四学段能力基线）	8级
理解说话人	理解单一指令并执行。	理解最多两个指令（可以用儿语表述）并执行。	理解说话人使用标准语传递的简单信息；理解使用标准语组织的课堂讨论的大意。	理解稍长的、主题各异的对话的大意。	积极参与双人或多人对话，对最近发生的事情进行讨论；理解对话人的显性意图。	跟上对话节奏的同时准备自己的观点以参与讨论。	跟上对话节奏的同时理解并比较不同对话人的立场和意图。	自如地理解结构化的讨论，即便其中包含不熟悉的主题。
理解听力材料	理解短文本大意，提取主要信息，能识别熟悉话题对话的内容主线。	理解简单、简短、逻辑清晰、配有插图的口头报告，捕捉报告的主题；报告是已经学过的内容，报告的语流要清晰，语速慢。	在预先了解背景信息的情况下，理解多种体裁的简短简单文本。	理解语速慢、主题熟悉的简短视听材料的主题和主要信息。	理解熟悉或感兴趣主题的广播电视节目的主要内容。	抓住细节信息，理解复杂信息。	理解不同体裁的、主题不熟悉的听力文本。	自如地跟上较长的口头报告、电影、辩论、讲座等，即便其中包含文化惯用语。
调动听力的策略	感知韵律与手势。	解读背景音、插图等，以理解文本大意。	通过语调、节奏、音量、口音和非语言信息（如手势）解读信息。	借助上下文区分较短文本中的歧义，明确意义。	运用更加复杂的听力策略，根据文本体裁调整策略。	集中注意力关注主要信息，提出有针对性的问题。	跟上更长对话的同时，清晰梳理所听内容的结构。	根据文本体裁选用合适的、多样化的听力策略。

[1] 资料来源于卢森堡国民教育部官方网站。

续表

分项能力	1级（第一学段能力基线）	2级	3级（第二学段能力基线）	4级	5级（第三学段能力基线）	6级	7级（第四学段能力基线）	8级
识别、处理信息	跟随文本脉络（事件先后顺序），识别主要人物及其行动。	在没有帮助的情况下，听一次文本，逐字提取并复现单个信息。	在有清晰指令的前提下，有目的地提炼细节信息。	准确识别多个信息。	识别日常对话中的言外之意（如说话人的态度和观点）。	识别、提取多个与日常生活相关或者已经学过的、显性或隐性的信息，并能清晰有条理地复现。	理解常见的逻辑关系以及时间变化。	识别并描述听力材料中的不同发言人，理解发言人的立场、动机，构建事件发展的时间线与地点，以及现实世界的关系。
对听力文本进行分析、比较和评价	对文本进行简单评价。	提炼文本中人物的特征。	区分提供信息的文本和娱乐性文本。	判断不同体裁的文本内容为真实还是虚构。	对听的内容进行细致的、适合情境的评论；提炼不同体裁文本的主要特征。	提取隐含信息并进行评价。	在熟悉的主题中，辩论、识别双方观点。	提炼说话人观点，并进行批判性分析和评价。
基本教育学段	第一学段	—	第二学段	—	第三学段	—	第四学段	—

面前自我表达；非语言形式的交流；尊重约定俗成的交流习惯和规则；调动语音、词汇、语法知识使表达符合形式要求；演绎文本。

书面表达能力进一步细分为以下四项能力：学习、使用写作工具和技巧；撰写不同类型文本；调动写的策略；调动语音、词汇、语法知识使表达符合形式要求。

对于卢森堡语课程，听力理解和口头表达的发展进度分为8级：第二学段对应1至4级，能力基线为3级；第三学段对应3至6级，能力基线为5级；第四学段对应5至8级，能力基线为7级。阅读理解的发展进度分为6级：在第二学段，书面理解部分融入德语课程学习中，不单独设能力级别；第三学段对应2至4级，能力基线为3级；第四学段对应3至6级，能力基线为5级。课程对书面表达不做要求。

对于德语课程，四个子能力的发展进度分为10级：第二学段对应1至4级，能力基线为3级；第三学段对应3至7级，能力基线为5级；第四学段对应5至10级，能力基线为8级。

由于法语课程开设相对较晚（在第二学段第二学年后半段才开始开设），四个子能力的发展进度进行了一定调整，分为8级：第二学段对应1至2级，能力基线为1级；第三学段对应1至5级，能力基线为3级；第四学段对应3至8级，能力基线为6级。

2．数学

数学学科的能力包括空间与形状、数与运算、大小与单位、解决代数问题四个子能力。

空间与形状能力进一步细分为以下四项能力：在二维和三维空间定位；在二维和三维空间分析、表示几何形状；识别、创造几何形状与结构；结合几何和代数知识解决数学问题。

数与运算能力进一步细分为以下四项能力：理解数的意义；代数运算；识别、应用代数规则；正确描述、表达数与运算。

大小与单位能力进一步细分为以下两项细分能力：形成大小的概念；在日常生活中使用单位表示大小。

解决代数问题能力进一步细分为以下三项能力：分析问题，设计解决方案；解题过程；分析、评价解题结果。

数学学科各项子能力的发展进度都分为 10 级：第二学段对应 1 至 4 级，能力基线为 3 级；第三学段对应 3 至 7 级，能力基线为 5 级；第四学段对应 5 至 10 级，能力基线为 8 级。

3．科学

科学学科的细分能力包括：探索现象；有针对性地收集并加工信息；批判性思维；建立事物间的逻辑关系；项目设计与实施；使用多种交流方式与他人互动。

科学学科能力的发展进度分为 7 级：第二学段对应 1 至 3 级，能力基线为 2 级；第三学段对应 2 至 5 级，能力基线为 4 级；第四学段对应 4 至 7 级，能力基线为 6 级。

4．运动与健康

运动与健康的细分能力包括：提高精细运动能力；发展基本身体运动机能；发展基本心因运动技能；参与体育活动；树立身心健康意识；水上运动技能（游泳）。

体育与健康的能力发展进度分为 7 级：第二学段对应 1 至 3 级，能力基线为 2 级；第三学段对应 2 至 5 级，能力基线为 4 级；第四学段对应 4 至 7

级，能力基线为 6 级。

5．艺术与审美

艺术与审美的细分能力包括：设计与创作二维、三维美术作品；美术创作基本技法；日常生活中体验美术；美术作品与美术创作赏析；通过音乐自我表达；感知音乐；随音乐律动；音乐评论。

艺术与审美的能力发展进度分为 7 级：第二学段对应 1 至 3 级，能力基线为 2 级；第三学段对应 2 至 5 级，能力基线为 4 级；第四学段对应 4 至 7 级，能力基线为 6 级。

6．集体生活与价值观

这一学科下开设两门课程：道德与社会、道德与宗教，学生选择其中一门学习即可。

对于道德与社会课程，细分能力包括：感知社会；理解社会；在社会中行动；反思社会。

对于道德与宗教课程，细分能力包括：宗教基本知识；联系宗教与个人生活；熟悉宗教仪式。

集体生活与价值观的能力发展进度分为 7 级：第二学段对应 1 至 3 级，能力基线为 2 级；第三学段对应 2 至 5 级，能力基线为 4 级；第四学段对应 4 至 7 级，能力基线为 6 级。

（二）评价具体实施过程

评价过程分为两大部分：学段中的形成性评价和学段末的终结性评价。

1. 形成性评价

每学期末，教师会发布学习报告，内含学生各门课程的学业表现。教师会向学生解释报告内容，帮助学生明确下一步努力的方向。班主任还会与家长进行面谈，根据学习报告向家长解释学生的学习状况。由于学科能力发展进度表将语文和数学课程的能力分解为若干子能力，这些课程相对应地也报告每个子能力的等级。对于其他课程，则只报告总体等级。

此外，学习报告还以学科能力发展进度表为依托，对本学期学生的发展情况在进度表中进行定位。作为示例，表5.9详细展示了第二学段某学生在德语课程中，口头表达子能力下与他人互动表达细分能力的发展情况。

表5.9 卢森堡初等教育学习报告样例 [1]

子能力	细分能力	1级 发展中	1级 已达标	2级 发展中	2级 已达标	3级 发展中	3级 已达标	4级 发展中	4级 已达标	5级 发展中	5级 已达标
						第二学段：语文学科——德语课程					
听力理解	……										
阅读理解	……										
书面表达	……										
口头表达	与他人互动表达	第一学期		第三学期			第四学期	第六学期			
	……										
	……										

---

[1] 资料来源于卢森堡国民教育部官方网站。

报告将本学段应当覆盖的能力发展进度区域用浅灰色标出（第二学段对应 1—4 级），学段结束时应当达到的能力基线用深灰色加以强调（第二学段的能力基线是 3 级）。学习报告将每一个能力层级一分为二，细化成发展中和已达标两个阶段，从而更好地反映学生的学业进展。学习报告显示，这名学生的细分能力在第一学期末达到 1 级；在第三学期末达到 2 级；在第四学期末达到 3 级，已达到本学段能力基线的要求；在第六学期末已经超过 3 级，但尚未达到 4 级。通过这样的方式，学生在学段内的学业进展得到了直观体现，也能清楚地看到学生水平与能力基线之间的关系。

在形成性评价中，除了给出课程成绩和学科能力发展情况，教师还需要对学生的学习态度和通用能力（也称为可迁移能力）进行评价，评价项目包括：与同伴协作；为人有礼貌，做事负责任；遵守集体生活规则；自主学习；主动学习；上课积极参与；遵守日程安排；注意作业美观；注意书写工整。每个项目分为四个等级：A 为优秀，B 为良好，C 为合格，D 为有待提高。学习态度与通用能力的评价结果也体现在学习报告中。

2．终结性评价

在每个学段结束时，教师要对学生在每个学习领域和每门课程所发展的能力做出评价。评价依然以学科能力发展进度表为依托。对于达到能力基线的学生，教师会给出评语进行进一步说明。评语分为四类。① 基本达标：学生尚有少数细分能力不能完全达到能力基线，进入下一学段后需要额外帮扶。② 达标：学生的所有细分能力都达到了能力基线。③ 超前：学生有一些细分能力超过了能力基线，但尚未达到下一级别。④ 卓越：学生有一些细分能力超过了能力基线，且已达到下一级别。

对于基本达标的学生，教师会提出一些在下一学段需要采取的补救措施，以帮助学生查漏补缺，尽快赶上。学生能否升入下一学段主要看主课的成绩。由于法语课程开设较晚，在第二学段升入第三学段时可以不做考虑；但第三学段升入第四学段时，则要考虑德语、法语、数学三门课程的成绩。在学段结束时没有达到能力基线的学生将会留级，学校会制定个性化的帮扶计划为他们提供有针对性的帮助。对于在学段第一年结束时已经达到本学段能力基线的学生，教学团队研究后可以允许学生跳级，提前升入下一学段学习。

2020—2021学年，卢森堡基本教育第二、三、四学段学生各门课程学业概况如表5.10、表5.11和表5.12所示。

表5.10 2020—2021学年卢森堡基本教育第二学段学生学业概况[1]

课程	卓越占比	超前占比	达标占比	基本达标占比
德语	14.8%	20.7%	55.1%	9.4%
法语	19.1%	16.3%	59.1%	5.5%
数学	10.7%	21.0%	62.8%	5.5%
卢森堡语	25.4%	20.9%	48.0%	5.7%
科学	14.6%	17.1%	66.7%	1.6%
集体生活与价值观	14.8%	14.8%	69.3%	1.1%
艺术与审美	12.6%	17.9%	68.6%	0.9%
运动与健康	14.3%	17.6%	67.2%	0.9%

在第二学段，学生在卢森堡语课程上的整体表现最好，有46.3%的学生达到卓越或超前水平。最难的课程是德语，有9.4%的学生基本达标；法语和数学两门主课也有5.5%的学生处于基本达标阶段。

---

[1] 数据来源于卢森堡国民教育部教育信息统计网站。

表5.11 2020—2021学年卢森堡基本教育第三学段学生学业概况[1]

课程	卓越占比	超前占比	达标占比	基本达标占比
德语	14.3%	21.9%	50.4%	13.4%
法语	15.3%	24.4%	49.8%	10.5%
数学	12.2%	24.0%	53.7%	10.1%
卢森堡语	19.9%	24.3%	48.6%	7.2%
科学	17.0%	20.3%	60.5%	2.2%
集体生活与价值观	17.7%	20.1%	60.6%	1.6%
艺术与审美	15.9%	22.9%	60.3%	0.9%
运动与健康	18.5%	22.4%	57.5%	1.6%

学生在第三学段的发展情况延续了第二学段的趋势。卢森堡语课程的水平最好，德语、数学和法语三门课程的困难最大。值得注意的是，在几门主课上，达到卓越水平的学生与基本达标的学生比例基本一致，表明开始出现两极分化的情况。

表5.12 2020—2021学年卢森堡基本教育第四学段学生学业概况[2]

课程	卓越占比	超前占比	达标占比	基本达标占比
德语	21.3%	22.7%	38.8%	17.2%
法语	20.2%	23.6%	38.5%	17.7%
数学	22.7%	23.3%	38.4%	15.6%
卢森堡语	32.2%	23.7%	36.8%	7.3%
科学	26.2%	23.1%	43.7%	7.0%
集体生活与价值观	30.7%	22.9%	42.9%	3.5%
艺术与审美	29.4%	24.4%	43.7%	2.5%
运动与健康	31.2%	24.5%	42.1%	2.2%

---

[1] 数据来源于卢森堡国民教育部教育信息统计网站。
[2] 数据来源于卢森堡国民教育部教育信息统计网站。

在第四学段，所有课程中达标学生的比例都低于第二和第三学段，而基本达标和卓越两个层次的学生比例大幅增加，两极分化现象进一步加重。法语是学生遇到困难最多的课程，有 17.7% 的学生基本达标；随后是德语和数学两门课程，分别有 17.2% 和 15.6% 的学生基本达标。

四、其他初等教育课程

卢森堡的私立学校可以开设卢森堡国家课程，也可以开设国际课程；另有少部分公立学校也开设国际课程。因此，学校是否公立与其课程设置情况并无直接关系。一般来说，在小学阶段就学习国际课程的学生在中学阶段会在已选定的体系内继续学业，以获得相应的中学毕业文凭为最终目标。这些课程体系与卢森堡本国的国家课程体系区别或大或小，升学的标准也各不相同，限于篇幅，此处不展开评述。

2020—2021 学年，卢森堡有 4 430 名学生在初等教育阶段学习国际课程。就读的学生绝大多数是外国籍，有 4 070 人，占 91.9%；只有 360 名卢森堡籍学生，占 8.1%。[1]

五、小学毕业升学指导

升学方面，卢森堡学生完成初等教育时已经接受了八年的义务教育，小学毕业后会升入中学继续接受四年的义务教育。由于存在多种类型的中等教育，学校会进行学业规划与升学指导，帮助学生和家长做出最优选择。

---

[1] 数据来源于卢森堡国民教育部教育信息统计网站。

在每年三月，国民教育部会组织所有第四学段第二学年（即六年级）的学生参加全国升学统考。统考的目的有三个，一是报告学生的能力发展状况与基本教育阶段结束时各个学科预期能力水平的关系，二是帮助学生了解自己的学业在全国范围内的位次，三是考察各学校的教学质量。统考包括三个科目：法语、德语和数学。对于法语和德语，重点考察听力理解、阅读理解和书面表达能力；对于数学，重点考察数学知识与技能的再现和应用，以及实际问题解决能力。

学生进入第四学段后，教师和学生家长会针对学生的后续去向展开讨论。除每学期末的交流外，还有两次专门的一对一面谈。第一次面谈在第四学段最后一个学期开学时进行，教师会结合学生全国升学统考的成绩、学生在校学习情况（学习报告）向家长提出建议。家长还可以要求学生参加学校心理中心组织的心理测试，结合测试结果进一步思考学生去向。第二次面谈在第四学段结束时进行。这时，家长需要和班主任共同决定学生是接受普通中等教育或者通用中等教育，还是进入国际课程班，抑或延长第四学段一年。如果家长和班主任的意见出现分歧，需要填写申请表，交由专门的委员会进一步讨论并做出决定。升学意见确定后，学生可以在六月末至七月初到心仪的中学注册。如果申请注册的人数大于中学招生限额，那么学校可以要求学生提供一系列材料进行下一步筛选。

2020—2021学年，5 411名第四学段第二学年（六年级）学生中，5 382人升入中等教育，29人留级。[1] 2016—2021年的小升初去向占比情况如表5.13所示。

---

[1] 数据来源于卢森堡国民教育部教育信息统计网站。

表5.13 2016—2021年卢森堡学生小升初去向占比情况 [1]

去向	2016—2017学年	2017—2018学年	2018—2019学年	2019—2020学年	2020—2021学年
普通中等教育	36.7%	38.7%	39.8%	38.3%	39.9%
通用中等教育普通班	47.9%	48.6%	48.1%	49.5%	47.1%
通用中等教育预科班	15.0%	12.2%	11.9%	11.7%	12.5%
留级	0.4%	0.5%	0.2%	0.5%	0.5%

总体来说，在卢森堡，选择接受通用中等教育的学生要多于选择接受普通中等教育的学生，前者约占整个中等教育学生总人数的六成左右。这或许是由于通用中等教育毕业生的选择面较广，在学期间有机会跨入普通中等教育序列，毕业后既可以直接进入职场，也可以进入大学深造。[2]

第二节 中等教育的现状

卢森堡的中等教育面向12岁以上的青少年，在中学进行。一般情况下，中等教育共七年，分为两个学段，前三年是初中段，后四年是高中段。中等教育的前四年仍属于义务教育，后三年虽不属于义务教育，但仍然免费。2022—2023学年，卢森堡共有42所公立中学，12所私立中学。[3] 与初等教育一样，中等教育也包括多种课程体系。本节重点介绍普通中等教育和通用中等教育。

---

[1] 数据来源于卢森堡国民教育部教育信息统计网站。
[2] 彭姝祎. 卢森堡[M]. 北京：社会科学文献出版社，2010：231.
[3] 数据来源于卢森堡国民教育部教育信息统计网站。

一、普通中等教育

普通中等教育的学制一般为七年，其目的是传授文学、数学、自然科学和人文社会科学领域的一般性基础知识。普通中等教育主要为学生进入大学或其他高等教育机构接受高等教育做准备，学生完成学业时可以获得普通中等教育文凭。普通中等教育的结构见表5.14。

表 5.14 卢森堡普通中等教育的结构 [1]

阶段	年级	学生理论入学年龄（周岁）
高中（共四年）	一年级（1C）	18
	二年级（2C）	17
	三年级（3C）	16
	四年级（4C）	15
初中（共三年）	五年级（5C）	14
	六年级（6C）	13
	七年级（7C）	12

2022—2023学年，卢森堡普通中等教育初中段共有6 002名学生，高中段共有6 479名学生。[2] 这些学生分布在公立中学以及开设卢森堡国家课程的私立中学当中。

（一）普通中等教育初中段

在普通中等教育初中段，学生需要学习的课程有语文（法语、德语）、

---

[1] 资料来源于卢森堡国民教育部官方网站。
[2] 数据来源于卢森堡国民教育部教育信息统计网站。

数学、外语、自然科学（物理、化学、生物）、历史、地理、艺术（美术、音乐）、体育与健康、生活与社会等。学生从六年级开始学习外语。在六年级，学生可以从英语、拉丁语和汉语三门语言中选择一门学习。进入五年级后，英语成为必修课，所有学生都要学习。卢森堡国民教育部制定的课程方案规定了每个年级需要开设的课程和周课时数，以及每门课程的权重系数，具体情况见表5.15、表5.16和表5.17。

表5.15 卢森堡普通中等教育七年级课程概况 [1]

课程	周课时数	权重系数
法语	6	4
德语	4.5	4
数学	4	4
自然科学	2.5	3
历史	2	2
地理	2	2
美术	2	1
音乐	2	1
体育与健康	3	1
生活与社会	2	2
总计	30	24

表5.16 卢森堡普通中等教育六年级课程概况 [2]

课程	周课时数	权重系数
法语	5	4
德语	3.5	4

---

[1] 资料来源于卢森堡国民教育部官方网站。
[2] 资料来源于卢森堡国民教育部官方网站。

续表

课程	周课时数	权重系数
拉丁语/汉语/英语	6	4
数学	4	4
自然科学	2.5	3
历史	2	2
地理	1	2
艺术	2	1
体育与健康	2	1
生活与社会	2	2
总计	30	27

表5.17 卢森堡普通中等教育五年级课程概况[1]

课程	学习非英语		学习英语	
	周课时数	权重系数	周课时数	权重系数
法语	4.5	4	6	4
德语	3	4	3.5	4
英语	4	4	5.5	4
拉丁语/汉语	4.5	4	—	—
数学	4	4	4	4
历史	2	2	2	2
地理	1	2	1	2
生物	1	2	1	2
物理、化学	1	2	1	2
艺术	1	2	2	2
体育与健康	2	1	2	1
生活与社会	2	2	2	2
总计	30	33	30	29

---
[1] 资料来源于卢森堡国民教育部官方网站。

从 2017—2018 学年开始，汉语作为外语语种进入了卢森堡中等教育。

一般来说，初中阶段的课程中，法语和数学两门课程使用法语教学，其他课程使用德语教学。但是，由于学生的语言能力和使用情况十分复杂，为了能让更多学生使用自己最擅长的语言组合接受中等教育，同时提高薄弱语言的能力，部分学校开设有多语言平行班，调整教学语言，或提供语言强化课。经过三年的强化学习，学生在高中阶段将具备普通班要求的语言能力。多语言平行班具体情况见表 5.18。

表 5.18 卢森堡普通中等教育初中阶段多语言平行班概况[1]

名称	教学语言	语言强化课程
德语强化班	法语和数学课程使用法语教学 其他课程使用德语教学 （同普通班）	额外开设德语强化课程
法语强化班	法语和数学课程使用法语教学 其他课程使用德语教学 （同普通班）	额外开设法语强化课程
法语教学班	全部课程使用法语教学 （非法语语言课除外）	无

在中学阶段，学生的学习评价仍然是过程性评价和终结性评价相结合。每门课程都会布置若干不同类型的作业（书面或口头问题、随堂作业、家庭作业、小组作业等），组织若干测试来考察学生的学习进展。除了传统的纸笔测试外，某些课程还会组织口试。在这些作业和测试中，会有一个或多个作为课程成绩的参考，通过取算术平均分或加权平均分的方式来确定课程成绩。课程成绩是量化的，满分 60 分，30 分及以上为合格。成绩精确

---

[1] 资料来源于卢森堡国民教育部官方网站。

到个位，不出现小数。每门课程的最后成绩可以根据学生的努力程度和学习积极性进行调整，加减分的幅度不超过 4 分。

在每个学期结束时，学生会收到成绩单，上面除了本学期所有科目的成绩之外，还会有学期总成绩（所有课程的加权平均成绩）、落后科目的学习建议，以及出勤与在校表现等信息。在学年结束时，成绩单会明确升学决定（是否升入下一年级）。在初中升高中以及高中分科前，成绩单上还会写明升学和分科的指导性建议。在初中阶段，成绩单上还会显示学生各学科能力发展情况，类似基本教育阶段在能力发展进度表中的定位。

2020—2021 学年卢森堡普通中等教育初中段各年级的人数和学业情况见表 5.19 和表 5.20。

表 5.19　2020—2021 学年卢森堡普通中等教育初中段各年级人数情况[1]

年级	总人数	学生（按性别）				学生（按国籍）				
		女生人数	女生占比	男生人数	男生占比	卢森堡籍人数	卢森堡籍占比	外籍人数	外籍占比	外籍中葡萄牙籍占比
五年级	1 750	947	54.1%	803	45.9%	1 381	78.9%	369	21.1%	36.9%
六年级	1 951	1 073	55.0%	878	45.0%	1 517	77.8%	434	22.2%	30.2%
七年级	1 888	1 044	55.3%	844	44.7%	1 426	75.5%	462	24.5%	29.2%

[1] 数据来源于卢森堡国民教育部教育信息统计网站。

表 5.20 2020—2021 学年卢森堡普通中等教育初中段各年级升学情况[1]

年级	全国平均分（满分60）	总体升学率	升学率（按性别） 女生[2]	升学率（按性别） 男生	升学率（按国籍） 卢森堡籍	升学率（按国籍） 葡萄牙籍	升学率（按国籍） 其他外籍
五年级	43.6	90.1%	92.4%	87.3%	89.7%	90.4%	91.8%
六年级	43.5	90.6%	92.4%	88.4%	90.7%	86.3%	91.7%
七年级	44.3	90.8%	92.0%	89.2%	92.3%	85.2%	86.5%

表 5.21 展示了 2016—2021 年初中段各年级的升学情况。2020—2021 学年是这几年升学率最低的一个学年，很可能与新冠肺炎疫情影响教学有关。

表 5.21 2016—2021 年卢森堡普通中等教育初中段各年级升学率[3]

年级	2016—2017学年	2017—2018学年	2018—2019学年	2019—2020学年	2020—2021学年
五年级	92.8%	91.4%	93.1%	95.3%	90.1%
六年级	90.7%	91.2%	91.3%	93.9%	90.6%
七年级	93.1%	93.3%	91.3%	94.4%	90.8%
总体升学率	92.2%	92.0%	91.9%	94.5%	90.5%

（二）普通中等教育高中段

普通中等教育高中段又可分为两段：四年级为全科学习，又称综合教育阶段；三年级至一年级为分科学习，又称专业教育阶段。在高中四年里，

---

[1] 数据来源于卢森堡国民教育部教育信息统计网站。
[2] 女生升入下一学年比例是女生升学总人数除以女生总数得到，其他几列同理。
[3] 数据来源于卢森堡国民教育部教育信息统计网站。

除了德语和英语使用对应语言教学外，其他课程均使用法语教学。四年级的课程设置见表5.22。

表 5.22 卢森堡普通中等教育四年级课程概况[1]

课程	学习非英语 周课时数	学习非英语 权重系数	学习英语 周课时数	学习英语 权重系数
法语	3.5	4	4.5	4
德语	2.5	4	3.5	4
英语	5	4	4	4
拉丁语/汉语	3	3	—	—
卢森堡语	1	2	1	2
数学	4	4	4	4
历史	2	2	2	2
地理	2	2	2	2
生物	2	2	2	2
物理、化学	2	2	2	2
艺术	1	2	2	2
体育与健康	2	1	2	1
生活与社会	1	2	1	2
总计	31	34	30	31

在四年级末，学生需要在教师的指导下选择分科。卢森堡普通中等教育的分科十分细致，并且随社会经济发展不断调整，增加新的分科。目前，普通中等教育共有九个分科，分别是：语言文学（A）；数学与计算机科学（B）；自然科学与数学（C）；经济学与数学（D）；视觉艺术（E）；音乐

---

[1] 资料来源于卢森堡国民教育部官方网站。

（F）；人文和社会科学（G）；计算机科学与通信（I）（2017年设立）；创业、金融和营销（N）（2020年设立）。并不是每所中学都开齐上面九个分科。因此，学生在四年级末选择分科时，可以申请到新的学校就读。

每个分科的课程都由三部分构成。①共同必修课程：涵盖语言（包括语文和外语）、数学、自然科学、人文社会科学、艺术、体育等，不同分科下，各门课程的课时安排略有不同。②专业课程：涉及各个分科的专业基础知识，最能体现专业方向特色，也为学生后续深造打牢基础。③选修课程：各个学校根据学生需求和师资情况自行安排开设。

由于分科众多，学生又有三种外语学习背景（英语、拉丁语、汉语），受篇幅所限，此处不再列举每个分科在各年级的课时安排，只是简要介绍各个分科专业课程设置的特点。

语言文学：学生在学习法语、德语、英语的基础上，再学习西班牙语或意大利语。初中学习汉语的学生也要选择西班牙语或意大利语；初中学习拉丁语的学生可以选择学习古希腊语。二年级起开设哲学课程。

数学与计算机科学：数学课程课时量大，并开设计算机科学课程。

自然科学与数学：主要学习数学、物理、化学、生物等课程。数学课程课时量大，物理、化学分为两门独立课程。

经济学与数学：数学课程课时量大。三年级起开设经济与社会科学课程。二年级起开设哲学、政治经济学、经济管理与信息技术应用等课程。一年级开设概率与统计课程。

视觉艺术：专业课程有素描、视觉表达、艺术史、设计等。

音乐：专业课程有音乐史、声乐、器乐、乐理、音乐分析等。

人文和社会科学：专业课程有历史、地理、经济与社会科学等。二年级起开设哲学课程。

计算机科学与通信：数学课程课时量大，专业课程有编程、信息分析与建模、应用技术等。

创业、金融和营销；专业课程有政治经济学、创业理论与实践等。

2020—2021学年卢森堡普通中等教育高中段非毕业班各年级的人数和学业情况见表5.23和表5.24。

表5.23 2020—2021学年卢森堡普通中等教育高中段各年级学生情况[1]

年级	总人数	学生（按性别）				学生（按国籍）			
		女生人数	女生占比	男生人数	男生占比	卢森堡籍人数	卢森堡籍占比	外籍人数	外籍占比	外籍中葡萄牙籍占比
二年级	1 431	782	54.6%	649	45.4%	1 185	82.8%	246	17.2%	暂无数据
三年级	1 576	891	56.5%	685	43.5%	1 264	80.2%	312	19.8%	37.2%
四年级	1 623	909	56.0%	714	44.0%	1 265	77.9%	358	22.1%	34.6%

表5.24 2020—2021学年卢森堡普通中等教育高中段各年级升学率[2]

年级	全国平均分（满分60）	总升学率	升学率（按性别）		升学率（按国籍）		
			女生	男生	卢森堡籍	葡萄牙籍	其他外籍
二年级	44.1	94.7%	96.8%	92.1%	94.3%	97.8%	96.2%
三年级	44.4	93.1%	95.8%	89.6%	93.2%	91.4%	93.9%
四年级	43.2	89.8%	92.8%	85.9%	90.2%	89.5%	87.6%

表5.25展示了2016—2021年高中段各年级的升学情况。与初中段的情况一样，2020—2021学年是几年中升学率最低的学年（只有二年级的升学率例外），很可能是受新冠肺炎疫情影响所致。

---

[1] 数据来源于卢森堡国民教育部教育信息统计网站。
[2] 数据来源于卢森堡国民教育部教育信息统计网站。

表 5.25 2016—2021 年卢森堡普通中等教育高中段各年级升学率 [1]

年级	2016—2017 学年	2017—2018 学年	2018—2019 学年	2019—2020 学年	2020—2021 学年
二年级	95.0%	94.3%	94.2%	96.4%	94.7%
三年级	96.0%	96.0%	95.3%	96.7%	93.1%
四年级	93.8%	91.8%	90.6%	95.0%	89.8%
总体升学率	94.9%	94.1%	93.3%	96.0%	92.4%

学生一年级结束时参加普通中等教育毕业考试。毕业考试共有六个科目，包含六场笔试和两场口试。这六个考试科目都从一年级所学课程中选择，其中包括两门语言与数学课程、一门其他共同必修课程和三门专业课程。口试的两门科目中，一门是语言课程，另一门是专业课程。对于选入毕业考试的科目，最后成绩计算方法是：毕业考试成绩占三分之二，学年课程成绩占三分之一；带有口试的考试科目，口试成绩占毕业考试成绩的四分之一。对于未选入毕业考试的科目，学年课程成绩即为最后成绩。

毕业考试每年组织两次，分别在六月和九月。所有考生都需要参加六月的考试。如果六月的考试没有通过，且一年级各科的加权平均成绩大于等于 36 分，可以提交申请，参加九月组织的第二次考试。毕业考试成绩合格的学生将获得普通中等教育毕业文凭。文凭使用法、德、卢森堡三语注明学生所选择的专业方向、各个考试科目的最后成绩，以及所有科目的加权平均成绩。加权成绩满足条件的，文凭还会标注评语。加权成绩大于等于 36 分的，评语为"良好"；大于等于 40 分的，评语为"较优"；大于等于 48 分的，评语为"优秀"；大于等于 52 分的，评语为"卓越"。[2] 此外，文凭还有一系列附件，提供诸如学生在校期间所修课程、语言与数学课的

---

[1] 数据来源于卢森堡国民教育部教育信息统计网站。

[2] 法语分别为：assez bien（良好）、bien（较优）、très bien（优秀）、excellent（卓越）。

学习年限与课程层次、语言能力水平、课外活动情况等信息。学生还会自己编制一份成长档案，记录自己在课外参与的社团协会、短期国外语言学习经历、暑期工作经历等，一并附在文凭之后。

2021—2022学年，共有1 393人获得通用中等教育毕业文凭。[1]

二、通用中等教育

通用中等教育的学制一般也是七年，个别专业方向八年，其目的也是传授文学、数学、自然科学和人文社会科学领域的一般性基础知识。但与普通中等教育不同，通用中等教育总体上更加务实，更加注重培养学生的职业能力。学生既可以凭借通用中等教育毕业文凭进入大学接受高等教育，也可以在初中升高中时进入职业教育序列，毕业后直接进入职场。

通用中等教育也分为两个阶段，初中三年，高中四年，但组织结构更加复杂，见表5.26。

表5.26 卢森堡通用中等教育的整体结构 [2]

阶段	年级	学生理论入学年龄（周岁）
高中	一年级（1G）	18
	二年级（2G）	17
	三年级（3G）	16
	四年级（4G）	15

---

[1] 数据来源于卢森堡国民教育部教育信息统计网站。
[2] 资料来源于卢森堡国民教育部官方网站。

续表

阶段	年级			学生理论入学年龄（周岁）
初中	五年级普通班（5G）	五年级适应班（5AD）	五年级预科班（5P）	14
	六年级普通班（6G）		六年级预科班（6P）	13
	七年级普通班（7G）		七年级预科班（7P）	12

2022—2023学年，卢森堡通用中等教育初中段共有11 926名学生，其中普通班序列8 822人，预科班序列3 104人；高中段共有8 617名学生。[1] 这些学生分布在公立中学以及开设卢森堡国家课程的私立中学当中。

（一）通用中等教育初中段

接受通用中等教育的学生在入学前会根据小学阶段的学习情况分班：综合能力过关的编入七年级普通班（7G），小学毕业时有一门或多门课程未能达到能力基线要求的编入七年级预科班（7P）。与普通中等教育情况类似，通用中等教育初中段也有多语平行班，包括德语强化班、法语强化班、法语教学班等。

在通用中等教育普通班，学生的一般知识学习（语言、数学、人文社会科学、自然科学等）会进一步深入。教学语言是德语，但数学和法语两门课程使用法语教学。进入六年级后，德语、法语和数学课会实行分层教学，分为高级班和基础班两班。教师会根据学生的能力水平分班。英语课在五年级起开设，也分高级班和基础班两班。评价方式与普通中等教育类似，在此不再赘述。

在预科班，教学更加偏重为学生进入职业轨道做准备，有德语教学班

---

[1] 数据来源于卢森堡国民教育部教育信息统计网站。

和法语教学班两种平行班可供选择。学生共需要学习六门课程：法语、数学、德语与卢森堡语、通识百科、方向课与工作坊、体育与健康。这六门课程都进行模块化教学，每门课程都分为九个模块。每个模块结束时，会对学生的能力进行评价，评价结果以分数的形式呈现，满分60分，及格线为30分。学生的学业进展不以学年为单位衡量，而是看完成了多少个模块的学习。因此，与普通中等教育以及通用中等教育普通班的学生不同，预科班的学生在完成当年学业后自动升入下一年级，不需要参考学年成绩。这样安排是为了让学生按照自己的节奏学习尽可能多的模块，允许各门课程之间一定程度上非均衡发展。完成六年级预科班学习的学生如果成绩达标，可以申请转入普通班序列，在下一学年进入五年级适应班就读。

通用中等教育初中段各年级的课程设置情况见表5.27、表5.28和表5.29。

表 5.27 卢森堡通用中等教育七年级普通班和六年级普通班的课程设置 [1]

课程		七年级普通班周课时数	六年级普通班周课时数
德语		4	4（分层教学，两班周课时相同）
法语		6	4（分层教学，两班周课时相同）
数学		5	4（分层教学，两班周课时相同）
英语		—	4
自然科学		3	3
人文社会科学	地理	2	1
	历史	2	2
艺术		2	2
音乐		1	—

[1] 资料来源于卢森堡国民教育部官方网站。

续表

课程	七年级普通班周课时数	六年级普通班周课时数
生活与社会	1	1
体育与健康	3	2
方向课与工作坊	1	3
总计	30	30

表5.28 卢森堡通用中等教育五年级普通班和五年级适应班的课程设置[1]

五年级普通班课程	周课时数	五年级适应班课程	周课时数
德语	3（分层教学，两班周课时相同）	德语、卢森堡语	4
法语	5（分层教学，两班周课时相同）	法语	3
英语	4（分层教学，两班周课时相同）	—[2]	—
数学	4（分层教学，两班周课时相同）	数学	4
自然科学	3	自然科学	3
信息技术	2	信息技术	1
—	—	制图与通用技术	1
地理	1	人文社会科学	2
历史	2		
艺术	1	—	—
生活与社会	1	生活与社会	1
体育与健康	2	体育与健康	2
方向课与工作坊	2	方向课与工作坊	8
—	—	辅导小课	1
总计	30		30

[1] 资料来源于卢森堡国民教育部官方网站。
[2] 在五年级适应班，部分学校将英语课作为方向课开设。

表 5.29 卢森堡通用中等教育预科班序列各年级课程设置 [1]

课程	七年级预科班周课时数	六年级预科班周课时数	五年级预科班周课时数
德语与卢森堡语	4	4	4
法语	4	4	4
数学	6	6	6
通识百科	6	6	6
方向课与工作坊	6	6	6
体育与健康	3	3	3
辅导小课	1	1	1
总计	30	30	30

通用中等教育初中段的一个重要功能就是引导学生分流，选择最适合自己能力和兴趣的教育路径。因此，通用中等教育在课程设置上包含了许多实践课程，以及实地参观和实习实训，让学生尽早接触各行各业，规划自己的未来。学生在完成初中三年的学业后主要有以下三种路径继续学习：继续接受通用中等教育（进入通用中等教育四年级）、转入普通中等教育（进入普通中等教育四年级）、接受职业教育。

通用中等教育五年级普通班学生的升学结果以以下七门课程的成绩为依据：德语、英语、法语、数学、自然科学与信息技术、人文社会科学（历史和地理）、个人综合发展（体育、美术、音乐、方向课与工作坊、生活与社会）。每门课的成绩满分60分，30分及格。成绩各个区间对应的评语见表5.30。

---

[1] 资料来源于卢森堡国民教育部官方网站。

表 5.30 卢森堡通用中等教育五年级普通班成绩与评语的对应关系 [1]

成绩	评语
50—60	优秀
46—49	良好或优秀
40—45	良好
36—39	及格或良好
30—35	及格
26—29	不及格或及格
20—25	不及格
0—19	严重不及格

不难看出，有三个区间的成绩处于两个评语之间的过渡阶段，这时需要由教师结合学生的学习态度决定给出哪个评语。

通用中等教育五年级普通班有三种类型的学年考核结果：整体高级通过、整体基础通过、未通过。这是由于德语、英语、法语和数学四门课程采取了分层教学，学生在高级班还是基础班会影响最后的评价结果。获得整体高级通过的学生可以升入通用中等教育四年级，也可选择接受职业教育；在某些情况下，还能申请进入普通中等教育序列，升入普通中等教育四年级。获得整体高级通过的条件是：七门课程均及格，同时四门分层教学课程中有两门在高级班；或四门分层教学课程中有三门在高级班，且七门课程中至多有一门课程不及格；或四门分层教学课程均在高级班，且七门课程中至多有两门课程不及格。

获得整体基础通过的学生可以进入职业教育序列。如果学生的四门分层教学课程均在基础班，且七门课程中至多有两门课程不及格（无严重不

---

[1] 资料来源于卢森堡国民教育部官方网站。

及格），则可以获得整体基础通过。如果学生的四门分层教学课程中有若干门在高级班，那么高级班课程只要满 20 分就可认定为及格。根据这一转换规则确定高级班课程的评语后，学生七门课程中至多有两门课程不及格（无严重不及格），则可以获得整体基础通过。

通用中等教育五年级适应班学生的升学结果以以下七门课程成绩为依据：语文（德语与卢森堡语、法语两门课程成绩的加权平均）、数学、自然科学、人文社会科学、技术（信息技术、制图与通用技术两门课程成绩的加权平均）、方向课与工作坊、个人综合发展。五年级适应班的课程成绩也有对应评语，具体对应关系与五年级普通班相同，见表 5.30。七门课程中至多有两门课程不及格，且无严重不及格科目，即可获得整体通过。五年级适应班整体通过的学生可以进入职业教育序列，也可申请进入五年级普通班继续就读。

通用中等教育五年级预科班的学生根据在三年内考核及格的模块数，会被分流至两个大方向：转入普通班序列，进入五年级适应班学习；进入职业教育序列接受职业教育。

2020—2021 学年，通用中等教育初中段各年级的基本数据和学业情况见表 5.31 和表 5.32。

表 5.31 2020—2021 学年卢森堡通用中等教育初中段各年级学生情况[1]

年级	总人数	学生（按性别）				学生（按国籍）					
		女生人数	女生占比	男生人数	男生占比	卢森堡籍人数	卢森堡籍占比	葡萄牙籍人数	葡萄牙籍占比	其他外籍人数	其他外籍占比
五年级普通班	3 215	1 452	45.2%	1 763	54.8%	1 650	51.3%	983	30.6%	582	18.1%

[1] 数据来源于卢森堡国民教育部教育信息统计网站。预科班序列自动升入下一学年，故无相应数据。

续表

年级	总人数	学生（按性别）				学生（按国籍）					
		女生人数	女生占比	男生人数	男生占比	卢森堡籍人数	卢森堡籍占比	葡萄牙籍人数	葡萄牙籍占比	其他外籍人数	其他外籍占比
五年级适应班	743	317	42.7%	426	57.3%	299	40.2%	291	39.2%	153	20.6%
六年级普通班	2 425	1 170	48.2%	1 255	51.8%	1 325	54.6%	681	28.1%	419	17.3%
七年级普通班	2 406	1 155	48.0%	1 251	52.0%	1 284	53.4%	734	30.5%	388	16.1%

表 5.32　2020—2021 学年卢森堡通用中等教育初中段各年级升学情况 [1]

年级	全国平均分（满分60）	升级率	升学率（按性别）		升学率（按国籍）		
			女生	男生	卢森堡籍	葡萄牙籍	其他外籍
五年级普通班	37.7	85.2%	87.8%	83.0%	86.1%	82.5%	86.9%
五年级适应班	37.8	81.7%	84.9%	79.3%	81.9%	79.4%	85.6%
六年级普通班	39.5	96.3%	97.4%	95.3%	97.0%	95.2%	95.9%
七年级普通班	40.3	97.2%	97.9%	96.6%	97.3%	97.4%	96.6%

表 5.33 展示了 2016—2021 年卢森堡通用中等教育初中段各年级的升学情况。

---

[1] 数据来源于卢森堡国民教育部教育信息统计网站。

表 5.33 2016—2021 年卢森堡通用中等教育初中段各年级升学率 [1]

年级	2016—2017 学年	2017—2018 学年	2018—2019 学年	2019—2020 学年	2020—2021 学年
五年级普通班	89.2%	89.0%	89.5%	89.1%	85.2%
五年级适应班	—[2]	—	81.1%	79.3%	81.7%
六年级普通班	83.7%	82.9%	95.0%	97.9%	96.3%
七年级普通班	85.0%	97.6%	95.0%	98.4%	97.2%
总体升学率	86.1%	89.2%	91.7%	93.1%	91.2%

（二）通用中等教育高中段

继续接受通用中等教育高中段教育的学生，进入高中段时就需要明确分科。通用中等教育高中段有五大专业领域，每个专业领域下又有若干分科。随着学习的深入，分科会越来越细致。具体情况见表 5.34。

表 5.34 卢森堡通用中等教育高中段分科情况 [3]

专业领域	低年级（4G、3G）分科	高年级（2G、1G）分科
行政与商贸	行政与商贸	管理
		公共关系与组织
		金融
		市场营销
卫生与社会科学	卫生与社工	卫生
		护理

---

[1] 数据来源于卢森堡国民教育部教育信息统计网站。
[2] 五年级适应班在 2017 年中等教育改革后设立，故无 2018—2019 学年以前的数据。
[3] 资料来源于卢森堡国民教育部官方网站。

续表

专业领域	低年级（4G、3G）分科	高年级（2G、1G）分科
卫生与社会科学	社会科学	综合教育教师
		社会科学
通用技术	工程科学	环境科学
		工程科学
		信息技术
	建筑、设计与可持续发展	建筑、设计与可持续发展
	自然科学	自然科学
艺术	艺术与视觉传达	视觉传达
旅游与酒店管理	酒店管理	酒店管理

在通用中等教育的高中段，教学语言一般为德语，个别科目可能使用法语教学，具体安排上各校有一定的自主权。一般来说，所有分科都需要学习法语、德语和数学，以及卢森堡语和卢森堡社会文化，剩余的课程则根据分科特点开设。受篇幅所限，表5.35只简要列出了各个分科的主要专业课程。

表5.35 卢森堡通用中等教育高中段分科情况[1]

专业领域	高年级（2G、1G）分科	主要专业课程
行政与商贸	管理	普通经济学、会计学、职场沟通、法律基础、管理经济学、政治经济学、预算管理
	公共关系与组织	普通经济学、会计学、管理经济学、政治经济学、职场沟通与人际关系、活动组织与管理
	金融	普通经济学、会计学、数字经济学、金融学、金融分析
	市场营销	普通经济学、会计学、企业宣传、市场营销、大众传媒、法律基础

---

[1] 资料来源于卢森堡国民教育部官方网站。

续表

专业领域	高年级（2G、1G）分科	主要专业课程
卫生与社会科学	卫生	人体生理学、医用物理、医用化学、应用信息技术、临床见习
	护理	人体生理学、物理、化学、应用信息技术、营养与饮食、药理学、生物化学、公共卫生、护理实习
	综合教育教师	见第九章教师教育
	社会科学	当代社会、普通经济学、应用信息技术、社会学、心理学与人际沟通
通用技术	环境科学	生态学、可持续发展概论、物理学、环境与技术、环境科学案例分析
	工程科学	物理、化学、电气技术、机械工程、信息技术
	信息技术	编程、数据库、网络技术、计算机原理
	建筑、设计与可持续发展	物理、化学、建筑设计、工程学
通用技术	自然科学	物理、化学、生物、地理、应用信息技术
艺术	视觉传达	艺术史、二维视觉艺术语言、三维视觉艺术语言、素描、设计、大众传媒
旅游与酒店管理	酒店管理	酒店管理、餐饮管理、旅游地理、烹饪入门

2020—2021学年，通用中等教育高中段非毕业班各年级的基本数据和学业情况见表5.36和表5.37。限于篇幅，此处只展示各年级整体情况，各专业领域的细分情况略去。

表 5.36 2020—2021 学年卢森堡通用中等教育高中段非毕业班各年级学生情况[1]

年级	总人数	学生（按性别）				学生（按国籍）				
		女生人数	女生占比	男生人数	男生占比	卢森堡籍人数	卢森堡籍占比	葡萄牙籍人数	葡萄牙籍占比	其他外籍人数	其他外籍占比
二年级	1 922	1 080	56.2%	842	43.8%	1 343	69.9%	369	19.2%	210	10.9%
三年级	1 973	1 082	54.8%	891	45.2%	1 210	61.3%	469	23.8%	294	14.9%
四年级	2 262	1 209	53.4%	1 053	46.6%	1 294	57.2%	569	25.2%	399	17.6%

表 5.37 2020 至—2021 学年卢森堡通用中等教育高中段非毕业班各年级学业情况[2]

年级	全国平均分（满分 60）	升级率	学生（按性别）		学生（按国籍）		
			女生	男生	卢森堡籍	葡萄牙籍	其他外籍
二年级	38.8	78.0%	81.9%	73.0%	77.6%	76.2%	83.8%
三年级	40.4	84.3%	88.0%	79.9%	84.3%	84.9%	83.7%
四年级	38.6	69.3%	73.5%	64.5%	68.5%	68.7%	72.7%

表 5.38 展示了 2016—2021 年卢森堡通用中等教育高中段各年级的升学情况。

表 5.38 2016—2021 年卢森堡通用中等教育高中段各年级升学率[3]

年级	2016—2017 学年	2017—2018 学年	2018—2019 学年	2019—2020 学年	2020—2021 学年
二年级	82.7%	82.7%	82.0%	85.3%	78.0%

---

[1] 数据来源于卢森堡国民教育部教育信息统计网站。
[2] 数据来源于卢森堡国民教育部教育信息统计网站。
[3] 数据来源于卢森堡国民教育部教育信息统计网站。

续表

年级	2016—2017 学年	2017—2018 学年	2018—2019 学年	2019—2020 学年	2020—2021 学年
三年级	86.5%	82.0%	83.9%	90.4%	84.3%
四年级	75.9%	73.5%	77.8%	81.7%	69.3%
总体升学率	80.7%	77.3%	80.9%	85.5%	76.8%

接受通用中等教育的学生在一年级末也要参加毕业考试。毕业考试的组织形式与评分原则与普通中等教育基本一致，比较明显的区别是通用中等教育的六门考试科目完全由考生自主选择，不必受语言与数学、专业教育和通识教育的模块化限制。2021—2022 学年，共有 1 408 人取得通用中等教育毕业文凭。[1]

三、中等教育国际课程

除了选择学习卢森堡国家课程，学生还可以选择开设国际课程的公立或私立学校，接受相应的课程教育。完成规定年限的课程并考核合格后，可以获得相应的中等教育文凭。国际课程主要包括以下几类：法式课程，参照法国课程体系，学生参加法国高中毕业会考，获得法国高中毕业文凭；英式课程，参照英国课程体系，学生需要考取英国普通中等教育证书、中学高级水平考试证书等；欧洲课程，学生主要为驻卢森堡的欧洲各大机构工作人员的子女，中学毕业后获得欧洲中学毕业文凭，文凭被欧盟全体国家及部分非欧盟国家承认；国际文凭课程，学生毕业后获得国际文凭组织颁发的国际文凭。此外，位于德国与卢森堡边境的小城佩尔设有一所申根

---

[1] 数据来源于卢森堡国民教育部教育信息统计网站。

学校，开设的课程结合了卢森堡和德国两国教育体系的特点，学生毕业时可以同时获得卢森堡和德国的文凭。卢森堡学生如果希望就读申根学校，最好在基本教育第三学段结束后就进入申根学校的小学部，以进行适应性学习；也可以小学毕业后直接进入申根学校中学部就读。[1]

2022—2023学年，在卢森堡公立学校接受中等教育国际课程的学生共5 127人，其中在申根中学就读卢—德双课程的学生872人，接受欧洲课程教育的学生2 886人，接受英式课程教育的学生979人，学习国际文凭课程的学生390人；在卢森堡私立学校接受中等教育国际课程的学生共6 457人。两者合计，2022—2023学年，修读中等教育国际课程的学生共11 584人。[2]

第三节 基础教育的特点

一、注重多语教育

卢森堡是一个多语言、多文化国家，语言教学在卢森堡公立教育体系中是最重要的环节，也是难度最大的环节。[3] 卢森堡对多语教育十分重视，首要目的是通过教育保护并延续卢森堡的语言多样性，同时避免多语学习成为某些学生发展的障碍。为此，卢森堡在学前教育阶段积极推广多语教育，让各种家庭背景的儿童尽早接触卢森堡语和法语。进入初等教育后，大部分儿童已经熟悉卢森堡语，因而能够相对平缓地过渡到德语学习，发展德语的读写素养，以应对后续使用德语开展学科学习。初等教育阶段，

---

[1] 资料来源于申根中学网站。
[2] 数据来源于卢森堡国民教育部教育信息统计网站。
[3] 栾婷，傅荣. 卢森堡语言教育体系及语言教育政策分析[J]. 语言政策与规划研究，2019（2）：64.

法语的学习起步相对较晚，要求也比德语要低一些，以避免给学生带来太多负担。进入中等教育后，普通中等教育课程在初中段的主要教学语言仍然是德语，而法语语言课课时增加，强度逐渐提高，以便进入高中段后能平稳地过渡到使用法语进行学习；通用中等教育课程则较多地保留德语授课，同时对德语和法语课程开展分层教学，以便让不同层次的学生按照适合自己的节奏发展。当然，部分中学也在执行国家课程方案的前提下开设多语种平行班，尽可能让学生使用自己掌握最好的语言（组合）进行学科学习，同时努力提升自己的多语能力。

总体来说，卢森堡基础教育的多语特色主要表现在三个方面。

第一，在小学阶段，双语学生占比接近40%。学生个体对双语的掌握以及整个基础教育领域双语资源的充分性，不仅丰富了语言景观，更融合了因学生语言背景多样而带来的多元文化。

第二，卢森堡基础教育中语言课程的目标较为直接、简洁。具体来说，几乎所有语言类课程的目标都直指提升学生的理解能力和表达能力，并且参照《欧洲语言共同参考框架》对不同学习阶段在两类能力上需达到的具体程度做了详述和示例。语言类课程单纯指向理解和表达能力，其背后的理论、理据和理念是语言能力是人类的一种特异性能力，与其他能力具有本质差异，因此提升语言能力应突出其特性，即不宜和其他能力过度地综合在一起。

第三，在卢森堡基础教育体系中，外语学习大多从中学才开始。在小学，学生重点学习卢森堡的三门官方语言，因为对很多学生来说，德语、法语和卢森堡语其中某一门或某两门语言并非母语。进入中学后，外语语种选择多，如英语、拉丁语、西班牙语、意大利语、汉语等，但英语显然是外语的第一选择，在课程设置中也有着与其他语种截然不同的地位。实际上，卢森堡的基础教育体系将英语视为必学语言，而其他语种则为选学语言，两者在起始学习的时间、课时量等方面也有明显的区别。

虽然卢森堡的语言景观和语言政策非常特殊，但其基础教育体系中多语教育的设计和规划对其他国家而言仍有可借鉴之处。例如，外语教育应当更加注重语言特异性能力的培养，即理解能力和表达能力。诚然，基础教育体系中的所有课程都应贯彻同样的根本原则，但每门课程都有其特性，也有其特定的、其他课程不可替代的功能和目标。贯彻根本原则的过程中，不应使得基础教育的整体性目标覆盖或代替每门课程的具体目标。换言之，基础教育中的外语课程应当更加显性地重视学生理解能力和表达能力的培养，并以此作为评价课程与教学质量的核心考量。

二、关注教育平等

卢森堡的人口状况复杂，社会经济、文化和语言层面都表现出很强的异质性。接受基础教育的学生来自不同的成长背景，为了削弱这种异质性带来的教育不平等，卢森堡政府采取了多项措施。

其一是提供教育补贴。学校教育方面，卢森堡的义务教育完全免费，学生满16周岁后在公立学校接受高中教育仍然不需要缴纳学费。小学阶段的教材完全免费。自2018—2019学年起，接受普通中等教育和通用中等教育的学生可以免费领取所有必修科目的教材，从而省下每年约450欧元的书本开支。学生只需要在卢森堡国民教育部开发的手机应用软件中提前预约，即可到合作书店领取教材，不必支付任何费用。每年新学期开始前，卢森堡政府还会为每个学生发放开学津贴，6岁以上的儿童每人每年115欧元，12岁以上的青少年每人每年235欧元。开学津贴在每年八月自动汇入学生父母的银行账户，不需要任何申请手续。[1] 非正规教育方面，卢森堡政府推出的教托支票服务大大减少了家庭在儿童托管与课外服务方面的

---

[1] 资料来源于卢森堡公民办事一站通网站。

开支，促进更多儿童更早地接受学前教育。另外，在 2020 年 3 月以前，所有 20 周岁以下的青少年均可以免费乘坐公共交通；2020 年 3 月起，卢森堡所有公共交通（包括公交、有轨电车、火车二等座等）对所有人免费开放，可以节省学生家校往返的开支。

其二是为移民学生提供学业帮扶。并不是所有移民的子女都从小在卢森堡接受教育，经历多语启蒙。新近抵达卢森堡，或者尚未很好地掌握德语的外国儿童，可以用语言支持课程取代一部分小学课程，以尽快发展德语的读写能力。语言支持课程的课时数取决于学生的进步情况。对于母语为葡萄牙语的小学生，卢森堡通过将葡萄牙语纳入小学校内课程、聘请葡萄牙语课堂助教、在校外开设葡萄牙语课程等措施，帮助学生继续发展母语能力，同时促进学生积极融入卢森堡教育体系。对于中学生，新移民学业接待中心负责提供关于卢森堡教育体系的信息，帮助讲外语的青少年学生选择合适的帮扶服务。新移民学业接待中心面向所有 12—24 岁到卢森堡生活并接受教育的青少年。根据学生的教育水平、所讲语言、年龄和学习与职业发展目标，接待中心会将新移民学生引导到不同类型的班级。有一定德语或法语基础的学生可以直接进入卢森堡国家课程体系，使用自己比较擅长的语言接受学科教育，同时额外接受德语或法语的强化训练；如果既不会法语也不会德语，则可以进入专门的接待班。

其三是提供特殊教育，为特殊群体学生提供个性化教育方案。当学生难以跟上正常课程进度时，从学校到地方再到全国层面有一系列个性化的支持措施，以尽可能地满足学生的学习需求。在学校一级，设专人负责协调特殊需求学生的教育教学工作，与学生所在班级的任课教师一起制定个性化的帮扶方案。如果学校层面的帮扶效果不佳，地区一级的特殊需求学生帮扶团队会接手教育教学工作。如果地区层面的帮扶效果仍然不佳，那么学生可以进入国家一级的特殊能力发展中心，如学业发展中心、智力发展中心、运动机能发展中心、社会情感能力发展中心、视力障碍学生能力发展中心、资优生发展中心、发音矫正中心、孤独症学生发展中心、自主生活能力发展中心等。[1] 这样一来，有特殊需求的学生的受教育权利得到有力的保障，从而使他们能够积极乐观地发展个人能力，融入卢森堡社会。

三、大力推进教育数字化转型

卢森堡积极参与第三次工业革命，推动信息技术产业的蓬勃发展。2014年，卢森堡政府推出"数字卢森堡"发展战略，旨在巩固卢森堡在信息与通信技术领域的重要地位，将大公国打造成高科技卓越中心。[2] 为了使卢森堡成为一个高度互联的国家，吸引全世界范围内信息与通信技术公司前来发展，卢森堡政府投入大量资金，更新通信基础设施，鼓励科研创新，建立健全适应数字社会的法律体系，等等。然而，一个更重要的问题是为这些信息与通信技术岗位找到合适的人选，并促进整个行业的创业实践。目前，很大一部分高度专业化的劳动力是从其他国家"进口"而来的。为了使卢森堡的信息与通信技术行业实现可持续发展，就需要储备能够适应数字时代工作多样性的人才资源。为此，卢森堡国民教育部在2015年推出了数字化教育战略，推动教育的数字化转型，培养21世纪新青年适应数字世界所需的知识、技能和态度，帮助他们在新兴和快速变化的行业中找到立足之地。

总体来说，21世纪新青年必备的技能有两个方面。一方面，为了在复杂和不断变化的工作环境中生存和发展，需要通过正规与非正规教育发展四项基本技能：沟通、协作、创意和思辨能力。另一方面，为了更好地承担在私人和公共领域的多重角色，需要在校内外加深对现代社会和当代世界的理解，追求个人发展和身心健康。为此，数字化教育战略明确了五个

---

[1] 资料来源于卢森堡国民教育部官方网站。
[2] 资料来源于卢森堡国家信息门户网站。

发展维度，提出了五个发展目标。①公民身份维度：数字公民。学生了解未来公民生活中必不可少的数字应用，如行政手续一站式服务平台、电子银行等。除了技术层面的知识，还要了解与个人数据使用有关的问题以及相关争议。②伦理和社会维度：数字同伴。学生将学会以更安全、更负责任的方式使用信息通信技术。这一维度特别关注互联网上的安全问题（如个人数据保护、密码安全等）、社交媒体上的欺凌行为（网络暴力、网络性骚扰等），以及肖像权等议题。③学业支持维度：数字学习者。为了创造促进21世纪技能发展的学习环境，卢森堡政府向教师和学生提供多种学习资源（硬件、软件、多媒体资源等）。例如，eduSphere网站为教师提供优质教学资源，进行教学工具和教学方法的培训；数学学习平台MathemaTIC为学生提供个性化学习资源；参与One2One计划的中学为每个学生配备平板电脑，教材全部数字化，学生可以在任何时候使用智能手机、平板或电脑登录学习平台，完成学习任务。④经济生产和行动维度：数字工作者。学生将学习基本信息技术工具的使用，为日后在数字化环境中工作做好准备。例如，"卢森堡数字课堂计划"旨在让学生熟悉各种数字化沟通与写作工具，学会管理、评价、分享、创造信息与知识。⑤创新创业层面：数字企业家。设立"创客空间"，以激励年轻人使用信息技术工具进行创造，为培养未来的数字经济领域专业人士做准备。[1]

总体来说，这些战略维度及具体措施能够帮助学生培养数字素养，更好地满足数字化时代的人才发展要求。

四、师生比高配置

卢森堡基础教育的又一大特色便是较高的师生比。根据目前可查资料，

---

[1] 资料来源于卢森堡国民教育部官方网站。

师生比达到了 1∶10。[1] 一方面，卢森堡人口体量小，一旦教师绝对数量有所增长，师生比就会有显著提高；另一方面，卢森堡政府对基础教育的投入力度大，对社会力量办学资源的调动较好，形成了比较活跃的局面。

但我们同时也应看到，单纯的师生比并不能作为判定一国基础教育发展状况的核心依据。师生比只是教育人口学的一种数量统计，反映的是教育资源的人口学表征，而不是教育资源质量本身。教育资源的人口学特征常常与一国经济、社会领域的发展状况高度相关，是整个国家发展体系中的一个关联性指标，而非独立性指标。如果回归到基础教育质量本身的评估上，师生比本身也是一个非常粗略、单一的衡量标准，它无法反映教师本身的素质发展状况和教师人力资源对课程教学的直接贡献率。因此，或许可以在师生比这一指标的基础上考虑计算师生课时比，同时对教师专业水平进行加权。换言之，应当将教师学历、在职教育等因素纳入评估，同时关联实际课时数（即显性教学工作量）来对师生比进行计算，考察在每一课时上师生比处于何种水平，以及这样的师生比建立在什么样专业发展程度的教师群体上。

五、细化初等教育三阶学段

和英国小学实施的关键阶段相似，卢森堡的初等教育也规划为三个不同学习阶段，每个学段包括两学年。但卢森堡的三阶学段并非仅是名称上或教育行政管理上的划分，而是配套了系统、完善的课程标准和进阶指引。首先，卢森堡的政策性文件对三阶学段的细化有明确的发展心理学理据描述，即符合儿童年龄发展的阶段性特征，而非简单地按三等分划出三个阶

---

[1] 数据来源于卢森堡国民教育部教育信息统计网站。

段。根据小学生发展的基本特点可知，小学生在六年学程中的发展变化非常迅速，在低、中、高三个不同年级段都具有差异性的发展需求和发展任务，表现出不同的发展特点，与初中或高中学段相比，同一学段内的变化更为显著，也更为关键。

划分三阶学段显然有利于更好地基于小学生在不同学习阶段的特点和需求开展更有针对性的课程教学及其他方面的教育活动。除此以外，一旦课程标准、教学内容、教学要求发生变化，或产生改革需求，在各学习阶段内部做出调整和完善，应当比整个初等教育体系都参与变化过程要容易、高效得多。基础教育的发展受到经济、社会、文化等诸多因素的影响，适时适度的调整和变化是非常正常和必要的。但这些调整很多都只涉及初等教育体系的局部，并不真正需要动员整个体系来调整。因此，更加精准地调动某一特定学习阶段来完成这种微调，应当是更加经济有效的方式。三阶学段的细分也有助于开展教育教学与课程质量的评价与改进，当某一学习阶段的教学过程或结果出现问题时，便更容易针对该学段进行干预和反思，也同样无须全盘皆动。

六、初等教育重视行动能力培养

卢森堡初等教育非常强调通过教育教学活动提升学生的行动能力。需要特别指出的是，卢森堡初等教育所强调的行动能力并非单纯的操作能力或实践能力，而是在学习情境以外的相似情境甚至是全新情境中，能够自主、灵活、有效地运用已学知识开展行动，并通过行动解决问题、改善境况并获得进一步的个人提升与发展。由此可见，卢森堡初等教育所指的行动能力具有多重含义，涉及情境、行动、效果三个维度。第一，行动能力的体现和发挥并非基于已有情境或教学情境，而应迁移到一个新情境中，即或多或少包含了新要素的情境。第二，行动的开展需要知识作为其理性基础，强调复杂认知支配或支持的具有能动性的行为，而非单纯强调实践行为本身。第三，行动本身具有问题解决导向，但并不具有绝对的内在价值，其价值更多体现为获得实际效果，最终推动人的可持续发展。

因此，卢森堡初等教育中行动能力导向不能等同于成果导向，即并不单纯地强调最终的行动结构，而是更加强调学习情境向真实情境的迁移。在具体的教学中，教师着重观察、分析、研究问题情境的设置、情境要素的分析、情境要素的加工和情境经验的反思。问题情境的设置既考虑教学活动本身的逻辑性和各要素的自洽性，同时也考虑问题情境与预期的迁移情境的关联性；情境要素是教学中知识的重要载体和中介，情境要素的加工是知识学习的过程以及知识运用的初步训练；对情境经验的总结和反思是提高知识可迁移性的重要步骤。综上所述，卢森堡初等教育中行动能力导向的教学本质是面向"思""行"结合的实践教育。

行动能力和实践教育在世界各国的初等教育中都有很多理论探讨和实践探索，但在不同的教育传统和学术话语下，它们很可能具有不同的含义。参考卢森堡初等教育的行动能力导向，或许可以为已有的经验带来新的内容与思考。第一，知识的学习应当更加面向最终的运用，即用来激活思维、带动技能、促发实践以解决现实中的新问题。知识学习不应仅作为技能训练的基础，即知识学习并不仅仅是为了将其程序化后提高个体的技能水平，更应着眼于其最终的有用性和有益性。第二，教学设计若更加注重情境的分析、设置、协调与加工，则更能带动学生多项认知活动的融合，如观察问题、分析问题、解决问题等。情境要素不应仅作为驱动学生学习动机、激活已有经验的教学策略或手段，更应是贯穿整个学习过程的核心中介，最终促进行动能力的提升。

七、初等教育课程体系具有显著通识教育特征

近年来,国际上关于通识教育的讨论大多见于高等教育领域。但若仔细考察卢森堡初等教育的课程体系,便可看出其整体架构及具体内容的通识教育特征非常显著。

第一,卢森堡初等教育理念更关注通识教育,即通识教育是必不可少的,而非增光添彩的。通俗地讲,通识教育的内容是微缩版的人类文明史,也是人类思想方法和实践论的一本通。纵观卢森堡初等教育的课程内容可知,课程体系基本是按照通识教育的多元领域进行架构的。这些领域反映了人类进化与人类社会发展的核心维度,也体现了经典与前沿的有机融合——经典的知识内容与前沿的认识方法相结合。这样的课程体系带给学生的,并非只是丰富的知识量和宽广的知识面,更是对人类知识体系的整体认知和对不同认识方法的充分体验。

第二,通识教育特征明显的课程体系自然强调学生素养的培养。由于通识教育涵盖的领域全面、系统,其教学导向自然就不会单纯强调知识要素、技能要素或其他单一要素,也不会将多个要素拼接、混杂在一起构成一个要素汇集。卢森堡初等教育中这种通识教育特征明显的课程体系,更注重知识、能力、意识等多方面的培养并举,其多元或多维培养目标的综合性与融合性并不是"盖浇饭"式的混合。课程教学的根本目的是建构学生的整体认知和实践体验,零碎的要素只是达成目标过程中的中介,而非重点或终点。

八、科学教育具备"研究"性

卢森堡基础教育中的科学教育很好地体现了科学研究的内在特征和外

显特征。在卢森堡基础教育课程体系中，科学教育的根本目的是培养学生的科学意识、发展科学思维、建立科学方法论。而科学知识的学习是培养意识、发展思维、建立方法论的重要途径和必备过程，但并不是科学教育的根本目的。对于科学本身的发展来说，已有知识固然重要，但创造新知识才是科学保持活力的根本。因此，意识培养、思维发展和方法论的建立都是为了促进学生将来从事科学创造，同时也对提升全民的科学素养起到支撑性作用。

具体而言，卢森堡基础教育中的科学教育强调四个方面的培养。第一，强调学生观察能力的培养。观察是人与外部世界进行交互的根本途径。不管使用什么样的观察手段和工具，最终还是要依靠人自身的观察实践才能获得某种认识。因此，卢森堡科学教育中对观察能力的培养是一种务本的做法。第二，强调学生开展实证探究能力的培养。由于观察本身往往只能获取对事物自然特征和外部特性的认识，因此人为的、主动的、以揭示深层规律为目的的实证探究也是科学教育中必不可少的内容。卢森堡的科学教育就非常强调通过实验、试验等方法和途径来探求、揭示事物运动、变化、发展的内在规律。因此，方法本身并不是科学教育的重点，方法论（即包含了探究目的和探究手段双重目标）的学习则更为重要。第三，强调对探究结果和过程开展评价能力的培养。科学探索和任何人类活动一样，始终伴随着错误甚至是谬误。因此对个体探究结果和过程开展检查、分析、评估，亦是科学教育的关键环节。第四，强调学生探索关联能力的培养。事物之间存在普遍联系，而揭示、解释各种联系是科学理论构建和发展的根本目的，是科学领域开展概念化、理论化工作的基础。

鉴于此，其他各国基础教育领域中的科学教育也应更加强调、凸显这四个方面的培养。应更加突出科学研究的起点是观察，强调科学研究的过程要实证，观察出问题，实证出真知。同时，强化对学生科学评价能力和反思能力的培养，并着力关注学生概念化和理论化能力的发展。

九、艺术与审美教育强调感知与表达

卢森堡基础教育领域的艺术与审美教育包括了音乐、美术、戏剧、舞蹈等多个门类的课程和教学内容。但有些跨课程的、贯穿整个艺术与审美教育的理念值得关注和借鉴。第一,卢森堡的艺术与审美教育强调对艺术内容和形式的感知。感知是人对来自外部世界的刺激的接受过程。而艺术内容会以不同于其他领域的特定形式对人的感知产生影响,也会带来不同的感知过程。因此,艺术与审美教育的人文性首先是感知的特异性教育和体验。第二,强调学生借助艺术形式进行自我表达,而不仅仅停留在对艺术内容和形式的感知或模仿上。艺术与审美若要和个体及其日常建立联系,就要兼顾理解与表达两方面的教育。从表达的角度看,艺术与审美教育首先应重视艺术内容的生成与发展,即要解决表达的"是什么"的问题。否则,学生不论学习、掌握多少表达形式,也无法真正达成艺术与审美教育的初衷。第三,卢森堡的艺术与审美教育重视培养学生艺术评论的能力,强调对艺术内容与形式的反观和反思,促进学生从反思艺术出发,走向反思自我。

鉴于此,其他国家基础教育领域的艺术与审美教育有必要进一步思考、研究卢森堡的相关经验和做法,进行以下尝试。第一,进一步拓展学生感受、体验不同艺术内容和形式的途径,避免艺术与审美的模式化认知;同时,努力提高艺术与审美的"沉浸量",即增加感受、体验的频度和深度。第二,加强艺术表达教育,通过各种课堂教学活动和日常艺术养成,促进学生艺术内容的萌生,并通过多元形式进行创造和再创造。第三,注重艺术理论的普及和通俗化教育,帮助学生形成艺术观点,交流看法,互评互鉴,促进艺术素养的全面提升。

第六章 高等教育

卢森堡大学是卢森堡国内唯一一所公立高等院校，是卢森堡高等教育的核心力量。卢森堡还有两所私立高等院校：卢纳科斯国际大学，全称是卢森堡健康与体育国际大学，成立于2014年，2016年开始招生，专注于体育管理、物理治疗、运动科学等专业，开设学士和硕士学位课程；[1] 卢森堡商学院，成立于2014年，开设全日制管理学硕士课程和非全日制工商管理硕士课程，还为企业或个人提供定制培训。[2] 此外，美国两所大学还在卢森堡设立了分校：迈阿密大学自1968年起在卢森堡设立了一个欧洲中心，旨在加强学校师生与欧洲学术界的联系；[3] 美国圣心大学自1992年起在卢森堡设立分校，开设工商管理类课程，但分校已于2022年7月关停，所有课程转为线上授课。[4]

限于篇幅，本章重点介绍、评述卢森堡大学的发展现状与办学特色，对其办学经验进行思考。

---

[1] 资料来源于卢纳科斯大学官方网站。
[2] 资料来源于卢森堡商学院官方网站。
[3] 资料来源于迈阿密大学欧洲中心官方网站。
[4] 资料来源于卢森堡商贸报官方网站。

第一节 高等教育的现状

一、大学概况

19世纪中叶起，卢森堡开始开设高等教育课程。但直到2003年，卢森堡大学才正式成立。历史上，卢森堡的学生需要前往外国接受高等教育。对于那些没有条件或没有意愿这样做的青年人，年轻的卢森堡大学为他们提供了在国内接受教育的机会。此外，卢森堡大学还吸引了外国学生来到卢森堡求学，通过引进外国科研人员实现引智。毫无疑问，卢森堡大学的成立是卢森堡高等教育发展史上的重要里程碑。

卢森堡大学由三个机构实施管理：大学董事会、校长办公室和大学理事会。董事会决定大学的总体政策和发展战略，并对大学的活动实施监督，由13名有投票权的成员组成。其中11名由卢森堡政府直接任命，11名中又有两名可以由大学理事会向政府提议任命。工会主席和学生会主席也是董事会的成员。大学校长和政府专员以顾问身份参加董事会的会议。校长是卢森堡大学的行政主管，由校长委员会成员协助工作。校长办公室除校长外还包括行政和财务主任，以及大学理事会的秘书长和副秘书长。大学理事会协助校长组织教学和研究活动，还就内部条例、校长办公室成员的任命、大学四年发展计划、预算和其他战略决策等问题发表意见。此外，卢森堡大学还设有诉讼委员会、伦理委员会、性别平等委员会和合理便利委员会。

卢森堡大学目前共有四个校区：贝尔瓦校区、基希贝格校区、林珀斯贝格校区和魏克尔校区。基希贝格校区是卢森堡大学的老校区，位于卢森堡市东北部的基希贝格，是原卢森堡高等技术学院的旧址，卢森堡大学的主要机构最初都在此办公。不过，就在卢森堡大学成立后不久，卢森堡政府就正式宣布对贝尔瓦地区进行开发改造。贝尔瓦是卢森堡南部的一个钢铁工业旧址，距卢森堡市约20千米，距埃施市中心仅3千米，距法国边境仅500米，其改造是欧洲最大的城市重建项目之一。改造项目旨在重新利用荒废的工业厂房和土地，为卢森堡大学提供基础设施支持，并开发一个全新的综合园区，吸引其他公共研究机构、新创公司、零售业企业等入驻。2011年起，卢森堡大学的各个机构开始搬迁至贝尔瓦。目前，贝尔瓦校区已经成为卢森堡大学的主校区，行政部门、校图书馆、教学主楼，以及大部分科研教学机构都搬迁到这里。林珀斯贝格校区位于卢森堡市西北部的林珀斯贝格居民区，环境静谧。魏克尔校区规模最小，只有一座办公楼，距离基希贝格校区仅1千米之遥。目前，只有部分院系和研究中心仍在卢森堡市的三个校区办公。

卢森堡大学虽然起步晚，但是发展速度很快。2008年，也就是大学成立后的第五年，卢森堡大学就已有150余名教职人员，4 000余名在校学生，其中包括200名博士生；开设近30个本、硕专业；与20余所国外大学开展了合作项目。自2003年以来，卢森堡大学逐步成立了若干科研中心，专业建设稳步推进，科学研究硕果累累。2020年，大学迎来了注册的第1 000名博士生。截至2023年4月，卢森堡大学共有教学科研人员（教授、副教授、讲师等）约300名，博士后研究员、研究助理等科研人员1 500余名，本科生3 000余名，硕士生2 000余名，博士生1 000余名。卢森堡大学国际化程度很高，教职员工来自近100个国家，就读的学生中有半数是国际学生，来自130多个国家和地区。[1]

卢森堡大学是一所年轻的公立大学，也是全国唯一的公立大学，自然受益于大量的政府投资。在二十余年的办学过程中，卢森堡大学始终践行如下理念：追求卓越；保证国际化与多语化；扎根社会，积极参与经济活

---

[1] 数据来源于卢森堡大学官方网站。

动，与各大机构保持密切联系；敢于创新，灵活多样地开展教学与科研活动；兼容并包，注重平等；坚持学术独立。这些理念在具体行动中得以落地，换来了喜人的成果。国际排名方面，卢森堡大学在2022年度泰晤士高等教育年轻大学排名中列第25位。在2023年度泰晤士高等教育世界大学排名中，卢森堡大学跻身全球250强（排名201—250位），整体得分51.2—54.3分，各个分项指标的得分是：教学38.2分，研究39.8分，引用64.5分，行业收入51.2分，国际视野99.4分（排名世界第四）。各个学科按照排名由高到低依次是：法学（68位）、计算机科学（101—125位）、工程学（126—150位）、生命科学（126—150位）、心理学（150—175位）、人文科学（176—200位）、教育学（201—250位）、社会科学（201—250位）、物理科学（251—300位）、商科与经济学（301—400位）。[1]

卢森堡大学在2022软科世界大学学术排名中位列全球701—800位，各个学科按照排名由高到低依次是：通信工程（51—75位）、交通科技（101—150位）、生命科学（201—300位）、计算机科学与工程（201—300位）、教育学（201—300位）、电气和电子工程（201—300位）、人类生命科学（201—300位）、法学（201—300位）、政治学（201—300位）、经济学（301—400位）、数学（301—400位）、化学（401—500位）、管理学（401—500位）、心理学（401—500位）。[2]

2018—2021年[3]卢森堡大学的重要发展指标见表6.1。

---

[1] 数据来源于泰晤士高等教育世界大学排名网站。

[2] Shanghai Ranking. University of Luxembourg[EB/OL].（2022-08-23）[2023-06-30]. https://www.shanghairanking.com/institution/university-of-luxembourg.

[3] 2018—2021年是卢森堡大学四年发展计划的第四个周期。

表 6.1　2018—2021 年卢森堡大学重要发展指标 [1]

领域	指标（单位）	目标	实际表现	完成率
科学研究与成果转化	人均年发表（篇）	2.0	2.03	101.5%
	一区期刊发表（篇）	3 000	3 619	120.6%
	前 10% 顶尖期刊发表（篇）	1 800	2 209	122.7%
	与卢森堡其他科研机构联合发表（篇）	300	454	151.3%
	新增欧盟科研理事会资助项目（个）	8	9	112.5%
	博士毕业生（人）	400	523	130.8%
	专利（个）	40	30	75%
	公私合作制博士生和博士后（人）	90	108	120.0%
外部基金	国家级竞争性科研基金（万欧元）	15 000	13 250	88.3%
	国际性竞争性科研基金（万欧元）	2 500	3 270	130.9%
	合作性科研基金（万欧元）	6 800	8 680	127.8%
	科研基金总和（万欧元）	24 300	25 200	103.7%
教学	本科学生平均校际交换课程学分（个）	25	26.19	104.8%
	通过质量认证的本硕专业（个）	6	5	83.3%
性别平等	女性正教授增长率	30%	28.9%	96.3%

2022—2025 年 [2] 卢森堡大学的重要发展指标规划以及 2022 年完成情况见表 6.2。

---

[1] 数据来源于卢森堡大学官方网站。
[2] 2018—2021 年是卢森堡大学四年发展计划的第五个周期。

表 6.2 2022—2025 年卢森堡大学重要发展指标及 2022 年完成情况 [1]

领域	指标（单位）	目标	2022 年表现	完成率
科学研究	人均年发表（篇）	2.0	2.20	110.0%
	前 10% 顶尖期刊发表（篇）	2 300	688	29.9%
	与卢森堡其他科研机构联合发表（篇）	400	210	52.5%
	新增欧盟科研理事会资助项目（个）	10	2	20.0%
教学	通过质量认证的本硕专业（个）	6	0	0.0%
	教师在职培训认证（人次）	80	4	5.0%
	学生课程评估参与率	75%	26.3%	35%
合作与成果转化	专利（个）	30	10	33.3%
	公私合作制博士生和博士后（人）	120	78	65.0%
	衍生产品（个）	5	9	180.0%
外部基金	国家级竞争性科研基金（万欧元）	15 000	2 800	18.6%
	国际性竞争性科研基金（万欧元）	4 000	1 110	27.8%
	合作性科研基金（万欧元）	9 500	3 070	33.4%
	科研基金总和（万欧元）	28 500	6 980	24.8%
性别平等	女性教职人员占比	不低于 30%	25%	83%

二、机构设置 [2]

卢森堡大学目前下设有三个学院：科学、技术和医学学院，法律、经济和金融学院，人文、教育和社会科学学院。另有三个跨学科研究中心：

---

[1] 数据来源于卢森堡大学官方网站。
[2] 资料来源于卢森堡大学官方网站。

安全、可靠性与信任跨学科中心，卢森堡系统生物医学中心，卢森堡当代和数字历史中心。

科学、技术和医学学院覆盖了数学、物理学、工程学、计算机科学、生命科学和医学等领域。学院积极开展教学与科研工作，创造和传播知识，培养新一代负责任的公民。教学方面，学院有超过 2 000 名注册学生，提供 8 个学士、18 个硕士、1 个博士和若干个终身学习专业（课程）。学院的教职员工中包括 80 名国际知名教授和高级讲师。学院为学生提供良好的学习环境和工作机会，开设多语种课程和小班课程，促进学生尽早参与科学研究项目，并与行业机构建立密切联系。研究方面，学院下设五个系，共有超过 270 名教授、博士后、博士生以及其他科研人员，在一个充满活力的多语环境中开展跨学科研究，与卢森堡本地以及欧洲、国际合作伙伴密切合作，追踪科技前沿，寻求创新。

法律、经济和金融学院立足卢森堡，心怀欧洲和国际视野。学院与近邻的若干欧洲机构，以及诸多国际金融机构和创新公司开展密切合作，与区域内其他国家的大学和科研机构加强联络，建立了一个大型合作网络。学院下设三个系：法律系、金融系、经济与管理系（该系下设卢森堡物流与供应链管理中心）。学院现有 1 800 余名在册学生，提供 3 个学士、12 个硕士、2 个博士和 3 个继续教育专业（课程）。学院的教研人员来自 18 个不同的国家，聚集了众多相关领域的高级从业人员，每年还有若干访问教授和学者来校开展合作。

人文、教育和社会科学学院是一个特色鲜明的小型学院。464 名教职员工和 2 200 余名学生在此工作和学习。教学方面，学院开设社会与教育科学、语言文学、心理学、哲学、历史学等学科的学士、硕士、职业培训和终身学习专业（课程）。学院的博士生院致力于培养教育科学、社会科学和人文科学方面的青年学者。大部分课程实行小班教学，研讨环节丰富。学院开展多语种教学，大多数专业都有两种及以上授课语言（主要是英语、法语和德语)，部分硕士学位课程完全使用英语授课。学院国际化程度高，学生和研究人员来自世界各地。与卢森堡大学的整体办学思路一致，学院积极鼓励学生参与国际交流。科研方面，学院的主要研究领域包括教育与社会工作、行为与认知科学、人文、社会科学、地理与空间规划等。

与建校之初就成立的三大学院不同，卢森堡大学的三个研究中心是在办学过程中结合自身发展的实际规划逐步设立的。安全、可靠性与信任跨学科中心是卢森堡大学设立的第一个跨学科研究中心，成立于2009年。中心在信息和通信技术领域开展前沿研究，力图为卢森堡社会和经济发展带来变革，提高卢森堡的国际竞争力。中心还关注工业和政府部门的需求，积极开展有关的合作项目。中心与政府机构签署长期合作伙伴计划，关注国家战略领域的前沿问题，以帮助工业和政府部门更好地应对在信息和通信技术方面所面临的挑战。中心的研究成果转化率高，竞争优势明显，成立十余年来，硕果累累：从全球招募顶级科学家，构建了一个拥有约360人的跨学科研究合作网络；启动了90多个欧盟和欧洲航天局研发项目；创建了技术转让办公室，积极申请专利，成立了四家衍生公司。

卢森堡系统生物医学中心是卢森堡大学的第二个跨学科研究中心，成立于2010年。中心致力于拉近系统生物学和医学研究之间的距离，以期推动生物医学研究。生物学家、医生、计算机科学家、物理学家、工程师和数学家之间通力合作，为更好地理解细胞、器官和生命体提供了新颖独到的见解，有利于了解疾病发生的主要机制，开发新的诊断和治疗工具。中心的研究重点是神经退行性疾病（如帕金森症），以及对疾病的系统、网络化描述。中心与全球领先的生物医学实验室以及卢森堡重要的生物和医学研究机构建立了战略伙伴关系，还积极与医药工业伙伴开展合作，推动基础研究成果向临床应用的转化。

卢森堡当代和数字历史中心是卢森堡大学的第三个跨学科研究中心，成立于2016年。中心专注于卢森堡和欧洲当代历史领域的高质量科学研究及其公共传播。中心重视跨学科的方法，特别关注历史研究和教学中的数字方法和工具。中心的科学研究主要集中在以下三大领域：从区域和国际视角研究当代卢森堡历史，探讨在数字时代开展历史学研究的方法论和认识论挑战，促进多模态和数字文化的发展与传承。

三、人才培养

与欧洲其他各国（如法国、比利时、德国等）类似，卢森堡大学的教学工作主要指的是本科生和硕士研究生的培养，由三大学院负责执行。博士生的培养虽然也属于人才培养的重要环节，但习惯上更多地被归为科学研究板块中，因为博士生是开展科学研究的重要力量，是学术共同体的新鲜血液。卢森堡大学目前开设18个本科专业，46个硕士专业，另有四个博士院负责相关专业领域的博士生个性化培养项目，人才培养层次齐全。此外，卢森堡大学还提供若干继续教育培训项目。卢森堡大学充分利用卢森堡欧洲金融中心、欧洲一体化核心的地位，与欧洲法院、欧洲投资银行等机构建立了密切的合作关系，吸引了相当一批顶尖专业从业者开展高质量教学。

（一）本科

与欧洲大部分大学一样，卢森堡大学大部分本科专业学制三年（共六学期）。所有学生必须有至少一学期的国外学习经历。一般来说，本科生需要修满180个学分方可获得学位毕业。大部分本科专业并不要求学生完成毕业论文。但是在学习过程中，学生需要完成若干课程论文，可以初步锻炼学术写作能力。

卢森堡大学的本科专业目录见表6.3。

表6.3 卢森堡大学本科专业目录 [1]

学院	领域	专业（方向）	授课语言
科学、技术和医学学院	生物与医学	生命科学（生物学方向）	法语、英语
		医学	法语、德语、英语
	信息技术	应用信息技术	法语、英语
		计算机科学	英语、法语、德语
	工程学	工程学 ——电气工程 ——能源与环境 ——土木工程 ——欧洲土木工程与管理 ——机械工程 ——数字工程	德语、法语、英语
	数学	数学	法语、英语
	物理学	物理学	英语、法语
		物理学（洛林大学、萨尔大学、卢森堡大学联合培养）	德语、法语、英语
法律、经济和金融学院	经济学与管理科学	管理学 ——保险管理 ——银行管理 ——企业管理	法语、英语
		经济学	法语、英语
		会计与财税学	法语、英语
	法学	法学	法语、英语

---

[1] 资料来源于卢森堡大学官方网站。

续表

学院	领域	专业（方向）	授课语言
人文、教育和社会科学学院	行为与认知科学	心理学	法语、德语、英语
	教育学与社会干预	教育科学	英语、法语、德语、卢森堡语
		社会与教育科学	法语、德语
		音乐教育	法语、德语、卢森堡语、英语
	人文科学	动画	法语、英语
		欧洲文化 ——英语语言文学 ——法语语言文学 ——德语语言文学 ——卢森堡语语言文学 ——历史学 ——哲学	根据专业方向决定

招生方面，卢森堡大学在全球招收本科生。根据卢森堡大学章程，申请就读本科的学生必须持有卢森堡中等教育毕业文凭，或持有卢森堡国民教育部认证的同等效力外国文凭，或持有卢森堡技师文凭并通过先修课业考核。此外，所有申请人都必须符合所申请专业的语言要求。一般来说，申请人需要提交的证明材料包括中等教育毕业文凭（中学的教学语言必须与所申请专业的授课语言之一吻合）和一年内的语言测试成绩。通常来说，申请人需要至少达到《欧洲语言共同参考框架》的 B2 级别，某些专业对语言水平可能会提出更高要求。

申请就读卢森堡大学本科的所有手续均在线上平台完成。申请人最多可以填报三个专业。需要提交的材料主要包括中等教育毕业文凭和成绩单，以及个人陈述等其他证明学业水平和求学志向的材料。如果申请某一专业的人数超过了招生限额，那么就要根据申请人提供的学术材料来进行筛选，择优录取。以法学专业申请为例，考核材料包括：个人简历、法语动机信、过去三年的成绩单、任何可以证明相关专业经历的文件（可选），以及一篇1 000字以内的英语论文。

如果申请人中学阶段已经在欧盟国家或瑞士的中等教育学校就读（称为欧洲申请人），那么即便尚未获得最终的毕业文凭和成绩单，也可以先递交入学申请，被录取后会先获得学校颁发的有条件录取通知；申请人要在截止日期前提交文凭和成绩单，否则录取作废。如果申请人中学阶段在欧盟国家和瑞士以外的学校就读（称为第三国申请人），那么递交入学申请时必须已经获得中等教育毕业文凭和成绩单。文凭和成绩单都需要翻译为法语、德语或英语，还需要在卢森堡国民教育部网站上进行认证。

一般来说，招生系统在当年二月面向欧洲申请人开放。提交证明材料的截止日期各专业有所不同，大致在八月末。被录取的学生一般在九月初缴清费用，获得学籍，入校上课。而第三国申请人能够递交申请的时段要短一些，一般是二月初到四月末。

费用方面，卢森堡大学与法国、德国等国的公立大学类似，不收取学费，只收注册费。本科前两个学期（即第一学年）注册费为每学期400欧元；之后每学期的注册费减为200欧元。无论是欧洲学生还是第三国学生，注册费用一视同仁。这也是卢森堡大学高度国际化的一处体现。但是，由于卢森堡本身生活成本较高，学生求学期间的各种花费加起来并不是一个小数目。根据卢森堡大学的建议，按照2021年的物价水平，学生每月的预算应当至少为1 800欧元（约为卢森堡最低工资的80%），才能够满足日常生活所需。

卢森堡大学非常重视本科生招生，除了常见的校园开放日之外，还为当地学生设置了许多体验环节。例如，每年十一月的万圣节假期，卢森堡大学都会邀请本国和周边国家的高中生来校，旁听本科一年级的大学课程。在复活节假期，卢森堡大学会组织"我当一天大学生"活动，邀请高中生与卢森堡大学在读学生结成对子，在一天的时间里体验大学的各种活动。这些活动有助于高中生尽早了解大学生活，确定个人发展方向，为接受高等教育做好准备。

（二）硕士

卢森堡大学大部分的硕士专业学制为两年（共四学期）。专业目录见表6.4。

表 6.4 卢森堡大学硕士专业目录 [1]

学院	领域	专业（方向）	授课语言
科学、技术和医学学院	生物与医学	综合系统生物学	英语
		生物医药（卢森堡大学、斯特拉斯堡大学、美因茨大学联合培养）	英语
		小动物兽医学（专业硕士）	英语
	信息技术	信息与计算机科学	英语
		信息系统安全管理	英语
		跨学科空间科学	英语
		技术创业	英语
		软件研发（与法国弗朗什-孔泰大学联合培养）	法语
	工程学	可持续发展	英语、法语
		土木工程（大型基础设施建设与可持续资源方向）	英语
		工程科学（可持续产品创新）	英语
		工程科学（能源与经济效能提升）	英语、法语

---

[1] 资料来源于卢森堡大学官方网站。

续表

学院	领域	专业（方向）	授课语言
科学、技术和医学学院	数学	中等教育（数学）	英语、法语、德语
		数学 ——普通数学 ——金融数学 ——工业数学	英语
		数据科学	英语
	物理学	物理学	英语
		物理学（洛林大学、萨尔大学、卢森堡大学、格勒洛布尔-阿尔卑斯大学联合培养）	英语/法语或英语/德语
法律、经济和金融学院	经济学与管理科学	会计与审计	英语
		创业与创新	英语
		物流与供应链管理	英语
		金融与经济学 ——银行学 ——投资管理 ——风险管理 ——财政经济学 ——可持续金融 ——金融数字转型	英语
		计量经济学与金融学	英语
		财富管理	英语
	法学	欧洲法（第一年公共课）	英语、法语
		欧洲银行与金融法	英语、法语
		欧洲诉讼法	英语、法语
		欧洲刑法（经济与金融方向）	英语、法语
		欧洲与国际税法	英语、法语
		欧洲商法	英语、法语
		空间、通信与传播法	英语、法语

续表

学院	领域	专业（方向）	授课语言
人文、教育和社会科学学院	行为与认知科学	老年学	法语、德语
		心理学（心理干预方向）	英语、德语
		心理治疗	英语、法语、德语
	教育学与社会干预	中介调解	法语
		心理学（测试与评价方向）	英语、法语
	地理与国土治理	建筑学	英语
		边界研究	英语、法语、德语
		地理与空间规划	英语
	人文科学	中等教育 ——法语语言文学 ——德语语言文学 ——卢森堡语言文学	英语、法语、德语、卢森堡语
		法德研究：跨境交流与合作	法语、德语
		当代欧洲史	英语、法语
		多元语言与文化情境下的学习与交流	英语、法语、德语
		现当代欧洲哲学	英语
		戏剧与跨文化	德语
		德语世界文学、文化和语言史（洛林大学、萨尔大学、卢森堡大学联合培养）	德语
		跨国日耳曼研究	德语、英语
	社会科学	立法研究	英语、法语
		欧洲治理	英语、法语
	社会与教育科学	教育与社会服务管理	德语
		社会科学与教育科学	英语

卢森堡大学的许多硕士专业与当代欧洲关系十分密切，被统称为"欧洲研究硕士"。以法学专业为例，所有的硕士学位都以欧洲法律为导向。法学硕士专业的学习分为两个阶段，第一年的公共课学习结束后，学生选择

主攻的专业方向，进入第二年的学习。如果已经持有一个法学硕士文凭，也可以直接申请就读二年级，选择一个新的专业方向。所有的硕士课程都以法语和英语授课，以提高学生的语言技能，在全球化的工作环境中获得竞争优势。卢森堡是众多欧盟机构的所在地，如欧盟法院、欧洲投资银行等，而法学院与这些机构仅几千米之遥，地理位置上的优势使得学院可以邀请诸多从业者，如欧盟法院的法官、律师，以及专业领域的知名专家等参与到教学中来，以了解、应对不断变化的市场需求。[1]进入二年级后，每个专业方向的学生人数不多（一般是25—30人），这使得教师得以开展个性化和互动式教学。国际交流方面，学生不仅有机会在欧洲的合作大学学习一学期，也可以赴中国、加拿大、俄罗斯、巴西、美国或印度等地学习。

另一个特色鲜明的硕士专业是欧洲治理硕士专业。卢森堡优越的地理位置使得学生有机会近距离观察欧洲决策的过程，从直观经验出发，对欧洲一体化的历史发展脉络和欧盟法律体系的发展完善过程形成自己的见解。欧洲治理硕士专业的培养目标是欧洲公共政策方面的专家。为此，专业凝聚了一批国际知名的学者和欧盟高级专业人士承担课程教学。课程设置上，第一学期主要是基础课，包括欧盟机构、欧洲一体化理论、国际关系、外交和历史等。第二学期的重点是欧盟法律，以及欧洲各国国内和欧洲层面政策制定之间的互动机制。第二学期还提供关于国际发展、人权、国际舞台上的欧盟、社会政策等选修课。第三学期的重点是欧洲政策，如环境政策、能源政策、外交与安全政策、经济政策等。在第三学期，学生可以申请到合作院校学习一学期。同样，合作院校不局限于欧洲，可以在全世界范围内选择。最后一个学期专门用于实习和论文写作。两年内，学生的课堂学习以及诸多实习实践机会将帮助他们培养普适性技能，包括数据分析、报告写作和口头表达等技能。

---

[1] 吴薇，等. 欧洲大学教师发展组织建设研究 [M]. 厦门：厦门大学出版社，2019：22.

总体来说，卢森堡大学硕士专业的招录规定与流程与本科招生比较相似。卢森堡大学在全球招收硕士研究生。申请就读硕士学位的学生必须获得学士学位，或者满足卢森堡高等教育部对职业资格认定的有关要求。所有申请人都必须符合所申请专业的语言要求。申请人线上申请并递交材料，被录取后缴纳注册费（每学期200欧元），即可获得学籍。一般来说，硕士的第二年课程会包含实习实践和毕业论文写作两个必修模块。硕士论文的体量比课程论文要大得多，要求也更高，比较能够体现学生的综合学术素养。

最后，简要介绍一下卢森堡的医学教育。卢森堡大学设有医学本科专业，颁发医学学士学位。学制三年，第一年在卢森堡大学的科学、技术和医学学院学习；自第二年起，学生可以选择在本校继续学习，或者前往合作院校（法国、比利时的若干高校医学院）进行学习。本科阶段的重点是通过模拟训练，在具有成熟教学经验的医生的指导下，尽早发展临床技能。本科毕业后，学生可以前往合作院校继续深造，获得医学硕士学位。已经获得医学硕士学位的学生可以申请卢森堡大学开设的医学专业学习文凭项目，完成学业后可以获得卢森堡政府认可的相关从业资质。项目的三个专业方向分别是全科医学、神经科学和肿瘤学。全科医学方向每届招收25人，学制四年，包括三年的临床实践和一年的科学研究。神经科学和肿瘤学每届只招收5人，学制五年，包括四年的临床实践和一年的科学研究。在目前医学从业人员供不应求的大背景下，卢森堡大学的医学教育能进一步提高医学毕业生的数量，为卢森堡的医学研究培养更多后备之才。

四、校园生活

作为一所年轻的大学，卢森堡大学的硬件设施优良，为学生提供了良好的学习环境。软件方面，大学的学习生活服务部负责协助学生完成从入学注册到毕业离校的所有手续，为学生的大学生活提供指引和帮助。具体来说，学生可以在卢森堡大学语言中心学习语言课程，寻求有关国际交流的意见和建议，申请学生宿舍，寻求心理援助、学业支持、经济资助等。

卢森堡大学共有1000余间学生宿舍，分布在三个主要校区周边。但显然，这一数量远远不能满足所有学生的需求。因此，学生宿舍申请有着严格的要求。只有在卢森堡大学注册的全日制本硕博学生，或者参与国际交流的交流生，或者结束国际交流返校的全日制学生才能申请。居住在学生宿舍的时长也有限制：本科生不超过36个月，硕士生和博士生不超过24个月。学生宿舍的租金与校外租房相比十分实惠，本科生和硕士生每月450欧元，博士生每月600欧元。未能租到学生宿舍的学生只能自行解决住宿问题，动辄需要每月上千欧元才能租到一居室的公寓。由于卢森堡国土面积很小，交通又十分便利，也有不少学生选择在法国、比利时或德国境内租房。

卢森堡大学还组织各种文体活动，丰富师生的课余生活。主要文体社团包括文化空间、艺术校园、体育校园等。文化空间通过管理和协调一系列文化和跨文化活动，改善卢森堡大学校园生活的质量，促进校园生活与卢森堡社会生活的融合，提高大学社群全体成员的文化意识，推动不同文化之间的对话。此外，文化空间还定期组织辩论交流会，讨论欧洲公民身份认同问题，从而帮助学生有效地参与到欧洲文化的建设中。文化空间下有若干社团，包括卢森堡大学合唱团、室内乐团、戏剧团、舞蹈团、哑剧团等。卢森堡大学合唱团和室内乐团也欢迎大学师生以外的同道者加入。此外，文化空间还负责协调组织一些导览参观、研学旅行、文化艺术展览和国际会议等。艺术校园通过为师生员工举办各种工作坊，邀请他们前来放松身心，发现并挖掘自身创造力，从而暂时逃离枯燥的日常生活，体验创造之美。所有的工作坊都免费向师生开放，不需要艺术知识基础。2022

年春季学期的工作坊有：烹饪、图像处理软件基础操作、编织、陶瓷首饰制作、素描、水彩等。此外，艺术空间还与卢森堡本地青年艺术家社团联合举办艺术活动。体育校园为师生员工组织体育活动，帮助参与者修身塑形，保持良好的心情。体育项目包括室内外足球、羽毛球、排球、橄榄球、瑜伽、普拉提、攀岩、力量训练、拉丁舞等。所有项目均免费对卢森堡大学的师生员工开放。

五、科学研究

卢森堡大学是卢森堡科学研究的中坚力量，力图与其他科研机构一道，将卢森堡建设成为一个知识型社会。自2006年起，卢森堡大学开始制定四年发展计划，对周期内的科学研究重点做出规划。

例如，第三个四年计划（2014—2017年）就确定了五个高度优先的重点研究领域，其中大部分领域与卢森堡社会，以及卢森堡在国际社会中的优势或挑战有密切联系。两个高精尖研究领域是计算科学与信息通信技术、系统生物医学；其他三个重点领域是国际金融、欧洲法与商法、教育科学。此外，还有七个研究领域也出现在四年计划中，分别是：凝聚态物质的界面诱导特性，卢森堡研究，环境资源、技术与变革，经济与创业，社会和个人发展，数学，欧洲治理。

2016年，卢森堡大学对三大学院和三个跨学科中心开展了全面的外部评估，评估结果总体上非常积极。根据评估报告，卢森堡大学在第四个四年计划（2018—2021年）中进一步对需要重点关注的高精尖研究领域进行了界定。这些领域是：材料科学、计算机科学与信息通信技术安全、欧洲法与国际法、金融与金融创新、教育学、数字史与当代史、卫生与系统生物医学、数据建模与模拟。实际上，卢森堡大学建校以来取得的重大科研成就基本上都集中在这几大领域。此外，第四个四年计划还指出，要加强现有高精尖研究领域之间的合作，形成更强大的跨学科研究集群，以期提升研究质量，扩大国际影响力。卢森堡大学主要的跨学科领域有以下两个：卫生与系统生物医学，数据建模与模拟。在卫生与系统生物医学领域，比较有潜力的交叉点有：生物医学与信息技术，生物医学与个体行为，生物医学与法律伦理等。在数据建模与模拟领域，比较有潜力的交叉点有：建模与材料科学、建模与数学、建模与社会经济和环境、建模与数字人文、建模与金融等。这些交叉点都是卢森堡大学目前科学研究的主要发力点。

卢森堡大学的科研工作具体落实在三个学院以及三个跨学科研究中心。每个学院和中心都有若干研究小组。虽名为"小组"，但其体量可大可小，大可覆盖某一领域，小可专攻某一课题。科学、技术和医学学院的主要研究小组有：计算机科学与通信研究组、工程科学研究组、数学研究组、物理与材料科学研究组、生命科学研究组等。法律、经济和金融学院的主要研究小组有：法学研究组、卢森堡金融学校、经济与管理研究中心等。人文、教育和社会科学学院的主要研究小组有：教育、文化、认知与社会研究组，社会和个人发展综合研究组，身份、政治、社会、空间研究组，卢森堡教育测试中心等。可以看出，三大学院的研究小组基本是按照学科分类设置的，也有的关注较为宏观、复杂的综合性议题。相比之下，三个跨学科研究中心的研究小组的关注点则更加聚焦。以卢森堡系统生物医学中心的研究小组为例，中心共有18个小组，分别是：生物信息学核心议题组、生物医学数据科学组、计算生物学组、发育与细胞生物学组、数字医学组、环境化学信息学组、酶与代谢组、基因表达与代谢组、免疫学和遗传学组、综合细胞信号学组、介入性神经科学组、医学转化研究组、分子和功能神经生物学组、神经炎症组、神经病理学组、系统生态学组、系统控制组、转化神经科学组等。每个小组关注的都是相对细分的领域。

前文已经提过，博士生培养是科学研究中的重要一环。在卢森堡大学，博士培养包括课程学习阶段和研究阶段，全日制博士生的学制为三至四年（36—48个月）。博士生一方面需要修习一系列量体裁衣的课程，以获得最先进的学术知识，培养一系列普适技能；另一方面需要从事某一学科或者跨学科的科学研究工作。最终，博士生撰写博士论文，通过论文答辩后，获得博士学位。

希望在卢森堡大学开展博士学习与研究的申请人首先要明确自己的研究课题。卢森堡大学每年会有若干科研项目提供全职研究岗位。申请成功后，博士生会签署一份全职工作合同，领取工资。卢森堡的其他几个科研机构也有招收博士研究生开展研究的资质，具体培养工作在卢森堡大学落实。这些研究机构有：卢森堡科学和技术研究所、卢森堡社会经济研究所、卢森堡医学研究所、马克斯-普朗克卢森堡程序法研究所等。如果没有合适的研究岗位，申请人也可以自费攻读博士学位。这种情况下，申请人应当提前与意向导师联系并取得同意。

确定研究课题（通过意向研究岗位的初步筛选，或者得到意向导师同意）后，即可进入申请程序。在申请过程中，申请人需要与导师和博士培养办公室联系，准备并提交一系列学术考核材料。如果与卢森堡大学签订了工作合同，大学的人力资源部还将提供额外的指导。学术考核材料审核通过，得到正式录取通知后，申请人需要正式注册并支付注册费，注册费为每学期200欧元。与本科和硕士研究生不同，博士生可以随时开始学习研究工作（手续办理一般是每个月的1日和15日）。

博士生的具体指导工作主要由导师负责，导师来自卢森堡大学的各个学院以及跨学科研究中心。由于卢森堡大学有着广泛的校际合作网络，联合培养博士生也十分普遍。除了导师直接指导之外，博士生入学后还会被编入一个博士生院。博士生院旨在帮助博士生在其专业领域获得前沿知识，接受方法论培训，提高学术写作能力，探讨科学研究中的伦理问题，拓展跨学科研究视野，学习普适性技能（如项目管理、演讲技巧等）。博士院还会为每个博士生安排至少两名教授追踪其研究进展，为其研究提供个性化建议，同时确保博士生与导师之间沟通顺畅。目前，卢森堡大学共有四个博士生院，它们下设的博士专业和对应的学科大类如下。

科学和工程博士生院：系统与分子生物医学专业（自然科学博士）、物理学与材料科学专业（自然科学博士）、数学与应用数学专业（自然科学博士）、计算科学专业（自然科学博士或工程学博士）、工程学专业（工程学博士）、计算机科学与计算机工程专业（信息科学博士）。

人文和社会科学博士生院：人文科学专业（人文科学博士、历史学博士、文学博士、语言学博士、哲学博士）、教育学专业（教育学博士）、心理学专业（心理学博士）、社会科学专业（社会科学博士、地理学博士、建筑学博士、政治学博士、社会学博士）。

经济、金融和管理博士生院：经济学和管理科学专业（经济学博士、管理学博士）、金融学专业（金融学博士）。

法学博士生院：法学专业（法学博士）。

六、就业与社会服务

卢森堡大学地处欧洲中心，优越的地理位置使学生能够近距离感受经济活动的脉搏，了解卢森堡当地以及欧洲乃至世界范围内劳动力市场的需求。为更加高效地开展相关工作，卢森堡大学学习生活服务部下属的就业中心专门负责就业相关的工作，服务宗旨是增强学生的就业力。

就业中心是沟通准毕业生和用人单位的桥梁。对学生而言，就业中心的主要业务有：传授求职策略和技巧；帮助审核、修改简历和求职信，模拟求职面试；开展有关职业选择和劳动力市场趋势的咨询；维护大学就业信息平台；协助学生与雇主建立直接联系；支持学生进行职业探索；提供各种与求职相关的研讨会和工作坊。对于毕业生和准毕业生，就业中心会组织一年一度的大学招聘会以及相关的工作坊，以帮助学生顺利求职。此外，就业中心可以应学生要求，对学生的综合技能进行评估。对用人单位而言，就业中心主要负责维护就业信息平台，协助用人单位与学生求职者的对接。用人单位可以在就业信息平台上发布单位介绍、实习岗位、工作岗位等。平台完全免费，且有比较成熟的手机客户端，能够较为便捷地实现信息互联。

除了帮助学生顺利就业，卢森堡大学还鼓励学生创新创业。卢森堡大学专门设有创业指导团队，为学生和教职员工提供商业技能培训。创业指导团队还与卢森堡大学孵化器紧密合作，而孵化器的主要目标正是帮助在大学里诞生的商业理念落地生根。创业指导团队和孵化器聘请了一批来自卢森堡和国外的商业领袖作为导师和指导嘉宾，为青年才俊创业提供意见和建议。

此外，卢森堡大学还有多项举措，降低大众获取科学知识、了解研究前沿的门槛。例如，大学定期组织面向大众的系列讲座"讲堂大门常打开""周四科学夜"，邀请各个领域的专家学者做报告。卢森堡大学图书馆可供外部读者免费使用，公众只需要完成注册手续即可。大学图书馆馆藏超过22万册图书和近1 000种期刊，服务教学和研究。校图书馆所有纸质和电子藏书目录均已编入卢森堡全国图书馆联盟网站，方便读者查询、预约和在线阅览。卢森堡大学还允许旁听生免费注册课程。这些课程实际上就是本科和硕士研究生的专业课程，但旁听生只上课，不参加考试，不能获得学分，也不能获得学位。一般来说，一个旁听生一个学期最多可以注册三门课程。

第二节 高等教育的特点

卢森堡大学的办学过程突显出以下重要特征：注重国际化、发展多语言、关注跨学科。

一、注重国际化

国际化一直是卢森堡大学办学过程中坚守的重要原则，在人才培养和科学研究的各个层面都有所体现。卢森堡大学的国际合作院校众多，有德国的凯泽斯劳滕应用技术大学、特里尔应用技术大学、波鸿应用技术大学、达姆施塔特应用技术大学、萨尔应用科技大学、柏林科技大学、达姆施塔特工业大学、德累斯顿应用技术大学、慕尼黑工业大学、萨尔大学、特里尔大学、海德堡大学，比利时的天主教鲁汶大学、列日大学，法国的蒙彼利埃第一大学、巴黎第五大学、斯特拉斯堡大学、洛林大学、法国国立工艺学院，奥地利的维也纳大学、维也纳工业大学、因斯布鲁克大学，波兰的波兰国家科学院、华沙理工大学、华沙大学等。欧洲的其他合作院校还包括日内瓦大学（瑞士），博洛尼亚大学、博尔扎诺自由大学（意大利），剑桥大学、伦敦国王学院（英国），马斯特里赫特大学、阿姆斯特丹大学（荷兰），俄罗斯国家研究型高等经济大学等。北美的合作院校包括加拿大的拉瓦尔大学、舍布鲁克大学、渥太华大学、蒙特利尔大学、魁北克大学希库蒂米分校、约克大学奥斯古德霍尔法学院，美国的麻省理工学院、加利福尼亚大学伯克利分校、约翰斯·霍普金斯大学、科罗拉多州立大学、迈阿密大学、北亚利桑那大学、旧金山大学、伊利诺伊大学、哥伦比亚大学等。卢森堡大学还与中国的北京大学、中国人民大学、山东大学、复旦大学、同济大学、上海师范大学、香港大学等签署了合作协议。

卢森堡大学的培养方案规定，所有本科生至少要有一学期的国际交流经历。在欧洲内部，学生可以参与伊拉斯谟交流项目，选择在第三、第四或第五学期出国，到有合作项目的任意一所院校就读。学生有机会申请伊拉斯谟奖学金，资助时限一般为一学期，金额依据求学目的地而定。如果希望在欧洲以外的地方学习，则可以参与卢森堡大学的全球交换项目，在第五学期前往目的地留学。学生也可以根据自己的实际情况，以"自由人"身份申请合作项目之外的院校。这种情况下，学生需要支付对方学校的学费，需要办理的手续也相对复杂一些。硕士阶段的国际交流一般在第三学期进行，申请方式与本科生类似。有本校的学生出国交流，自然也有外校的学生前来卢森堡学习。通过这一举措，卢森堡吸引了欧洲乃至世界范围内的大量青年学生，学生流动程度大大提高，短期学生流动尤为活跃。[1]

此外，科学、技术和医学学院的物理学专业还专门设有三国三校联合培养的项目。专业培养第一年在洛林大学进行，第二年在卢森堡大学进行，第三年在萨尔大学进行。授课语言为法语、德语和英语。三所学校通力合作，每一年的课程都相互协调、相互补充，共同为学生打下良好的物理学基础。毕业后，学生可以获得这三所大学的文凭。这一专业还有硕士课程，扩展为四校联合培养，合作院校增加了法国的格勒诺布尔-阿尔卑斯大学。在两年的硕士学习期间，学生需要在四所学校中选择两所，各进行为期一年的学习与科研。毕业后，学生将获得这两所学校的文凭。多语能力、多国学习经历，以及多所学校颁发的文凭使得这一专业的学生在就业市场上具备较强的竞争力。

作为一所年轻大学，卢森堡大学注重与域内其他国家已有成熟办学经验的大学合作，构建大学共同体。大区大学共同体是一个非营利性组织，

---

[1] 张惠. 博洛尼亚进程中的欧洲学生流动研究 [M]. 太原：山西教育出版社，2020：176-177.

于 2015 年 11 月成立。所谓"大区",是指包括卢森堡、瓦隆大区(比利时)、洛林大区(法国)、萨尔州和莱茵兰-普法尔茨州(德国)在内的地理区域。共同体内共有七所大学:凯泽斯劳滕应用技术大学、列日大学、洛林大学、卢森堡大学、萨尔大学、特里尔大学,以及 2020 年 6 月新加入的萨尔应用科技大学。大区大学共同体在域内形成了一个高等教育和科学研究的共同体,使用三种语言开展教学科研工作。这种协作模式成为欧洲乃至国际典范。[1]

不难看出,无论是由上而下地设计多校联合培养专业,还是由学生自下而上地选择自己心仪的交换院校和课程,卢森堡大学都为促进学生的国际流动做了大量工作。对于前往卢森堡大学开展科研工作的研究人员,大学也设有专门机构,免费帮助他们解决行政手续和日常生活上的问题,例如居留手续办理、租房、税收和社会保险咨询、子女上学等。

二、发展多语言

高度的国际化使得卢森堡大学形成了一个非常典型的多语言环境。相应地,对多语言能力的关注也是提高国际化水平的重要影响因素。多语言教学是卢森堡大学的一个最为突出的特点。如上一节中的本科和硕士专业目录所示,卢森堡大学的大多数学位课程至少用两种语言授课(通常是法语加英语或法语加德语),有些硕士学位课程则纯粹用英语授课。为了帮助来自世界各国的学生做好语言上的准备,卢森堡大学专门设有语言中心,提供语言课程。

卢森堡大学语言中心创建于 2014 年,旨在帮助大学师生员工在多语

---

[1] 资料来源于大区大学共同体网站。

环境中发展多语能力，促进国际学术交流，帮助外来师生融入卢森堡社会，提高大学毕业生的就业竞争力。语言中心开设法语、德语和英语的学术、通用和专门用途语言课程，也提供其他类型的语言支持服务。语言中心的课程为不同的授课对象制定了不同的学习目标。对本科生和硕士生而言，中心主要帮助他们发展、巩固专业领域的听说读写能力，获得未来职业生涯发展所需的语言和交流技能；对博士生而言，课程主要聚焦学术写作和演讲；对教学科研人员而言，主要是促进他们使用相应的语言开展教学和研究的能力；对行政和技术人员而言，则是帮助他们充分应对多语工作环境中的沟通交流要求。除了提供语言课程外，语言中心还组织语伴互助小组，帮助有需要的师生员工找到业余时间一起练习语言技能的伙伴。

通常来说，多掌握一门外语意味着能够更好地理解另一种文化。因此，除了纯粹的语言技能外，卢森堡大学还致力于通过多语教育提高学生对不同文化的洞察力，培养学生更加成熟和开放的心态。

为了更好地管理和规划多语实践，卢森堡大学在2019年颁布了《卢森堡大学多语政策》，文件对多语政策的定义、原则、适用范围等进行了界定，并明确了具体措施。总体上，卢森堡大学鼓励使用英语、法语、德语和卢森堡语。英语是世界范围内科学研究与交流的通用语言，而法语、德语和卢森堡语则是卢森堡的官方语言。在卢森堡大学内部使用不同的语言要遵循以下整体原则：多语学习和使用应当为师生员工赋能，提高个人综合素质；多语使用应当促进包容性。总体来说，卢森堡大学的多语生态可以分为四个领域：大学的核心服务应当确保能同时使用法、德、英三语，必要时提供卢森堡语服务。官方文件以法语为准，配备英文版。教学方面，本科和硕士专业原则上保证多语教学，具体语种组合根据不同课程的实际需要确定。科研方面，大力推广英语作为通用语，促进与国际接轨；同时积极鼓励使用法语和德语开展有关研究。校园生活方面，本地学生使用法语和德语较多，交换生则多用英语。在尊重这一现状的基础上，推广卢森堡语。

在卢森堡大学，多语现象不仅是社会现实，还是研究对象。人文、教育与社会科学学院设立了教育语言多样性研究中心，专门研究教育中的语言多样性。中心主要研究学习者的多语资源如何与学习行为相互作用，特别关注多语实践如何影响学习行为和学习过程，以及如何充分利用多语资源促进教育成功、提升社会福祉。中心背靠卢森堡独一无二的多语环境，资源优势突出：受教育政策的影响，绝大多数卢森堡学生使用第二和第三语言（而非母语）学习，这种情境为创新性地理解多语问题提供了可能。

中心的首要研究重点是为卢森堡和其他多语地区制定更加公平的教育政策、为开展更加有效的教育实践提供理论支撑。为此，中心汇集人类学、语言学、教育学和心理学等学科的研究人员，从不同的学科视角出发，使用不同的方法进行调查研究。中心还希望促进多语学习和教学的理论与实践研究。为此，中心有三大研究方向。第一个研究方向重点关注语言实践，从社会文化角度研究社会多语和学生学习。主要研究问题有：在学校和家庭教育环境中，多语实践以何种方式促进学生学习知识、发展能力、获得社会认可；学习者的多语实践如何提高学习效果。第二个研究方向重点关注多语习得的过程和结果。主要研究问题有：学生如何通过接受多语教育发展自身的语言能力；哪些教学行为效率最高；如何有效开展学龄前儿童的多语教学。第三个研究方向重点探讨语言素养对数学与科学学科学习的影响。虽然传统的学校课程体系习惯于将语言素养和数学与科学看作两个独立的领域，但来自心理学和神经科学的证据表明，语言素养在数学与科学素养的获得过程中发挥着关键作用。因此，研究者主要使用认知心理学的方法，研究多语学习背景下，语言素养如何影响数学与科学学习。

三、关注跨学科

卢森堡大学的三个跨学科研究中心旗帜鲜明地展示了卢森堡大学对跨学科研究的重视程度。可以说,当下人类社会面临的所有挑战都不是某一个学科能够独立解决的,都需要多学科通力合作。在卢森堡大学比较自由灵活的管理模式下,跨学科研究中心应运而生,做到了集中优势力量,将前沿科学与当下的挑战结合起来,为人类社会的未来寻找方向。

为了进一步打破学科和部门之间的界限,进一步增强尖端研究的跨学科性,卢森堡大学在 2020 年成立了卢森堡高等研究院。高等研究院有四个主要使命:紧跟科技发展前沿,大力开展跨学科研究;践行卢森堡大学追求卓越、重视跨学科和国际化的价值观;在大学师生员工、国际访问学者和卢森堡社会之间架起桥梁;为吸引和留住国际人才做出贡献。为完成上述使命,卢森堡高等研究院主要在以下四个方向发力。

第一,杰出学者计划。引进国际上有重要影响力的学者,使卢森堡大学的科研人员能够与国际上的杰出科学家、政策制定者、各个行业的高级代表等交流沟通。杰出学者将帮助卢森堡大学推动研究创新,改革教学方法,为应对全球挑战提供新思路,从而优化卢森堡大学乃至卢森堡全国的学术环境。为了确保卢森堡大学以及卢森堡社会各个阶层都能受益,杰出学者需要开展跨学科研究(包括与卢森堡大学的科研人员共同申报研究项目),对卢森堡大学的青年科研人员进行指导,参与社会公益活动(如讲座等),适当承担教学任务。杰出学者在卢森堡大学工作的时长最短两周,最长三个月。

第二,攻坚克难计划。遴选一批具有重大科学价值的高精尖课题提供资助。课题申请人在此基础上应当进一步申请如卢森堡国家科研基金等外部资助。高等研究院每年公开征集研究课题,公开进行课题评审。申请人需要进行口头陈述,由卢森堡大学和外部专家组成的科学委员会评判课题的前沿性、挑战性和跨学科性。课题评审向全校开放，所有师生都可旁听。每个项目最长研究期限为四年，已经获得高等研究院资助的项目负责人及主要成员两年内不能再申请新的攻坚克难计划项目。

第三，青年学者计划。吸引优秀的博士生和博士后研究人员，进入一个由卢森堡大学不同部门（学院、研究中心等）成员组成的联合体开展跨学科研究。入选青年学者计划的博士生和博士后研究人员均由两名导师联合指导。在职业发展方面，入选的青年学者将参与卢森堡大学领导力学院等机构组织的讲座和培训。青年学者的遴选由高等研究院科学委员会负责，主要考察候选人的综合素质和跨学科研究项目的质量。

第四，集思广益论坛。高等研究院支持研究人员针对特定主体开展小规模的头脑风暴会议（最少5人，最多15人）。这种小型论坛是科学前沿交流的理想场所，有望发现新的研究问题，促成新的研究项目，产出新的研究成果，增强科研共同体的凝聚力，进一步提高卢森堡大学的知名度。论坛可以由卢森堡大学的科研人员或者高等研究院的杰出学者发起，一般邀请国际专家、卢森堡大学科研人员（包括博士或博士后研究员）和高等研究院的青年学者参加。论坛申请亦由高等研究院科学委员会负责评估，遴选的依据是选题的质量、参与者的国际认可度以及产出成果的潜力。

综合来看，卢森堡大学发展过程中体现出的国际化、多语言、跨学科三个特征互为因果，紧密联系。跨学科通常意味着国际化，对卢森堡这样一个体量很小的国家更是如此；国际化必然要求多语言，扎实的多语能力是跨学科研究顺利开展的必要条件，也是提升大学国际化程度的关键因素之一。

此外，卢森堡大学在办学过程中还十分注重人文关怀。2021年5月，大学董事会通过了《卢森堡大学性别平等政策》，在已有的大学规章制度基础上进一步明确了有关性别平等和机会均等的工作目标。《政策》主要涉及六个方面，分别是：① 增强意识。通过主题培训，让师生员工更好地了解性别议题；相关基础数据年度公开时都体现性别情况。② 平衡工作人员的性别比例。性别平等能促进人才发挥最大潜能，使卢森堡大学保持创新。大学致力于消除在招聘、职业晋升等方面的歧视性做法。③ 保障工作与生活的平衡。对需要养育子女或者照顾其他家庭成员的教职员工，无论其性别和婚姻状况如何，大学都会进行政策倾斜，帮助他们平衡家庭生活和职业发展。④ 创建良好的工作氛围。卢森堡大学对骚扰、聚众闹事或其他任何形式的歧视行为零容忍。大学完善了特殊事件的处置程序，设专门岗位，对一些不太严重的冲突事件进行调解。⑤ 增进沟通。大学在师生员工的人际沟通中秉持多样性和包容性原则，最直接的体现就是在语言表达上避免歧视性语言，与性别有关的表达（如女性职业头衔等）均采取包容性表达法。[1] ⑥ 开展教学和研究。在课堂上探讨与性别有关的问题，开展与性别有关的研究，帮助实现性别平等社会，力求为下一代建设一个良好的社会环境。

第三节 高等教育的经验

一、起步虽晚但资源丰富

和法国、英国等欧洲国家相比，卢森堡的高等教育起步较晚，发展规模也相对有限。卢森堡高等教育主要呈现出如下四个特征：第一，卢森堡高等教育的萌芽缘起于大学层次的课程发展，雏形是大学层次的、零散的若干课程，即首先建构起来的是部分高等教育课程。这些课程的建设和开

---

[1] 例如，传统法语中某些职业名词只有阳性形式，近年来，越来越多人创造出对应的阴性形式，以反映越来越多的女性从事这些职业的社会现实。

设最初是为了在一定程度上满足接受高等教育的人群的部分需求。换言之，卢森堡的高等教育并非起源于真正意义上的科学研究与学科发展，这是其非常显著的特色。第二，卢森堡高等教育的起源与发展显然滞后于整个国家的经济社会发展水平，属于经济社会发展需求倒推出的高等教育发展需求。这也与欧洲高等教育发展历史和传统更悠久的国家有所不同，是非常值得展开更深入的教育史学研究的一个现象。第三，由于卢森堡大学是卢森堡境内唯一一所完全意义上的高等院校或大学，其"火车头"式的地位非常明确、稳固，也使得卢森堡大学从卢森堡社会各部门（包括政府部门和非政府部门）获取发展资源时几乎没有竞争。这也是卢森堡大学乃至整个卢森堡高等教育独具特色的一种体现。第四，由于卢森堡大学综合性强，学科门类较为齐备，加之没有同类机构促进其人力等资源的流动，其独立建设与办学成本相对较高，这也是世界上绝大多数大学所不具有的特点。

诚然，卢森堡高等教育的特征和特色是卢森堡自身复杂的发展历程和各类因素变迁综合作用的结果，无所谓好坏和优劣。但从卢森堡高等教育的上述特色中还是可以获得一些有益的经验。第一，从卢森堡高等教育源起于课程可见，课程建设与发展是高等教育中人才培养的中心环节，也是大学人才培养质量核心竞争力的来源。人才培养模式、方案的创新和变革固然重要，但不应当忽视具体课程作为高等教育质量"神经末梢"的重要作用。各种宏观架构的调整与优化，是主干性的整合与完善，但若无法提高中观层面课程质量本身，也就很难真正激活微观层面各种人才培养实践的活力与能动性，最终导致改革与发展无法全面、系统、深刻地触及实践。第二，卢森堡对其唯一一所综合性大学的定位非常明确，并没有赋予其过多的使命与职责，从而避免了重点不突出、特色不鲜明、议题不聚焦等问题。

二、学校董事会与行政部门权责明晰

卢森堡大学的管理体制也很有特色。有些特色沿袭了欧美大学（尤其是欧洲大陆大学）的一些传统，有些特色则充分体现出卢森堡高等教育的一些特征。因为卢森堡大学的产权属性是公立学校，所以其学校治理、管理与监督都具有鲜明的公立属性，但其管理实践却没有完全照搬政府行政部门的管理模式。第一，卢森堡大学作为公立大学的产权属性通过学校董事会人员构成来得到确立和确保，学校董事会有11名成员由卢森堡政府直接任命，以监督、监管学校的各类机构行为。但学校董事会所监督、监管的机构行为主要涉及学校财务、人力资源、基础建设等资产、行政和事务性行为，因此在充分体现公立大学属性的同时，较好地避免了不当参与学术事务的问题。第二，卢森堡大学学校董事会的运行模式也有效避免了其成员不当参与学校依法独立自主开展行政工作的问题，同时又保留了全面了解、深度参与行政决策的途径。学校行政部门通过列席、参加学校董事会的议事活动，能够将学校运行和发展中的实际状况和具体问题汇报给学校董事会，董事会借此沟通情况、提供信息、提出建议、表达意见，最终达成有效交流，促进问题的澄清与解决。但问题解决的过程仍由学校行政部门依法、依规开展，充分体现出学校行政与学校董事会的权力边界和职能区分。

三、推行大学院"学部制"

卢森堡大学的学术（专业）结构设计本质上是一种以"大学院"为名义的学部制。换言之，卢森堡大学的大学院相当于中国部分高校中的某些学科集群所依托的学部。卢森堡大学共有三个大学院，即拥有三个学部体量的学术（专业）实体。大学院所依托的通常是学科集群领域，即按照大类进行划分的学科门类。大学院或学部制在现代大学（尤其是较大规模的综合性大学）管理中具有明显的优势。

第一，当今学科门类（大类）下具体学科或学科（子）领域往往数量繁多，如果按照具体学科或领域设置学院或系，则会导致二级院系数量非常庞大，且院系之间的体量常常极不平衡——依托传统或成熟学科的院系往往体量较大且较为稳定，而依托新兴或交叉学科的院系则体量较小且变化多、需要动态调整。如果按照这种标准设置院系，必然导致这种不平衡被机构化，进而造成管理层级失调——体量极不均衡的院系之间很可能在行政方面被一视同仁，进而带来很多管理问题。而大学院或学部制则能较好地解决此类问题：大学院或学部下设的机构可以采用非常灵活的形式或形态，可以设置传统学院或系，也可以设置工作组或协作组；可以设置常设机构，也可以组建临时机构。

第二，作为行政管理方面的平行主体，院系之间极易形成有形和无形的边界，进而造成各种壁垒，人员间也容易形成机构性共同体，建构具有某种惯性的亚文化团体。这些都不利于大学作为一个整体和系统的整合性、包容性和互动性。大学院或学部制则可以有效避免这些负面因素的形成和积累。

第三，大学院或学部制管理实质性地使大学的行政管理权下移，且按照学科门类（大类）的标准进行权力边界的划定。当出现新的学科发展需求时，学科门类所属的大学院或学部则自然承担相应的责任或工作，避免了因归类困难导致在大学层面设立新的机构来满足新的需求。

四、设立研究中心提高跨学科性

卢森堡大学除了采用大学院制来推动学术组织去机构化外，还通过设立研究中心来促进跨学科研究能力的提升和跨学科成果的产出。虽然大学院或学部制在一定程度上弱化了大学的机构化特征，消除了部分学科壁垒，但这种作用往往仅限于学科门类内部，即某一大学院所管辖的学科门类内部的各学科或各领域之间的壁垒能够得到有效消除。但跨门类的壁垒仍然存在。毕竟，大学院也具有显著的机构特征。大学院与大学院之间的行政边界必然导致学科边界的产生和学科壁垒的形成。因此，要解决学科大门类之间的壁垒问题，就要另辟蹊径。卢森堡大学通过跨学科研究中心的设立和运行来促进学科大门类之间的合作与互动，跨学科研究中心并没有显性的行政职能，人员编制的设定、预算的编定等均不是按照标准的行政程序进行。换言之，跨学科研究中心是去行政职能化的机构或组织。跨学科研究中心的这种特点一方面有利于避免研究机构行政化、机构化的倾向，另一方面也减少了行政成本，并避免了研究中心与大学院之间可能产生的行政摩擦。由于研究人员在行政管理层面上仍归属大学院管理，大学院与研究中心在人力资源管理问题上就不会产生矛盾。

五、博士生培养与科研紧密结合

卢森堡大学的博士生培养与本科生、硕士生的培养分属不同的二级单位，即博士生的培养落在科研密集型的研究机构。一方面，这反映出卢森堡大学对博士生培养与科学研究关系的认识与理念。博士生的培养本质上是高水平、创新型科研人才的训练与培养，因此必须与前沿科学研究结合在一起。脱离前沿科学研究的博士生培养，很难在实质上与以知识建构为基本依托的本科生和硕士生教育做出区分，导致博士生项目更像是一个加强版或延伸型的硕士生项目。卢森堡大学将博士生培养设置在科研密集型的研究机构，凸显了其博士生培养的根本目标和基本理念。培养机构本身的定位、设置、资源与环境会从根本上影响人才培养的性质、路径和结果。

卢森堡大学的理念与做法对其他各国高校的博士生培养具有一定的启发意义。第一，要更深刻地考察、认识、研究在当今国际竞争的环境下，博士生应具备的核心能力，至少有三个关键问题需要得到更为明确、系统的回答：博士生需要发展的核心能力究竟由什么构成，博士生所应具有的核心能力如何考查与评价，博士生发展这种核心能力的基本规律是怎样的。通过卢森堡大学的具体做法可以看到，博士生应当具备的核心能力是前沿研究能力，这种能力只能通过具体的研究实践（包括过程与成果）得到体现，且也只能通过具体的研究实践得到发展。因此，将博士生培养设置于科研密集型的研究机构，是最优选择。第二，需要进一步反思博士生需要具备什么样的知识结构，才能有效支撑其科研能力的发展。在人类知识急速增长的当下，何种知识需要在学校建构，何种知识根本无法通过学校教学完成建构，便成了一个非常关键的问题。卢森堡大学的博士生培养实践模式能够提升博士生的知识建构能力，通过前沿科研实践，还可以帮助博士生尽快成长为有充分经验、较为成熟的研究者，从而在一定程度上帮助博士生更好地适应毕业后所面临的对科研新手并不友好的就业情境。

六、重视发展领域规划与外部评估

和绝大多数大学一样，卢森堡大学也非常重视在发展规划中突出重点领域、强化核心竞争力。卢森堡大学的发展领域规划体现了较高的区分度，即给予具有不同发展潜力的领域不同的关注和资源，尤其是针对具有最高发展潜力的核心领域，给予其最高的凸显度。当然，单纯规划不同领域间的优先程度是不够的，任何规划最终都要通过有效评估才能有始有终。卢森堡大学采用外部评估的方式来客观衡量自身的建设成效。而引入外部评估最根本的原因并非不信任校内或国内的评估质量，而是需要通过更具广泛国际代表性的外部评估主体来更好地对标国际标准。换言之，外部评估的根本意义在于确保遵循国际标准。国际标准并非一份标准化的文件，也不是规则本身，而是一种国际标准实践，是由具有国际标准意识、国际标准评估能力的评估主体（即评估人员）实施的评估过程及由此过程带来的评估结果。因此，遵循国际标准的根本是由具有资质和能力的评估主体开展具体的评估实践，这是一个实践过程，而非一种教条。

从卢森堡大学的发展领域规划与外部评估实践经验可知：第一，发展规划应当更加强调差异化发展。几乎没有哪所高校所有领域都是均衡发展的，一定有强有弱。因此，发展规划不能平均用力，面面俱到实质上等于没有规划。尤其是学科发展规划，应当兼顾基础性公平与发展性公平，即既兼顾不同学科的基本发展需求，更要明确核心领域与优先领域。第二，发展规划要紧扣大学本身的职责，而不应比照大学内部机构的职能来开展规划。大学最重要的职责是人才培养、科学研究和社会服务。发展规划既应围绕这几方面的具体工作，更应着力提升相应的能力。单纯围绕具体任务与绩效，而缺乏能力提升的规划，只能算作职能部门的工作计划，而不是发展规划。

七、完善学生就业支持体系

卢森堡大学的学生就业体系非常完善，且具有非常鲜明的特色。第一，学生就业支持体系非常强调将学生的学业与就业看作有机、完整的系统。既然是一个统一体，那么学生的就业指导与支持就不应是毕业年级或临近毕业才需要开展的，而应当融入学生学业与就业的全程，早规划、早起步、早准备、早落实。第二，卢森堡大学的就业指导与支持非常强调实战操作，为学生提供的课程、工作坊以及相应活动都非常注重与实际就业过程中的环节保持一致，突显实战要素，强调实效。

卢森堡大学就业支持体系的有效经验有：第一，高校的就业指导与支持不妨试点按照就业流程和实务开展工作。职业规划作为就业指导的重要组成部分，应当作为入学教育的一部分，在新生进校时及时启动。第二，学生在学期间，随着知识、阅历的增长，对自身的认识也会发生变化。就业支持也应更多地给予学生自我认识和评估方面的指导。第三，就业指导与支持部门应更系统、深入地研究不同工作领域和岗位在招聘选人过程中的具体操作和判断标准，努力使提供的指导与支持和实际应聘过程相吻合。

第七章 职业教育

本章首先介绍卢森堡的学校职业教育，包括中等职业教育和高等职业教育；然后对职业教育整体情况的特点进行总结。

第一节 职业教育的现状

一、中等职业教育

卢森堡的中等职业教育在一般性通识教育的基础上，注重帮助青少年积累某一职业领域的理论知识，锻炼实践能力，使他们能够获得相关文凭或职业资格认证。中等职业教育开始于中等教育后期，学生完成初中三年的学习后可以进入职业教育序列，免费接受职业教育。

卢森堡共开设约125个职业教育专业，根据学生完成学业时获得的文凭不同，可以分为以下三个序列：职业能力证书[1]序列，学制通常为三年；职

---

[1] 法语称为 certificat de capacité professionnelle，缩写为 CCP。

业能力文凭[1]序列，学制通常为三年；技师文凭[2]序列，学制通常为四年。其中，职业能力证书序列的入学门槛最低，技师文凭序列的入学门槛最高。对于不能达到职业能力证书序列入学要求的学生，卢森堡还开设了专门的衔接班，包括职业导向与启蒙课程[3]和职业启蒙班[4]两种。

中等职业教育有三种培养模式。①伴生式，学生主要在职业场所接受培训，在职业场所的身份是学徒，在学徒期内会收到雇主支付的学徒津贴，该津贴数目由法律统一规定，根据物价指数的变化动态调整；同时也在中学学习部分课程。②全日制式，学生在中学接受职业教育，但在学制内需要在职业场所进行总时长不少于12周的实习，在职业场所的身份是实习生。③混合式，学生首先在中学进行若干时长的全日制学习，然后进入职业场所接受伴生式的职业培训。[5]

此外，卢森堡还有一种特殊的职业教育模式：跨境学徒培养。学生在卢森堡的职业场所接受学徒培训，但是理论部分的课程学习在邻国（主要是德国）的学校完成。卢森堡法律规定了一百余种跨境学徒培养的专业，主要培养手工业者和技术工人。

卢森堡的大多数职业教育专业均使用德语授课，但也有部分学校的部分专业开设多语种班，使用法语和英语授课。职业教育的教学以模块为单位组织，不再按照科目设置课程。各模块又可以归为两类：一是通识教育模块组，包括基本的语言、数学、社会生活与公民身份教育；二是职业教育模块组，聚焦学生所选择的职业进行专门培养。两类模块组都包含若干必修模块和选修模块。某些模块之间有渐进关系，学生完成基础模块后需要继续学习提高模块，以更加深入地学习知识、锻炼技能。每个模块都以

---

[1] 法语称为 diplôme d'aptitude professionnelle，缩写为 DAP。
[2] 法语称为 diplôme de technicien，缩写为 DT。
[3] 法语称为 cours d'orientation et d'initiation professionnelle，缩写为 COIP。
[4] 法语称为 classe d'initiation professionnelle，缩写为 CIP。
[5] 彭姝祎. 卢森堡 [M]. 北京：社会科学文献出版社，2010：229.

发展某些通用或职业技能为目标，以具体的职业情境为导向。每个模块满分 60 分，及格线 30 分。每个模块都会被详细分解为多项能力，每项能力占 6、12、18 或 24 分。课程评价时，教师会对所有细分能力进行打分，求和后得到模块总分。例如，一个模块包括五项能力，分值分配为 24、12、12、6、6；学生在这五项能力上的得分分别是 18、7、10、4、3，那么学生的总分是 42 分，该模块合格。模块成绩也会有对应的评语，具体规则见表 7.1。

表 7.1 卢森堡职业教育的成绩与评语 [1]

成绩	评语
52—60	卓越
48—51	优秀
40—47	较优
36—39	良好
30—35	及格
20—29	不及格
0—19	严重不及格

除每学期的成绩报告外，职业教育的评价体系一般还包括中期评价、结业评价、中期综合实践项目和结业综合实践项目等。其中，综合实践项目最具特色，会模拟真实的职业场景，或者直接将学生置于真实的职业环境进行考核。

---

[1] 资料来源于卢森堡国民教育部官方网站。

（一）职业启蒙班和职业导向与启蒙课程

职业启蒙班和职业导向与启蒙课程不以获得某个职业证书或文凭为目标，更像是职业教育序列中的一种预科课程。通用中等教育初中段预科班序列的六门课程都采取模块化教学，每门课程都包含9个模块，预科班共计54个模块。如果预科班学生及格的模块数小于18个，就只能进入职业启蒙班学习。严格来说，职业启蒙班仍然属于通用中等教育初中段预科班序列，但职业教育的导向已经完全明确。此外，职业启蒙班还可以接收已经通过通用中等教育五年级适应班，但是希望接受相关高科技职业培训的学生。这类培训通常对数学的要求较高，学生可以利用这一年巩固数学基础，以便增加进入心仪的学校接受职业教育的机会。

与职业启蒙班不同，职业导向与启蒙课程面向的是年满18周岁的成年人。参加职业导向与启蒙课程的一般是未能达到职业教育入学条件，或不具备进入劳动力市场必需的职业技能，或者曾经由于各种原因辍学的成年人。职业导向与启蒙课程给了他们重新接受教育的机会。在为期一年的课程中，学生会复习巩固最基本的通识知识，同时通过实习明确自身的职业发展规划，并积累初步职业技能。课程结束后，学生可以直接进入劳动力市场参加工作，或者在教育体系内继续接受职业教育或者通用中等教育。

（二）职业能力证书

职业能力证书序列为学生提供最基本的职业技能，以便让他们满足劳动力市场的最初级要求。职业能力证书序列的学制一般为三年，培养模式主要是伴生式。学生大多数时间在职业场所接受专门培训，需要签署学徒合同；其余时间（平均每周1—3天）在学校完成通识教育模块课程的学习，也进行一些所选职业的理论知识学习。成绩优秀的学生在职业能力证书序列的第二年末可以申请进入职业能力文凭序列继续接受职业教育，以获得更高级的职业能力文凭。学生也可以在获得职业能力证书后直接参加工作。职业能力证书序列的学徒工有权获得学徒津贴，其金额随学徒年限而变化，具体数额由法律规定。

职业能力证书序列的生源主要是通用中等教育初中段预科班的学生。学生必须年满15周岁，并且在通用中等教育五年级预科班结束时至少有18个模块及格，才能进入职业能力证书序列就读。如果学生在入学前已经明确自己想要接受哪种职业的专门培训，就可以直接联系国家就业发展局职业发展规划指导处，或者所在中学的校园社会心理与学业支持服务站，或者所在地区的青年办公室，了解有关学徒岗位、就业市场状况等信息。如果学生还没有决定接受哪种职业的培训，可以先联系联系国家就业发展局职业发展规划指导处进行职业导向面试，了解有哪些企业正在招收学徒。总之，学生需要尽早明确职业发展方向，并与企业签订学徒合同，然后才能在中学注册。上面提到的三个机构都能为学生提供相关帮助。

职业能力证书序列提供以下职业培训：家政服务员，汽车修理工助理，花商助理，园艺师助理，苗圃、景观设计师助理，生熟肉及其制品商，面包、糕点师，瓦工，美发师，销售员，修鞋师，屋顶工，厨师，汽车美容师，电工，暖气和卫浴装配工，泥水工，大理石工、石材切割工，自行车技工，农业工人，木地板制造安装工，甜点、巧克力、糖果、冰激凌制作师，机动车喷漆工，油漆与装饰师，天花板、外墙工，餐厅服务员等。除了家政服务员、销售员、修鞋师和餐厅服务员这四个职业的学制为两年外，其余职业的学制均为三年。以上所有职业都采取伴生式培养模式，在校期间的课程一部分用法语开设，一部分用德语开设。

学业评价方面，在职业能力证书序列，除了每学期的成绩报告外，学生在三年学习期间还会经历若干次考核。在第一学年年末进行中期评价，综合第一学年两个学期内所有必修模块的学习情况决定学生是否能够升入第二学年。中期评价的合格线为80%，即学生必须通过80%以上（含）的必修模块。在第二学年年末进行学业进展评价，综合第二学年两个学期内所有必修模块的学习情况决定学生是否能够升入第三学年。学业进展评价的合格线也是80%。在第三学年年末进行结业评价，综合第二和第三学年共四个学期内所有必修模块的学习情况做出评价。结业评价的合格线也是80%，结业评价合格的学生有资格完成结业综合实践项目。

2018—2023年，职业能力证书序列的学生人数见表7.2。

表7.2 2018—2023年卢森堡职业能力证书序列学生人数 [1]

学年	在读人数
2018—2019	466
2019—2020	484
2020—2021	441
2021—2022	550
2022—2023	565

2021—2022学年，卢森堡全国共有135人获得职业能力证书。[2]

（三）职业能力文凭

获得职业能力文凭标志着毕业生已经具备了合格雇员所需的各项技能，可以进入劳动力市场担任要求更高的职位。职业能力文凭序列的学

---

[1] 数据来源于卢森堡国民教育部教育信息统计网站。
[2] 数据来源于卢森堡国民教育部教育信息统计网站。

制一般为三年。学生毕业后有三大去向：一是可以直接参加工作，从事所学专业的对应职业；二是继续接受职业教育，进入同一专业的技师文凭序列；三是进入劳动力市场参加工作的同时继续接受在职教育，以获得高级技师认证。

职业能力文凭序列的生源更加多样。按照学生初中段的学业表现，可以分为三类。Ⅰ类学生的条件是：通用中等教育五年级适应班通过；或通用中等教育五年级预科班结束时至少有45个模块及格。Ⅱ类学生的条件是：通用中等教育五年级适应班通过，且数学课程成绩评语为良好；或通用中等教育五年级预科班结束时至少有45个模块及格，且至少有8个数学模块及格。Ⅲ类学生的条件是通用中等教育五年级普通班通过（包括整体基础通过和整体高级通过）。可以看出，从Ⅰ类到Ⅲ类，对学生先前学业水平的要求越来越高。

职业能力文凭序列内可供选择的职业更加丰富，可以分为六个大类，分别是手工业、商贸、工业、卫生与社会工作、酒店与旅游业、农业。根据对从业者知识技能的要求，各个大类的职业又被划分为A、B、C三大类，A类要求最低，C类要求最高。学生所属的类别决定了可以选择的专业大类：Ⅰ类学生只能选择A大类，Ⅱ类学生可以选择A、B两个大类，Ⅲ类学生则可以在全部A、B、C三个大类中任选。不同类别的职业所发放的学徒津贴也不尽相同，具体数额由法律规定。

一般来说，职业能力文凭序列内的课程均使用德语授课，但越来越多的课程也提供法语平行班。各个职业大类的具体情况见表7.3、表7.4和表7.5，表中标记星号（*）的职业提供法语平行班课程。

表 7.3 卢森堡职业能力文凭序列 A 类职业 [1]

职业大类	学制与培养模式	职业
农业	三年全日制式（含实习）	农业耕作员，森林环境养护员
农业	三年伴生式	花商
农业	一年级全日制式，二、三年级伴生式	花卉栽培员，蔬菜种植员，苗圃、景观设计师
手工业	一年级全日制式，二、三年级伴生式	生熟肉及其制品商*，面包、糕点师*，甜点、巧克力、糖果、冰激凌制作师*，熟食快餐店加工售货员
手工业	三年伴生式	瓦工*，汽车车身制造装配师，木工，美发师*，屋顶工，汽车美容师，白铁工，暖气和卫浴装配工*，泥水工*，汽车行业仓库管理员，大理石工，石材切割工，自行车机电工，木地板制造安装工，机动车喷漆工，油漆与装饰师*，天花板、外墙工*，图书装订工，改衣师，肉店销售员，面包、糕点、糖果店销售员，验光配镜店销售员
手工业	两年伴生式	驾校教练员（学生必须年满 20 周岁，持有 B 级驾照两年以上，并通过交通部组织的考核）
商贸	三年伴生式	销售顾问*，装饰布景师，服饰销售与成衣修改师
酒店与旅游业	三年伴生式或三年全日制式（含实习）	厨师*
酒店与旅游业	三年全日制式（含实习）	餐饮管理员*
酒店与旅游业	一年全日制式（含实习）	酒店餐饮管理员（仅面向已经获得餐饮管理员职业能力文凭的学生）
酒店与旅游业	三年伴生式	餐厅服务员
卫生与社会工作	一年级全日制式，二、三年级伴生式	生活助理

---

[1] 资料来源于卢森堡国民教育部官方网站。

表 7.4 卢森堡职业能力文凭序列 B 类职业 [1]

职业大类	学制与培养模式	职业
手工业	三年伴生式	电工*，普通机械技工，农业—土木工程机电一体化技工，汽车摩托车机电一体化技工*，商用车辆机电一体化技工*，制冷技术机电一体化技工，光学仪器技工
手工业	三年伴生式或三年全日制式（含实习）	细木工
手工业	四年伴生式	口腔修复技工
手工业	一年级全日制式，二、三年级伴生式	开锁工
工业	三年全日制式（含实习）	钢结构建造师
工业	三年伴生式	建筑制图师，细木工、高级细木工，智能材料工
工业	三年伴生式或三年全日制式（含实习）	机械加工技师，工业与维修技师

表 7.5 卢森堡职业能力文凭序列 C 类职业 [2]

职业大类	学制与培养模式	职业
商贸	一年级全日制式，二、三年级伴生式	销售与行政管理员*，药房助理
商贸	三年伴生式	旅行规划代理人，高级物流经理*
工业	三年全日制式（含实习）	电子技工*，通信电子技工*
工业	三年伴生式或三年全日制式（含实习）	能源电子技工*
工业	三年伴生式	高级计算机技工，机电一体化技工*
工业	一年全日制式	A 类航空机械师（仅面向持有机械或电子技术相关职业能力文凭或技师文凭的学生）

---

[1] 资料来源于卢森堡国民教育部官方网站。
[2] 资料来源于卢森堡国民教育部官方网站。

续表

职业大类	学制与培养模式	职业
卫生与社会工作	三年全日制式（含实习）	护工*
手工业	三年伴生式	游泳教练

此外，A类中的餐饮管理员和C类中的销售与行政管理员两个职业还提供英语平行班，可以为有需要的学生提供更多选择。

学业评价方面，在职业能力文凭序列，除了每学期的成绩报告外，学生在三年学习期间还会经历若干次考核。在第一学年年末进行中期评价，综合第一学年两个学期内所有必修模块的学习情况决定学生是否能够升入第二学年。满足以下四条标准的，中期评价合格：通过至少85%的必修模块（包括通识教育模块与职业教育模块）；通过至少85%的职业教育必修模块；所有选修模块成绩均不低于20分；所有基础模块全部通过。

在第二学年年中（即第三学期期末），伴生式学习的学生在学徒合同框架下开展中期综合实践项目。中期综合实践项目通过后，学生可以获得更高的学徒津贴。在第二学年年末进行学业进展评价，综合第二学年两个学期内所有必修模块（不含实习）的学习情况决定学生是否能够升入第三学年。学业进展评价的合格线是90%，也就是说，学生在第二学年必须通过90%及以上的必修模块。在第三学年年末进行结业评价，综合第二和第三学年共四个学期内所有必修模块（不含实习和中期综合实践项目）的学习情况做出评价。结业评价的合格线也是90%，结业评价合格的学生有资格完成结业综合实践项目。不难看出，职业能力文凭序列对学生的评价要求比职业能力证书序列高。

2018—2023年，职业能力文凭序列的学生人数见表7.6。

表 7.6 2018—2023 年卢森堡职业能力文凭序列学生人数 [1]

学年	在读人数
2018—2019	3 118
2019—2020	2 958
2020—2021	2 750
2021—2022	3 030
2022—2023	3 287

2018—2021 年，卢森堡职业能力文凭序列各个职业大类的人数分布见表 7.7。

表 7.7 2018—2021 年职业能力文凭序列各职业大类人数分布 [2]

单位：人

职业大类	2018—2019 学年	2019—2020 学年	2020—2021 学年
手工业	913	927	944
商贸	710	662	605
工业	642	543	454
卫生与社会工作	538	516	488
酒店与旅游业	173	161	134
农业	142	149	125
总计	3 118	2 958	2 750

2021—2022 学年，卢森堡全国共有 699 人获得职业能力文凭。[3]

---

[1] 数据来源于卢森堡国民教育部教育信息统计网站。
[2] 数据来源于卢森堡国民教育部教育信息统计网站。
[3] 数据来源于卢森堡国民教育部教育信息统计网站。

（四）技师文凭

技师文凭序列的职业教育旨在提供高级职业培训，使学生有能力直接进入劳动力市场承担相应工作，或在完成预科学习并通过考核后继续深造，接受对应专业的高等教育。技师文凭与职业能力文凭的不同之处主要在于，技师文凭所培养的职业技能更加深入和多元，通识知识的学习也更加深入。技师文凭序列的学制一般为四年（年级计名方式与通用中等教育类似，从低到高依次为四年级、三年级、二年级、一年级），培养模式一般为全日制（包含总数不少于12周的实习）。技师文凭序列的学生有四大去向：一是毕业后直接参加工作，从事所学专业的对应职业；二是回到通用中等教育序列，继续进行高中段的学习；三是进入劳动力市场参加工作的同时继续接受在职教育，以获得高级技师认证；四是接受高等职业教育，以获得高级技师文凭。

技师文凭序列的生源相对单一，大部分学生必须在通用中等教育五年级普通班学年考核中获得整体基础通过或整体高级通过，不同专业还会对不同学科的能力有进一步要求。技师文凭序列内可供选择的专业可以分为十个大类，具体见表7.8。

表7.8 卢森堡技师文凭序列的专业分类、培养模式和特殊入学要求

专业大类	专业	培养模式	特殊入学要求
行政与商贸	行政与商贸	四年全日制式或前三年全日制，一年级伴生式	法语：高级班及格或基础班良好 德语或英语：高级班及格或基础班良好
	电子商务	两年伴生式	通过通用中等教育行政与商贸分科三年级
信息技术	信息技术	四年全日制式	数学：高级班及格或基础班良好

续表

专业大类	专业	培养模式	特殊入学要求
土木工程	土木工程	四年全日制式	数学：高级班及格或基础班良好
电机工程	通信*	四年全日制式	数学：高级班及格或基础班良好
	能源*	四年全日制式	
	智慧技术*	四年全日制式或四至二年级全日制式，一年级伴生式	
机械工程	农业—土木工程机电一体化	两年伴生式	获得农业—土木工程机电一体化技工职业能力文凭
	普通机械工程	四年全日制式	数学：高级班及格或基础班良好
	汽车摩托车机电一体化	四年全日制式	
艺术	3D设计	四年全日制式	学生必须通过教育部组织的艺术能力考核
	图形设计	四年全日制式	
	图像处理	四年全日制式	
农业	农业	四年全日制式	通用中等教育五年级普通班整体高级通过或通用中等教育五年级普通班整体基础通过，且自然科学课程良好
	自然环境	四年全日制式	
酒店与旅游管理	酒店管理	四年全日制式	三门语言课程（法语、德语、英语）至少有两门高级班及格或基础班良好
	旅游管理	四年全日制式	
物流管理	物流管理*	三年级全日制式，三至一年级伴生式	法语：高级班及格或基础班良好 德语或英语：高级班及格或基础班良好
建筑设备	智慧建筑与能源	四年全日制式	数学：高级班及格或基础班良好

表中标记星号（*）的专业在注册人数充足的情况下可以开设法语平行班。此外，还有部分技师文凭专业并不面向完成通用中等教育五年级普通班的学生，而是要求申请人已经接受过相关的职业教育。这些专业是：农业—土木工程技工、电子商务技工、机电一体化技工、销售与管理、蔬菜种植与销售、B类航空机械师等。

学业评价方面，在技师文凭序列，除了每学期的成绩报告外，学生在四年学习期间还会经历若干次考核。在第一学年年末进行第一次学业进展评价，综合第一学年两个学期内所有必修模块的学习情况，决定学生是否能够升入第二学年。学业进展评价的合格线是 90%，也就是说，学生在第一学年必须通过 90% 及以上的必修模块。在第二学年年末进行中期评价，满足以下四条标准的，中期评价合格：通过至少 90% 的必修模块（包括通识教育模块与职业教育模块）；通过至少 90% 的职业教育必修模块；所有选修模块成绩均不低于 20 分；所有基础模块全部通过。

在第二学年年末（即第四学期期末），伴生式学习的学生在学徒合同框架下开展中期综合实践项目。中期综合实践项目通过后，学生可以获得更高的学徒津贴。在第三学年年末进行第二次学业进展评价，评价标准不变。在第四学年年末进行结业评价，综合第三和第四学年共四个学期内所有必修模块（不含实习）的学习情况做出评价。结业评价的标准与中期评价一致。结业评价合格的学生有资格完成结业综合实践项目。

2018—2023 年，技师文凭序列的学生人数见表 7.9。

表 7.9 2018—2023 年卢森堡技师文凭序列学生人数 [1]

学年	在读人数
2018—2019	3 158
2019—2020	3 102
2020—2021	2 839
2021—2022	2 935
2022—2023	2 858

2018—2021 年，卢森堡技师文凭序列各个职业大类的人数分布见表 7.10。

[1] 数据来源于卢森堡国民教育部教育信息统计网站。

表 7.10 2018—2021 年技师文凭序列人数及各专业大类分布 [1]

单位：人

专业大类	2018—2019 学年	2019—2020 学年	2020—2021 学年
行政与商贸	1 723	1 709	1 545
信息技术	403	386	342
土木工程	220	182	153
电机工程	171	228	238
机械工程	167	153	153
艺术	156	145	135
农业	111	109	111
酒店与旅游管理	91	82	72
物流管理	75	66	54
建筑设备	41	42	36
总计	3 158	3 102	2 839

2021—2022 学年，卢森堡全国共有 661 人获得技师文凭。[2]

二、高等职业教育

（一）高级技师文凭

高级技师文凭[3]序列是高等教育中的职业教育序列，专注于培养学生的高级职业能力。该序列学制较短，一般为二至三年（四至六个学期），每学期的注册费用为 100 欧元。持有卢森堡中等教育毕业证书（普通中等教育或

---

[1] 数据来源于卢森堡国民教育部教育信息统计网站。
[2] 数据来源于卢森堡国民教育部教育信息统计网站。
[3] 法语称为 brevet de technicien supérieur，缩写为 BTS。

通用中等教育均可），或持有技师文凭，或持有外国同等文凭的学生均可以申请注册高级技师文凭序列的专业。值得注意的是，虽然高级技师文凭属于高等教育文凭，但是有关的教学组织均由中学负责。高级技师文凭序列以模块形式组织学习，学生可以获得120或180个学分。学习内容和计划由学校和有关专业团体共同制定，确保所学有效转化成所用。学校还会为每位学生提供学业督导，密切跟踪学生的学业进展。一般来说，学生在完成高级技师文凭序列的学习后，已经具备了非常全面、深入的职业技能，能够胜任相关工作。对于一些特定专业（如会计和税务、动画设计等），学生在获得高等技师文凭后还有机会进入卢森堡大学，继续攻读相关专业的学士学位。

卢森堡的高级技师文凭序列共开设36个专业（职业），涵盖商贸、卫生、工业、应用艺术、手工业和服务业等六个领域，具体情况见表7.11。

表7.11 卢森堡高级技师文凭序列的专业（职业）[1]

领域	专业（职业）
商贸	行政助理，法务助理，会计和税务管理，贸易和营销管理，企业管理和可持续发展，酒店管理，医疗行政助理，商贸（半工半读混合式课程），金融与金融产品（2022—2023学年新设）
卫生	普通护理，放射科医疗技术助理，助产士，麻醉和重症监护护理，儿科护理，精神病学护士，外科医疗技术助理
工业	建筑与基础设施，分析化学，金属制图与加工，通信技术，建筑信息建模（2022—2023学年新设）
应用艺术	电影与视听制作，动画制作，游戏艺术与游戏设计，平面设计
手工业	木材技术
服务业	云计算，网络安全，数字内容设计与制作，游戏设计与编程，智慧建筑与智慧城市，通用技术工程，信息技术，物联网，传媒写作，房地产营销

[1] 资料来源于高级技师文凭专业查询网。

2020—2021学年，共有889名学生在高级技师文凭序列注册就读。[1]

（二）Diplom+：职业教育的新举措

学生在完成中等教育或中等职业教育后面临一个重要的选择：继续接受高等教育或者开始寻找第一份工作。这一过渡时期对于仍在寻找自己身份定位、探索未来计划的青年人来说往往非常困难。2020年开始的新冠肺炎疫情全球大流行使这个艰难的过渡时期雪上加霜。由于劳动力市场上的工作机会较少，青年人找到第一份工作的时间可能会更长。而正在考虑接受高等教育的青年人则面临一些国家对人员国际流动的限制。这就需要政府出台一系列举措，在减弱疫情对公共卫生带来的负面影响之余，尽可能地保护年轻的毕业生免于失业，并鼓励他们继续深造。

卢森堡政府为实现这一目标采取了多种措施，其中"Diplom+"培训课程就是专门帮助年轻人顺利完成过渡期量身定做的。通过为期两个学期的继续教育课程，青年人有机会提高专业知识，锻炼人际交往能力，提升个人综合素质，既能提高找到工作的机会，也有利于后续在高等教育领域继续深造。这一课程也避免了青年人履历的空白断层。此外，这一课程也为处于探索与迷茫期的青年人提供了一个相对稳定的框架，帮助他们重拾自信，提升自我效能感，积极采取行动实现个人理想。

具体来说，Diplom+课程的对象是既没有参加工作也没有接受高等教育的中学毕业生，包括获得普通中等教育毕业文凭、通用中等教育毕业文凭、技师文凭或其他同等学力的青年人。从大学退学，希望重新找到专业方向的学生也可以注册。学习内容上，Diplom+课程逐渐丰富，从2020—2021学年创立之初的六个必修模块和六个选修模块，逐步扩展到2022—2023学

---

[1] 数据来源于卢森堡经济研究与统计中心官方网站。

年的八个必修模块和八个选修模块，见表 7.12。

表 7.12 卢森堡 Diplom+ 课程模块设置 [1]

必修模块	学时（小时）	选修模块	学时（小时）
模块 1：职业选择指导	16	模块 A：学习策略	18
模块 2：就业力提升	36	模块 B：日常生活技能	30
模块 3：赋能与跟踪指导	18	模块 C：急救	16
模块 4：展示汇报与人际交流	24	模块 D：绿色技能与循环经济	24
模块 5：时间管理和压力管理	30	模块 E：手工实践工作坊	40
模块 6：项目管理	30	模块 F：网页设计与内容管理	27
模块 7：公民和雇员的权利与义务	16	模块 G：设计与 3D 打印	24
模块 8：计算机技能	48	模块 H：数据分析与可视化	24

学生注册后，需要学习全部八个必修模块，再从八个选修模块中选择至少四个。各模块使用的教学语言包括卢森堡语、法语和英语，其中模块 3 和 4 主要使用英语组织教学。各模块之间相互独立，方便学生根据个人需求定制个性化的学习方案。除模块学习之外，学生还要组成团队，在专业导师的指导下开展创新项目，体验一个产品或方案从概念构思到落地实现的全过程，从而深化和应用新获得的技能。一般来说，学生每周的上课时间约 25 小时，平均每天有 5 小时的课程。这样的时间安排使学生有时间继续寻找工作或探索高等教育课程。如果学生在课程期间找到了工作，或者开始高等教育学习，可以随时提交退出课程申请。完成退出手续后，学生会收到已通过模块的考核合格证书。

---

[1] 资料来源于卢森堡国民教育部官方网站。

第二节 职业教育的特点

一、对标职业、体系完备

卢森堡的职业教育和它的整体教育体系一样，设计精细、设置完备。卢森堡的职业教育还凸显了以实际职业为标的特色，并基于这样的原则与理念构建了体系完备的职业教育架构与资源。由公开的文献资料可知，卢森堡职业教育的专业目录与社会所需求的实际职业门类完全对应，包括农业、手工业、商贸、酒店与旅游业、卫生与社会工作、工业共六大类，全面覆盖一般性社会生产的所有部门。具体考察各职业大类下的具体专业（即具体职业），可以看到卢森堡对职业教育的专业分得非常细致，且突出了不同职业所需的特异性知识。例如，手工业职业大类下就对销售员做了细分，包括熟食快餐店加工售货员、肉店销售员和验光配镜店销售员三种具体的销售员职业。在具体行业中，这三类销售员所需的职业知识不尽相同，因此在职业教育的专业设置中做了区分。由此可见，卢森堡职业教育的专业设置，并不是单纯将职业目录照搬作为职业教育专业目录，而是充分考虑了不同职业所需职业知识或专业知识的差异性。

卢森堡职业教育体系的完备性对其他国家职业教育的规划与发展具有重要的参考价值。第一，职业教育体系的规划与建设应更好地与实际社会生活中的职业项目对标，即更注重实然状态，而非单纯依托应然的职业分类。在很多国家，实际社会生活中有大量的职业教育需求尚未得到有效满足，如卢森堡职业教育专业目录中的美发师、汽车美容师、生活助理等。这些职业从业人员数量多，在实际社会生活中又发挥着非常重要的作用，因此从业人员亟须接受规范、系统的职业教育，才能更好地促进相关职业本身的健康发展。第二，在职业教育的专业划分或设置上，可以更多地将不同职业所需要的知识基础考虑进来，并做出专业上的区分。至少可以在现有专业设置和名称的基础上，通过增加专业方向或职业方向来细化职业知识方面的特性，如在专业名称之后加括号注明具体职业方向。第三，卢森堡职业教育中的专业细化还为复合型职业人才的培养带来一定的启发。或许可以考虑在职业学校或学院设立双职业甚至是多职业文凭。例如，美发师和美容师作为两种职业类专业，不妨允许学生兼修。同类职业下的不同方向尤其应该鼓励学生兼修，以获得更多的职业技能，提高职业教育的效率，最终提升学生将来在职场中的竞争力。

二、选择性大、层次性强

卢森堡的职业教育为学生提供了非常大的选择空间，专业、学制的基本设计也具有较强的层次性。从选择性的角度看，如前所述，卢森堡职业教育的专业目录精细度高、分类细致，本身就为学生提供了非常多的职业选择。另外，以卢森堡中等职业教育为例，其培养模式的选择空间也非常大，包括了伴生式、全日制式、混合式共三种培养模式。这三种培养模式的区分，完全是为了给学生提供更多的选择。从教育资源利用和教育行政管理的角度看，同时运行三种培养模式会带来很大的教学和管理成本。例如，伴生式的培养模式中，学生主要在相应的职业场所以学徒的身份开展学习。那么各种职业实践的安排和指导，包括职业场所与职业学校的合作，本身就会带来很高的成本。即使是全日制式的学习仅包含了不少于12周的实习，各种与实习相关的教学与实践安排也需要大量的教育投入。可见，卢森堡对职业教育的投入是非常巨大的，对职业教育的重视程度可见一斑。总之，在巨大投入的背景下，卢森堡的职业教育给予学生非常丰富的职业领域与培养模式方面的选择。

卢森堡职业教育的基本设计架构也具有较强的层次性。职业教育的文凭结构包括三个不同层次，即职业能力证书、职业能力文凭和技师文凭。这三个层次的划分包含了两种区分，即根据职业本身的特点进行区分和根据职业技能或能力的水平进行区分。换言之，有些职业仅对应某个层次的职业文凭层次，而有些职业则在两个或三个层次上均有覆盖，只是所需达到的职业技能或能力水平不同。这种具有鲜明层次性特征的职业教育，有助于职业学校或院校明确、细化培养规格，也有助于用人单位对学生所具备的职业技能进行更准确的预估。

三、纵横双向发展

卢森堡的职业教育体系为学生纵横双向的发展提供了充分的机会与可能。纵向上看，卢森堡的职业教育体系并不是孤立的、终结式的，而是与卢森堡的高等教育体系相衔接。具体来说，这种衔接途径主要指完成中等职业教育后的高级技师文凭，即高等教育中的职业教育序列。高级技师文凭序列共有36个专业（职业），基本上覆盖了职业能力文凭序列的所有大类，能够切实为学生提供进修和提升的空间。值得一提的是，虽然文凭序列属于高等教育，但教学组织和实施仍由中等学校负责。一方面，这更加有利于职业教育体系的纵向贯通，课程目标、教学方法、评价标准等各方面均能更好地进行一体化设计；另一方面，这也有利于高等院校节约建设和运行成本——毕竟，高等院校建设一个职业教育体系，不管体量多小，都需要投入大量的人力、物力、财力。总之，卢森堡的职业教育体系为接受职业教育的学生（尤其是中等教育层次上）提供了进一步发展能力、提升学历、完善自我的充分可能。横向上看，卢森堡的职业教育体系的发展性主要体现在其开放性上。尤其是跨境学徒培养模式，充分体现了这种开放性。跨境学徒培养中的理论课程需要在邻国（主要是德国）完成，既拓宽了学生视野，也节约了职业教育作为一个部门的运营成本。[1] 而且，卢森堡是通过法律形式规定了一百多种跨境学徒培养的专业（职业），可见这种横向拓展的强烈意愿和实际努力。

近年来，世界上很多国家已经在职业教育体系的纵向发展上做出很多努力，初步建立了中等职业教育与高等职业教育的衔接与贯通。但具体到课程、教学、评价等要素的设计，仍需更多的研究和探索来完善。专业设置的对应、课程标准的整合、教学内容的拓展等均需不断改进和完善。一国家的职业教育不妨考虑和邻国展开更深度的合作，开展人才合作培养项目。例如，部分课程或实践环节出国完成，双方教师合作开展职业教育研究等。这样既能提升学生的职业能力水平和外语运用能力，为将来就业增添优势，甚至为跨境就业开拓机遇；同时还能为不同国家的职业教育经验交流带来更多机会。职业教育领域通常并不涉及高精尖知识与技术，因此这种横向的合作项目具有很大的可行性。

---

[1] 邹东升. 公共治理视域的欧盟职业教育与培训研究 [M]. 广州：世界图书出版公司，2017：119.

第八章 成人教育

正如卢森堡谚语所说：学习永远不会太早或太晚[1]，教育与培训不存在年龄限制。教育把每个人的学生时代、职场生活、家庭生活联系起来。教育让每个人更好地了解自己，更和谐地与他人工作生活，成为积极参与社会生活的公民。教育给予人信心和力量，促进社会团结，并为每个人的个人发展和职业发展开辟新的前景。显然，仅仅依靠学校教育不可能完成上述目标。每个人在人生的不同阶段都需要接受各种形式的教育和培训，获取新知识和新技能，以适应不断变化和发展的世界。卢森堡国民教育部重视成人教育和终身教育，提供多语言、多领域、高质量的教育和培训机会，满足在卢森堡工作和生活的人们的发展需求。

---

[1] 卢森堡语为 Et ass ni ze fréi oder ze spéit fir ze léieren。

第一节 成人教育的现状

一、成人基本能力教育

卢森堡国民教育部组织的成人基本能力教育主要面向两类人群：一类是完全没有法语或德语语言能力的人；另一类是已经具备最基本的法语或德语语言能力，希望进一步提高基本能力的人。这里的基本能力主要包括语言能力、数学能力和数字素养三个方面。卢森堡国民教育部2013年制定的《卢森堡基本能力教育参考框架》对语言能力和数学能力两个方面的学习目标进行了更加详细的规定，见表8.1。

表 8.1 卢森堡成人基本能力教育的目标 [1]

领域		能力
基本读写	写	写下所有字母和数字 将单词分解成字母或字母组合 通过字母或字母组合重构单词 正确使用字母组合（如 ch、ou、au 等）拼写单词 准确抄写字母、单词和简单的词组 填写表格 列清单 写便条和简短的信息 使用常用软件中的拼写校对工具

---

[1] Ministère de l'Éducation nationale, de l'Enfance et de la Jeunesse. Cadre de référence de l'instruction de base au Luxembourg[R]. Luxembourg: MENEJ, 2013.

续表

领域		能力
基本读写	读	识别所有拉丁字母 将生词分解为字母和字母组合 识别人名和地名 阅读和理解道路标志 阅读和理解包含常见单词的短文 在简单的文本中识别、定位信息 阅读并理解简单的使用说明 使用字典
交流表达	表达	使用问候语和礼貌用语 开始简单的对话 组织表达简单的信息、解释和指令 在日常情境中表达需求 在与他人的谈话中表现出理解和兴趣 谈论自我、工作、日常生活和兴趣爱好 正确发音
	理解	识别问候语和礼貌用语 对于个人生活和其他熟悉的话题，在谈话中倾听和回应 对简单的信息和指令做出回应 理解简单的描述或故事 识别对方使用简单的语言表达的情感、意见和需求 表达理解或不理解
数学能力	运算、形状、空间、测量、统计	计数 比较大小 简单的四则运算 近似计算 使用百分比、小数和分数 使用计算器 计算金额 识别三角形、长方形、正方形、圆形 看懂地图和示意图 在日常生活中正确使用距离、面积、体积、重量、温度和时间单位 使用测量工具，如尺子、量杯、天平、温度计和手表 在表格中输入（填入）数据 理解、绘制简单的表格和图表

基本能力教育免费向有需要的成年人开放，有两种课型，分别是大课（课堂人数较多，教学内容和进度固定）和小课（课堂人数少，根据参与者的情况灵活调整教学内容和教学进度），有法语班和德语班。希望参加基本能力课程的学员首先要接受一对一面谈，国民教育部的工作人员会询问学员已经掌握哪些知识和技能，今后的个人与职业发展规划如何，然后给出指导性建议。基本能力课程的周课时一般是2—6小时，学员可以根据自身情况选择课程强度。基本能力课程的上课地点较多，在维尔茨、埃特尔布鲁克、瓦尔肯、埃希特纳赫、基希贝格、贝尔瓦等地都有授课点，学员可以根据自身情况就近选择。此外，一些协会和社区也会组织类似的课程。

二、中等教育第二渠道

对于没有获得中等教育毕业文凭的成年人，卢森堡提供中等教育第二渠道[1]，通过夜校、网校或混合式学习等形式，为他们提供进修的机会。学员的初始教育水平决定了他们会被分入哪个学习序列的哪个年级，如下所列。

预科班序列：学员有机会进入通用中等教育预科班的七年级、六年级或五年级学习。预科班序列面向没有达到中等教育初中毕业班（普通中等教育五年级、通用中等教育五年级普通班或通用中等教育五年级适应班）入学标准的成人学员。通用中等教育预科班序列各年级均按照模块化的形式组织学习，学员可以比较灵活地插入某一年级学习相应的模块。

初中毕业班：学员有机会进入通用中等教育五年级适应班（开设德语和法语平行班）、通用中等教育五年级普通班（开设德语和法语平行班）或

---

[1] 法语称为 deuxième voie de qualification。

普通中等教育五年级学习。学员完成初中毕业班的学业后，可以进入中等教育高中段继续学习，或接受职业教育。

职业教育序列：面向的是已有工作合同的成年人，以及在国家就业发展局登记的求职者。修完这一序列的课程，学员有机会获得职业能力证书、职业能力文凭或技师文凭。这一序列包括的职业（专业）见表8.2。

表8.2 卢森堡中等教育第二渠道职业教育序列开设的职业（专业）[1]

职业教育序列	开设职业（专业）
职业能力证书	厨师
职业能力文凭	厨师，销售与行政管理员，苗圃、景观设计师，生活助理，电工
技师文凭	行政与商贸

中等教育高中段：以夜校和混合式学习的方式授课。学员有机会进入普通中等教育高中段的人文与社会科学方向（全年级可选），以及通用中等教育高中段的以下分科：通用技术领域的工程科学分科（全年级可选）、卫生与社会科学领域各个分科（进入低年级）、卫生与社会科学领域社会实践教师教育（直接进入高年级）、行政与商贸领域各个分科（全年级可选）。

除此之外，卢森堡国家成人学校[2]从2016年起还开设高等教育入学文凭[3]序列的课程，为那些由于各种原因未能获得中等教育毕业文凭的人提供第二次机会。高等教育入学文凭也是卢森堡的一种国家文凭，效力相当于普通中等教育毕业文凭或通用中等教育毕业文凭，持有人具有在卢森堡和国外的高等院校就读的资格。已经获得职业能力证书、职业能力文凭或技

---

[1] 资料来源于卢森堡国民教育部官方网站。

[2] 法语称为 École nationale pour adultes。

[3] 法语称为 diplôme d'accès aux études supérieures。

师文凭的成年人可以在获得高等教育入学文凭后进入高校继续深造。此外，高等教育入学文凭在职业发展（如就业和晋升）中也可以发挥作用，持证人还有资格参加卢森堡的公务员考试。

高等教育入学文凭序列的学制为两年，分为预备班（两学期，共 36 周）和毕业班（两学期，共 32 周）。总体的入学条件是：已有工作经历，或年满 20 周岁，或脱离初始教育两年以上。进入预备班就读的条件是：普通中等教育三年级通过，或通用中等教育三年级通过，或持有职业能力证书、职业能力文凭，或通过入学考试（考查科目包括法语、德语、英语和数学）。进入毕业班就读的条件是：普通中等教育二年级通过，或通用中等教育二年级通过，或持有技师文凭、高级技师认证，或通过本序列预备班考核。

高等教育入学文凭序列的课程包括语言类（德语、法语、英语），数学类（数学、应用数学），自然科学类（物理、化学、生物），人文社科与艺术类（经济与社会科学、历史、地理、哲学、艺术）等。其中语言类课程使用对应语言授课，其他三类课程大部分使用法语授课，但物理和艺术两门课程使用德语授课，哲学课程则有法语和德语两个语种的平行班可选择。在预备班和毕业班，学生都需要从以上四类课程中选择六门，其中必须包括语言类两门，数学类、自然科学类和人文社科与艺术类各一门，再加上一门与未来希望深造专业相关的自选课程。在毕业班，学生还要完成一项个人综合研究项目。项目类似于毕业设计或毕业论文，重点培养和考查学生收集、加工信息以及解决问题的能力。

高等教育入学文凭序列有两种授课模式，分别是日间课程和夜间混合式课程。日间课程主要面向需要针对性辅导和学习进度监测的学生，每周有 30 小时的课程（预科班每周 32 小时）。每名学生配备导师，为学生的学业进展和职业发展提供个性化建议。夜间混合式课程主要面向已经工作的学员，每周有三个晚上的线下课程，剩余部分的学业以远程学习和自主学习的形式开展。

自 2021—2022 学年起，卢森堡国家成人学校还开设了高等教育入学文凭序列国际课程，主要使用英语授课。目前开设的课程包括：英语、商务法语、应用数学、生物、哲学、艺术等。国际课程重点关注英语能力和使用英语学习的能力，为希望深造的成年人提供了更多选择。[1]

三、高级技师认证

高级技师认证[2]面向希望独立创业，或者希望在手工业、工业或商贸企业中担任管理岗位的成年人。通过认证后，持证人除了能够作为独立手工业者创业，或在企业中担任责任岗位之外，还具有招收、培训学徒的资质。

高级技师认证的申请人必须年满 18 周岁，并持有下列文凭之一：职业能力证书、职业能力文凭、技师文凭、普通中等教育毕业文凭、通用中等教育毕业文凭、高等教育文凭（如高级技师文凭、学士学位、硕士学位等），或者国民教育部认证的国外文凭。此外，申请人还必须具备所在行业（职业）一年以上的从业经历。申请人需要修习卢森堡行业联合会组织的预备课程，通过结业考试，以获得高级技师认证。

高级技师认证的预备课程按模块组织，分为两个部分：企业组织与管理和应用教育学；专业理论与实践。每学年的预备课程一般在当年九月中下旬开始，次年三月下旬结束，通常在工作日的晚上和周末上课。原则上，申请人需要用三年时间完成所有预备课程的学习；但在实际操作中，申请人可以按照自己的节奏自由安排学习进度，确保在六年内通过所有考试即可。预备课程的注册费为每年 600 欧元。

企业组织与管理和应用教育学部分是公共必修课，所有职业专业都要

---

[1] 资料来源于卢森堡国民教育部官方网站。

[2] 法语称为 brevet de maîtrise。

修习。该部分共有五个模块，分别是：模块A——法律（劳动和社会法、公司法）、模块B——量化管理技术（会计原理和财务分析、成本计算、工资计算）、模块C——管理（公司组织、人际沟通、人力资源管理）、模块D——创业（创建新公司）和模块E——应用教育学。这五个模块都提供双语课程，申请人可以选择卢森堡语/德语班或法语班。这五个模块的课程每年都开设，一般在周末（周五晚上、周六下午或周日上午）上课。专业理论与实践部分的课程则根据申请人所从事的职业进行设计，一般包含三个理论模块（F、G和H）和一个实践模块（I）。与公共必修课不同，专业理论课程每年只开设一个模块，申请人利用三年的时间可以学完全部三个模块。专业理论课程一般在工作日的晚上上课。目前，专业课程涵盖了表8.3所列几个职业大类下的相关专业（职业）。

表8.3 卢森堡高级技师认证专业（职业）[1]

职业大类	专业（职业）
食品工业	食品工业技师
时尚与健康	裁缝，验光配镜师，形象管理师（包括美发师和美容师）
机械	普通机械技师，汽车车身制造与维修师，机动车喷漆技师，农用机械技师，汽车摩托车机电一体化技师，驾校教练员
建筑与住宅	建筑公司经理，木工与细木工技师，金属加工公司经理，石材切割加工技师，瓦工技师，天花板与外墙技师，油漆与装饰师，建筑技术工程技师，屋顶维护技师
艺术、传媒与其他职业	游泳教练员

大部分职业课程使用卢森堡语和德语授课。少部分职业开设法语平行班，分别是：食品工业技师、形象管理师、汽车摩托车机电一体化技师、

---

[1] 资料来源于卢森堡行业联合会官方网站。

建筑公司经理、石材切割与加工技师、瓦工技师、天花板与外墙技师、油漆与装饰师、建筑技术工程技师、屋顶维护技师（2022—2023 学年新设）。

高级技师认证的结业考试分为理论考试和实践考试。行业联合会每年组织两次理论考试，分别在春季（三月末至四月中旬）和秋季（十月）进行。理论考试负责考察企业组织与管理、应用教育学、专业理论等模块的内容。申请人必须每年按时缴纳注册费，并上满考试模块课程的至少 80%，才能参加该模块的理论考试。行业联合会每年组织一次实践考试，在春季进行，时间一般在五月中旬至七月末。实践考试负责考察专业实践模块（即模块 I）的内容。申请人必须通过所有理论考试，并且具有至少一年的从业经验（从获得职业能力文凭、技师文凭等职业文凭之日算起），才能参加实践考试。每次考试的考试费为 300 欧元。

卢森堡行业联合会给出了高级技师认证学习与考试的建议进度，见表 8.4。申请人可以参照该表安排自己的学业进度，每学年参加相应模块的学习与考核。

表 8.4 卢森堡高级技师认证学习与考试建议进度表 [1]

学年	学习内容	
	企业组织与管理及应用教育学	专业理论与实践
第一学年	模块 B——量化管理技术（80 小时）	模块 F——专业理论
第二学年	模块 C——管理（80 小时）	模块 G——专业理论
第三学年	模块 A——法律（40 小时） 模块 D——创业（24 小时） 模块 E——应用教育学（24 小时）	模块 H——专业理论 模块 I——专业实践
培训期满	通过该部分所有考试	通过该部分所有考试
	获得高级技师认证	

---

[1] 资料来源于卢森堡行业联合会官方网站。

四、同等学力认证

同等学力认证[1]是成年人在初始教育体系之外获得某些文凭与证书的另一种渠道。同等学力认证对申请人在工作、志愿活动或其他类型的活动中所获得的知识与技能进行认证，从而把申请人在初始教育以外获得的经验与能力转化为国家承认的证书或文凭。通过同等学力认证获得的文凭与初始教育获得的文凭具备同等法律效力。通过同等学力认证，申请人不仅可以巩固在当前职业路径中的地位，稳步前进；也可以获得更多筹码，增加走上新岗位、尝试新工作的成功机会。

卢森堡国民教育部成人教育处负责受理以下证书或文凭的同等学力认证：职业能力证书、职业能力文凭、技师文凭、通用中等教育毕业文凭，以及手工业高级技师认证。由于每个文凭序列下都有若干专业（职业），申请人需要提前查询本专业（职业）是否接受同等学力认证，并参考本专业（职业）的课程方案，了解初始教育需要修习哪些课程，每门课程的比重如何，从而明确获得相应文凭所必需的知识和技能。语言能力方面，申请人必须掌握相应文凭课程方案中所要求的所有语言；申请高级技师认证的申请人需要掌握德语或法语。一般来说，申请人应当具有累计至少三年（约5 000小时）的相关领域工作经验，才能申请同等学力认证。在确定了希望认证的证书或文凭后，申请人就可以着手准备材料，在卢森堡公民办事一站通线上平台无纸化完成所有手续，或者将纸质材料邮寄到卢森堡国民教育部进行办理。

同等学力认证申请主要包括两大步骤。第一步，资格审查。在这一步，申请人需要填写个人履历，提供有关的工作经历、志愿服务经历等，以及接受初始教育和培训的信息。履历中的每一条内容都需要提供相应的证明

---

[1] 法语称为 validation des acquis de l'expérience。

材料，如劳务合同、工资单、社保缴纳证明、已获得的初始教育文凭及成绩单、各类培训证明等。提交资格审查申请后需要缴纳25欧元的申请费。卢森堡国民教育部成人教育处审核后告知申请人是否有资格申请相应的证书或文凭。具有申请资格的申请人可以进入第二步：内容审核。在这一步，申请人需要撰写内容审核报告，尽可能详尽地描述自己在每段职业或志愿活动经历中获得的知识和技能，并辅以具体情境中的具体案例，从而论证自己已经取得了对应文凭所需要的各项知识与技能。对于每段工作经历，申请人至少需要写明以下信息：自身岗位与职责，所在工作团队的结构，自己在这一组织架构中所处的位置，业务绩效的评价人，是否经历重要的岗位变动（如晋升等），如何适应这些变动，在业务开展过程中的主动性与积极性，如何处理意外事件等。申请人还要对在每个职位上开展的主要业务做详细描述，包括业务的对象、内容，在业务开展过程中如何处理、加工各类信息，如何使用各类软硬件材料设备，对待业务的态度，开展业务必备的知识与能力，在业务开展过程中锻炼的技能与品质等。在撰写文书之余，申请人还需要提供相应的证明材料。内容审核报告的撰写质量直接决定了同等学力认证的结果。为了帮助申请人更好地完成材料准备工作，国民教育部提供若干指导答疑服务，申请人可以参加教育部组织的集体答疑和培训会，也可以申请与专人进行一对一面谈。

申请人完成内容审核报告的撰写与支撑材料整理后，就可以将全部材料提交至评审委员会。评审委员会每年举行两次会议，春季会议在五月或六月举行，秋季会议在十月或十一月举行。每个证书或文凭都会组织一个专门的评审委员会。委员会由六名成员组成：两名雇主代表、两名雇员代表和两名教育界代表。评审委员会对内容审核报告中写明的各项能力与所申请文凭所要求的能力进行比较，判断申请人在职业经历中所积累的知识与技能是否符合要求。如果有必要，评审委员会可以与申请人进行面谈，或要求申请人参加职业情境考核。评审结束后，委员会会出具评审结果，包括以下三种。① 同等学力完全认证。申请人顺利获得所申请的文凭或证书。② 同等学力部分认证。申请人所具备的知识和技能尚不完整，不能够满足所申请文凭或证书的所有要求。申请人有三年的时间，通过参加培训或积累工作经验等形式来补充缺少的这部分技能，然后再次申请认证。③ 不予认证。申请人的知识和技能不符合所申请文凭或证书的要求，同等学力认证不予通过。

高级技师文凭的同等学力认证由卢森堡高教科研部负责。申请人无年龄、教育水平和职业的限制，但原则上需要有累计至少三年的相关专业（职业）从业经历，包括工作经历、志愿服务经历等。高级技师文凭虽然属于高等教育文凭，但是有关的教学组织均由中学负责。因此，申请人需要首先向相应的中学提交同等学力认证申请，说明希望申请认证的文凭，提供支撑材料以证明自己已经掌握文凭要求的知识与技能。中学收到申请后会对申请人提交的材料进行审核，并上报高教科研部。之后，高教科研部会任命若干专家组成特设评审委员会。每个文凭都对应一个特设评审委员会。委员会负责考察申请人提供的支撑材料，并对申请人进行面试和职业情境考核，以考察申请人是否在以往的经历中获得了文凭所要求的知识与技能。评审委员会的评审结果分为两大类：申请人直接获得高级技师文凭；申请人进入高级技师文凭序列就读，修习课程、通过考核后再获颁高级技师文凭。对于第二类结果，情况又详细分为：① 允许不持有入学所需文凭（如卢森堡中等教育毕业证书、技师证书等）的申请人进入高级技师文凭序列就读；② 允许申请人完成补充课程后进入高级技师文凭序列就读；③ 申请人进入高级技师文凭序列就读，部分课程免修；④ 申请人进入高级技师文凭序列就读，部分考核免考。

另外，对于新开设的高级技师文凭专业（如2022—2023学年新设的金融与金融产品专业），必须有至少一届初始教育学生毕业之后，才能开展对应文凭的同等学力认证。

学士和硕士层次的同等学力认证由卢森堡大学负责。这一层面的同等学力认证一方面为那些没有获得入学所需文凭的学生提供了进入卢森堡大学接受高等教育的机会，另一方面可以减免部分学生在大学需要学习的课程数量，加快学业进度。只有欧盟成员国、欧洲经济区成员国和瑞士公民才有资格申请同等学力认证。申请人必须符合所申请学位和专业的入学或升学要求。最常见的申请人类型有以下几种：从其他大学转到卢森堡大学就读的学生，在之前的大学已经修读相关专业；卢森堡专业资格等级五级以上，申请就读相关专业的申请人；曾经在卢森堡大学学习、中断学业后希望重新入学的申请人；在申请就读的专业领域有从业经验的专业人士；不具备入学所要求的文凭，但有相关职业经历的申请人。

提交同等学力认证申请时，申请人需要提供能够证明已获得相关知识和技能的材料。审核过程中，卢森堡大学还可能要求申请人参加笔试、面试，或完成一个小型课题研究。材料审核主要由卢森堡大学教职人员以及相关专业领域的从业人员进行，重点关注申请人是否满足了所申请学位和专业的入学要求，以及专业课程的具体学习要求，并对申请人所具备的综合能力（包括知识、技能、态度等）进行全面评估。

需要注意的是，学士和硕士层次的同等学力认证并不是直接授予相应的学位。通过认证后，申请人必须进入卢森堡大学进行学习，获得至少60个学分并通过有关考核后，才能被授予学位。

五、成人多语言培训

卢森堡社会高度多语，一方面是由于卢森堡语、法语和德语这三门官方语言在日常生活中应用广泛，另一方面是因为大量的移民和跨境工作者使得英语、葡萄牙语等语言的重要性日益凸显。为了更好地让在卢森堡工作和生活的人适应这一独特的多语环境，提升个人多语能力，卢森堡在1991年成立了卢森堡语言中心，后于2009年5月更名为国家语言学院[1]，隶属卢森堡国民教育部管理。国家语言学院开设面向成年人的多语言课程，旨在提高个人多语能力，促进个人多语使用，鼓励使用多种语言进行跨文化交流，增强社会凝聚力。此外，国家语言学院还负责组织卢森堡语等级考试，并与剑桥大学、佩鲁贾大学、里斯本大学、歌德学院、塞万提斯学院等高等院校和国际语言文化合作机构密切协作，承办其他语种的等级考试。

目前，国家语言学院共有120余名专门从事成人外语教育的教师，教授九门语言：卢森堡语、法语、德语、英语、西班牙语、意大利语、葡萄牙语、荷兰语和汉语。国家语言学院有三个教学点，分别是卢森堡市本部（教授全部九个语种）、贝尔瓦分部（教授卢森堡语、法语、德语、英语、西班牙语）和梅施分部（教授卢森堡语、法语、德语、英语）。2016年，来自130多个国家的13 000多名学员注册学习，总课时数超过55 000小时。[2]

课程方面，国家语言学院的课程既包括面向初学者和进阶学习者的通用语言课程，也包括专门用途语言课程，如商务英语、商务德语、法律德语等。具体组织上，有以下几种形式可供选择。

标准课程。根据《欧洲语言共同参考框架》确定学习内容，制定学习计划，课程结业后参加《欧洲语言共同参考框架》对应等级的语言测试。每周上2—3次课，每次100分钟，上满一学期（约16周）。

工作坊。根据《欧洲语言共同参考框架》，制定学习计划，但课程结业后不需要参加相应测试。工作坊主要面向希望保持自己的语言水平，或希望学业进度相对放缓的学习者。

密集课程。与标准课程的内容和进度一致，但每周上4次课，每次3小

---

[1] 法语称为Institut national des langues，缩写为INL。
[2] 数据来源于卢森堡国家语言学院网站。

时，连上8周。

精要课程。与标准课程的内容和进度一致，课程结业后也需要参加对应等级的考试。但每周只上2次课，需要学习者在课外投入更多精力自主学习。目前针对《欧洲语言共同参考框架》的A1.1、A1.2、A2.1和A2.2四个等级开设课程。

写作强化课程。与标准课程的内容进度一致，课程结业后也需要参加对应等级的考试。课上着重训练写作能力。目前针对《欧洲语言共同参考框架》B1.1、B1.2和B1.3三个等级开设。

混合式学习课程。课堂面授和线上学习交替进行，对学习者的自主性和数字素养都有一定要求。课堂面授每周1—2次，每次100分钟；线上要完成教师布置的学习任务，每周100分钟。学习者在课堂和线上都需要与教师和同班同学进行互动交流。

此外，卢森堡还专门为新移民提供若干语言培训课程和指导服务，有效促进了不同语言背景移民的社会融合。[1] 语言融入培训由国民教育部成人教育处组织，是面向国际庇护申请人以及卢森堡新移民的语言培训。培训主要针对的是不掌握卢森堡任何一门官方语言的人，以教授法语为主。学习者如果不掌握任何一门以拉丁字母书写的语言，就学习法语入门课程，反之则学习进度更快一些的法语综合课程。语言融入培训的目的是让学习者的法语水平达到《欧洲语言共同参考框架》A1级别。培训以线上线下混合式开展，包括面授课、线上课，以及语言操练工作坊等。培训完全免费。

欢迎与融入培训合同 [2] 是由卢森堡家庭、融合和大区事务部负责组织，面向16周岁以上的非卢森堡居民的融入培训计划。欢迎与融入培训合同的目的是促进不同国籍和文化背景的人融入卢森堡社会，帮助人们更好地了解卢森堡及其多元文化。培训合同不具有强制性，无论是新移民还是已经

---

[1] LEFRANÇOIS N. Gestion du plurilinguisme au Grand-Duché de Luxembourg[M]. Paris: L'Harmattan, 2021: 202.

[2] 法语称为 contrat d'accueil et d'intégration。

在卢森堡工作生活过一段时间的人，只要是非卢森堡籍都可以签署。培训合同框架下的课程与服务包括三个部分。①语言培训，目的是让学习者在卢森堡三种官方语言中至少有一种达到《欧洲语言共同参考框架》A1.1级。签署培训合同的学习者可以以每门课程10欧元的优惠价格报名国家语言学院提供的课程。②公民教育课程，共6小时，分两次或三次上完。公民教育课程的主要内容包括卢森堡历史、文化传统和价值观，卢森堡政治制度和主要机构等。公民教育课程有多语种平行班，授课语言包括卢森堡语、法语、德语、葡萄牙语和英语等。③迎新活动日，每年两次，由政府和民间社会的众多合作伙伴共同组织。在迎新活动日上，学习者能够在轻松友好的氛围中熟悉政府机构的办事程序，了解卢森堡的社团活动。

希望申请卢森堡国籍的人也需要具备一定的卢森堡语语言能力。对于在卢森堡居住不满20年的外国人，希望申请卢森堡国籍必须通过国家语言学院组织的卢森堡语语言测试，并提交"卢森堡共同生活"证书[1]。卢森堡语语言测试的要求为口语表达达到《欧洲语言共同参考框架》A2级，听力理解达到B1级。申请人可以参加国家语言学院开设的卢森堡语课程以备考。

"卢森堡共同生活"证书由国民教育部成人教育处颁发，获得证书的条件是参加24个小时的培训课程，或通过"卢森堡共同生活"测试。培训和测试使用多种语言组织，包括卢森堡语、德语、法语、英语等，内容包括三部分：①卢森堡公民的基本权利（6小时培训课程，10道选择题）；②卢森堡的各级机构（12小时培训课程，20道选择题）；③卢森堡的历史和欧洲一体化（6小时培训课程，10道选择题）。

如果已经在卢森堡生活20年及以上，则不需要提供上述测试通过证明和证书，只需要提供证明，表明已经参加过至少24小时的卢森堡语语言课程即可。

---

[1] 法语称为 certificat du « Vivre ensemble au Grand-Duché de Luxembourg »。

六、相关机构

（一）国家继续职业教育发展研究所

国家继续职业教育发展研究所成立于1992年，隶属于卢森堡国民教育部，是继续职业教育领域的重要机构。研究所主要有三大项业务。

其一，管理卢森堡终身学习门户网站。网站列出了卢森堡所有合规培训机构提供的全部培训课程，还提供包括申请培训资助与补贴的方法、获得文凭的其他途径以及相关法律法规等信息。网站为个人获取继续职业教育相关信息提供便利，促进卢森堡全社会的终身学习。

其二，帮助企业申请继续职业教育共同出资资金。

其三，开展调查研究和国际合作，为持续改善继续职业教育体系提供建议。研究所下设职业教育与终身学习观察研究所，分析职业发展趋势，提供专业建议，帮助政府机构和私营企业更好地做出决策。主要的研究主题包括企业组织培训的情况（内容、时长、参与人员等）、培训市场的结构（有哪些机构提供哪些种类的培训等），以及青年人从学校到职场的过渡期研究等。国际合作方面，研究所负责与欧洲职业培训发展中心在卢森堡的分支机构协调合作，实现欧盟成员国内部以及与挪威、冰岛等国继续职业教育体系与政策的信息共享。

组织结构上，研究所由董事会负责管理。董事会成员来自政府部门和各行业公会，由政府委员会任命，任期三年。董事会决定研究所的总体政策和战略方向。董事会主席来自卢森堡国民教育部，另有一名国民教育部的政府专员，其余成员则来自国民教育部、财政部、劳动部、经济部、手工业公会、商贸业公会、农业公会、职工工会以及公职人员联合会等。

(二)国家继续职业教育中心

国家继续职业教育中心是卢森堡国民教育部职业教育司下属机构，提供劳动力市场所有行业和部门的培训。具体来说，继续职业教育中心的培训业务分为四大类。

其一，继续职业教育。主要面向希望更新知识、提高技能、保持和提高就业力的在职员工和求职者。大部分培训是应公司、政府部门或市镇要求专门开设的，也有部分培训属于常规项目，定期滚动式开设。培训通常安排在工作日白天，也有少部分在晚上进行。下列领域的继续职业教育培训是中心的特色项目：焊接（气焊、电弧焊等）、机械驾驶（吊车、桥式起重机、叉车等）、家庭生活助理（进入家中照看老人、病人、残疾人等）、老幼生活助理（照看、陪护老人和小孩）、改衣缝纫、景观和林业管理、环境保护（垃圾管理、资源回收等）。

其二，再就业培训。主要面向希望改行的在职职员和求职者。培训的目的是让他们具备新的职业技能，以更好的状态返回劳动力市场。再就业培训课程时长从几周到几个月不等，由国家继续职业教育中心与国家就业发展局合作组织。完成培训后，中心颁发证书。

其三，个人能力培训。个人能力并不局限于职场，也可以是在日常生活中培养新的爱好。中心提供的培训涵盖以下领域：艺术、缝纫、烹饪、摄影、语言、技术制图、电气工程、锻造、信息技术、汽车机械、细木工艺、机械加工（车削和铣削）等。完成培训后，中心颁发证书。

其四，职业学校教育。职业学校教育又细分为几小类。

一是成人学徒教育。中心提供以下文凭和专业的成人学徒教育：销售顾问（职业能力文凭）、销售与行政管理员（职业能力文凭）、厨师（职业能力证书和职业能力文凭）。

二是通用中等教育五年级适应班。中心的通用中等教育五年级适应班面向的是希望重修本年级的未成年学生，或已经年满18周岁但仍需在本年级就读的成人。学生完成五年级适应班的学业后，可以进入职业教育序列继续学习，以获得相应的证书和文凭。适应班提供法语和德语两个语种平行班。

三是青年适学课程[1]。这是2018—2019学年新推出的培训课程，面向年龄18—24岁、尚无学徒合同的青年人。适学课程的目的是帮助他们在下一学年顺利找到学徒岗位。只有在国家就业发展局职业导向处登记注册的青年人才有资格申请该课程。在两个学期的课程中，学员会与教学团队共同讨论，制定个人职业计划。教学团队会帮助学员寻找雇主，并指导学员撰写简历和求职信、准备面试。课程涵盖的专业（职业）包括美发、商贸、建筑、烹饪、电力、信息技术、机械、木工、金属制品、油漆、机械加工和销售等。

（三）卢森堡大众大学

为了促进在卢森堡工作、生活的人群积极参与终身学习，充实自我，卢森堡大众大学[2]于2021年成立。卢森堡大众大学整合了许多成人教育与终身学习领域的资源，使得卢森堡国民教育部成人教育处、卢森堡国家语言学院、卢森堡国家继续职业教育中心等机构之间的合作更加密切。卢森堡大众大学并不局限于学术知识的传播，也关注流行文化和大众文化。艺术、科学、健康与养生、体育运动、手工制作、社区集体活动等都是卢森堡大众大学关注的内容。卢森堡大众大学的第一处校址设在贝尔瓦，紧邻卢森堡大学；政府还计划在卢森堡北部以及卢森堡市设立更多校区，方便更多人享受更为便捷的终身教育服务。

成立一年多以来，卢森堡大众大学积极与各地的中学、市镇、非营利性组织合作，提供3 000余门终身教育培训，累计注册人数超过30 000人。

---

[1] 卢森堡语称为Fit fir d'Léier。

[2] 法语称为Université Populaire Luxembourg。

按照内容，培训可以分为七大类。

语言类。卢森堡社会高度多语，因此，掌握多门语言在日常生活和工作中非常重要。许多机构和组织都提供各类语言培训，包括国家语言学院的学期制语言培训、部分中学的夜校课程、卢森堡大众大学组织的语言培训，以及市镇和非营利组织提供的培训等。

信息和通信技术类。这类培训重点关注信息和通信技术在日常生活中的使用，主要内容包括：数据库、办公自动化、在线协作、技术制图、多媒体入门、演示文稿制作、编程、网络出版、电子表格、文字处理、图像处理等。

艺术与手工制作类。这类培训又可以分为两部分，一部分培训旨在提高艺术素养，培训内容涉及音乐史、美术史、绘画、摄影、雕塑、音乐鉴赏等；另一部分培训则意图提高日常生活中的动手能力，如烹饪、机械修理、木材加工、刺绣、陶瓷制作、缝纫、焊接等。

公民教育与社会融入类。主要内容包括开放思维、个人和集体责任感、批判性思维、新移民社会与语言融合等。

自然科学类，包括数学、物理、化学、生物和天文学五大学科的科普性质培训。

人文社科类，包括历史、地理、哲学、法学、金融财会等领域的科普性质培训。

体育与养生类，包括健康讲座，冥想、舞蹈、瑜伽、太极拳等体育运动，以及急救培训、新生儿照护培训等。[1]

卢森堡大众大学的培训课程形式多样，既有传统的课堂学习，也有讲座、工作坊、小组活动等。目前大部分培训都是在大众大学的合作机构内进行，也有部分以线上或线上线下结合的方式进行。一般来说，参加这类

---

[1] 资料来源于卢森堡大众大学网站。

培训课程需要缴纳一定数额的注册费；也有部分免费开放，只需要提前完成报名手续即可。

此外，卢森堡大众大学还负责"学习为成功助力"项目[1]的具体实施。"学习为成功助力"项目是卢森堡国民教育部自 2014 年推出的一项个性化终身学习项目，旨在通过量身定制的培训方案，为个人发展提供有针对性的帮助。项目最突出的特色就是个性化。例如，项目可以在全年任意时间开始，项目的进度与强度也可以随时调节。在项目开始前，学员首先要完成一次面谈，明确个人的发展需求。在项目进行中，会有专家为学员提供一对一指导，建议培训的具体内容、时间安排、学习进度和参考书目等，并在项目过程中随时为学员答疑解惑，提供建议。项目还会在语言（法语、德语、英语）、数学、自然科学、通识教育与公民教育等领域组织一系列工作坊，学员可以按需报名参加。项目结束时，学员会收到培训证明，以及一份对新获得知识和技能的评估报告。目前，项目的收费标准为每小时 3 欧元，针对部分人群还有优惠。对于个人，参加该项目可以享受培训假；如果公司组织员工集体参加该项目，那么可以通过共同出资机制向国家申请经费。

七、激励措施

（一）继续职业教育共同出资机制

为了激励企业积极组织员工参加继续职业教育培训，卢森堡设立了继续职业教育共同出资机制。企业可以提出申请，要求国家共同出资，承担一部分继续职业教育方面的投入。具体来说，凡是在卢森堡合法成立并在

---

[1] 名为 Learn 4 Succes，缩写为 L4S。

卢森堡开展主要活动的私营企业都可以提出共同出资申请。符合要求的继续职业教育培训应当面向缴纳卢森堡社会保险、与企业签订劳动合同（固定期限劳动合同和非固定期限劳动合同均可）的员工，不包括学徒、临时工等。继续职业教育培训的目的是帮助企业员工获得、保持并扩展专业知识和技能，使其适应社会发展和工作岗位的要求，或实现职业晋升。符合要求的培训类型包括外部培训（由专门培训机构组织）、内部培训（由企业内部员工组织）、岗位适应性培训（一种特殊的内部培训，每人每年每岗不超过80小时，且仅面向不具备相关职业文凭或认证的员工）、远程学习和讲座。培训内容应为以下七类中的一类：语言，信息技术与信息化办公，企业管理与人力资源管理，财会制度与法律法规，质量、国际标准与安全，职业技术，岗位适应性培训。

企业的共同出资申请获得批准后，国家支付给企业的补贴数额为企业年度薪资总数的15%。如果培训面向的群体符合以下两类条件，国家的补贴比例则提高至20%：工龄小于十年且未获得卢森堡承认文凭的员工；年龄大于45周岁的员工。国家补贴设有上限，对于员工数为1—9人的小微企业，补贴上限为企业员工薪资总数的20%；对于员工数为10—249人的中小企业，补贴上限为企业员工薪资总数的3%；对于员工数超过249人的大型企业，补贴上限为企业员工薪资总数的2%。[1] 希望获得国家共同出资的企业可以联系国家继续职业教育发展研究所获得帮助。

2019年，卢森堡用于继续职业教育方面的投入金额达3 700万欧元，同比增长了4.5%。共有2 324家私营企业享受了国家给予的继续职业教育补贴。这些公司或单独申请，或结成集团，一共提交了1 723份共同出资申请。享受共同出资的企业在员工培训方面的投入平均占年度薪资总数的1.7%。外部培训机构提供的培训服务占企业培训投资总数的26.9%。培训内容

---

[1] 资料来源于卢森堡国家继续职业教育发展研究所网站。

方面，职业技术和企业管理与人力资源管理两大领域最为热门，企业培训投资的 56% 用于这两个领域的培训，相关培训课程占总培训时长的 52%。[1]

在享受国家共同出资的企业中，每位员工平均参加了 4.7 门培训课程，每门课程平均时长 3.9 小时。从全国范围来看，男性参加的培训课程比女性略多：男性人均 4.8 门，女性人均 4.6 门。在员工数超过 249 人的大型企业，这一现象更加明显：男性人均 5.6 门，女性人均 4.6 门。按照人员类别划分，中层管理人员参加的培训课程门数最多（人均 7.3 门），多于领导层（人均 6.6 门）和具备职业能力认证或文凭的普通员工（人均 4.9 门）。不具备职业能力认证或文凭且工作资历少于十年的普通员工接受的培训最少（人均 1.8 门）。在女性群体内部，领导层和中层管理人员参加的培训非常多（领导层人均 9.4 门，中层管理人员人均 8.1 门），而不具备职业能力认证或文凭且工龄小于十年的普通女性员工只接受了人均 1.4 门培训课程。[2] 总的来说，接受培训的群体仍体现出相当强的不平衡性。

（二）个人培训假

卢森堡法律规定，个人在整个职业生涯内可享受总时长为 80 天的个人培训假。这是一种特殊的带薪假，目的是让企业员工、个体职业者和自由职业者有时间学习职业教育相关的课程，准备并参加有关考试，撰写学位论文，或从事与职业培训有关的任何其他工作。享受培训假的企业员工必须满足以下条件：所在企业在卢森堡境内开展主要业务；员工与所在企业签订合法劳动合同；在申请休假时，在所在企业至少工作六个月。个体职业者和自由职业者则必须加入卢森堡社会保障体系至少两年。

符合条件的职业培训在内容上可以是与个人职业发展相关的任何主

---

[1] 数据来源于卢森堡国家继续职业教育发展研究所网站。
[2] 数据来源于卢森堡国家继续职业教育发展研究所网站。

题。培训可以在卢森堡或外国进行，但必须由以下部门或机构组织：卢森堡政府承认的公立学校或同等地位的机构；卢森堡行业联合会；各市镇；政府批准的基金会、自然人和私人协会；各部委、行政部门和其他公共机构。

单次培训假的天数取决于培训的时长（按小时计）。培训时长可以由培训机构直接出具证明，也可以根据培训机构的课程表计算。培训小时数按照 8∶1 折算为工作日数，即 8 小时的培训算作 1 个工作日。折算后的工作日天数再除以 3，就得到单次培训假的天数，计算时不保留小数，按去尾法取整。例如，30 小时的培训课程折合 3.75 个工作日，进一步折合为 1.25 个的培训休假日，取整后，折合 1 天的培训假时长。

每名员工在其职业生涯中总共享有 80 天的培训假。每两年为一个周期，周期内可申请的培训假天数最多为 20 天。培训假的最小使用单位是 1 天。

（三）卢森堡语学习补贴

为了鼓励在卢森堡工作的人学习卢森堡语，促进社会融合，卢森堡政府专门出资，为报名参加卢森堡语培训课程的公司和个人提供补贴。对于个人而言，企业员工、个体职业者和自由职业者可以申请语言假。与培训假类似，语言假也是一种特殊的带薪假期，目的是让员工有机会参加卢森堡语培训，提高卢森堡语能力。在整个职业生涯中，员工个人最多可享受 200 小时的语言假。所有国籍的个人都可以享受语言假，但企业员工必须满足以下条件：所在企业在卢森堡境内开展主要业务；员工与所在企业签订合法劳动合同；在申请休假时，员工在所在企业至少工作六个月。个体职业者和自由职业者则必须已经加入卢森堡社会保障体系至少六个月，才能申请语言假。希望获得卢森堡国籍的外国雇员可以利用语言假来学习入籍所要求的卢森堡语培训课程。

语言培训可以在卢森堡或外国进行，但实际往往只有卢森堡本地的机构才开设卢森堡语培训课程。根据规定，每人在其职业生涯中最多有200小时的语言假，这200个小时必须分成两段使用，每段时长在80—120小时不等。在休完第一段假后，个人必须提供能够证明自身卢森堡语能力的证书、测试成绩单或培训证明等，才能继续享受第二段语言假。语言假时长可以拆分使用，最小使用单位是每天0.5小时。员工在语言假期间可以获得补偿性津贴，数额按照本人平均小时工资计算，但不得超过非技术工人每小时最低社会工资的四倍。补偿性津贴由企业先行垫付，企业随后可以申请报销。津贴的50%由国家承担，剩余50%由企业社会保险承担。对于个体职业者和自由职业者，国家支付的补偿性津贴则是上一年度养老保险缴费基数的50%。

语言假的全过程涉及员工个人、企业和劳动部三方，需要完成以下步骤：希望申请语言假的员工下载并填写申请表格；员工获得企业审批通过（企业如果认为员工因语言培训而缺勤可能会对公司运营或员工整体带薪假期安排产生重大影响，可以要求员工推迟培训）；员工将申请表和证明材料（就业合同、语言培训注册证明、社会保险缴纳证明、培训课程表等）在培训开始前提交至卢森堡劳动部；劳动部告知员工获批的语言假小时数；员工参加培训，获得培训证书；员工返回岗位后将培训证书上交企业，企业对员工此次培训做出评价，提供书面意见；企业下载并填写报销申请，附上证明材料（员工参加语言培训的出勤证明、语言假期间对应的工资明细单等），提交至劳动部；劳动部进行报销审批，拨付给企业相应金额。

对于个体职业者和自由职业者，整个申请程序与之类似，只是需要填写的表格和所需证明文件有所不同。

除了个人自发参与卢森堡语培训，企业也可以组织外国员工集体学习卢森堡语，以提高企业内部的融合度。在卢森堡合法成立的私营企业可以向劳动部申请，报销组织员工集体进行培训所产生的部分费用，包括培训费、教材费等。企业必须联系合规的培训组织提供培训服务。

八、继续教育与终身学习培训的市场结构

在卢森堡，有三种类型的培训机构可以提供继续教育与终身学习培训，分别是私营企业、政府和行业组织，以及非营利性组织。根据国家继续职业教育发展研究所组织的调查，2020年，共有409家培训机构在卢森堡开展培训业务，市场结构如图8.1所示。

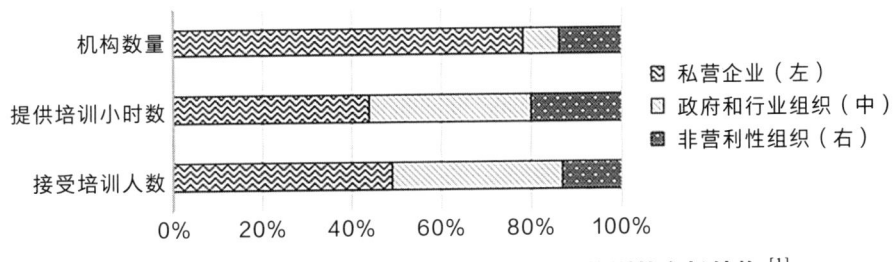

图8.1 2020年卢森堡继续教育与终身学习培训的市场结构[1]

这些机构所开展的培训业务大多集中在以下三个领域：职业能力和个人综合素质发展；企业与人力资源管理；语言培训。其中73%的机构提供法语培训，67%提供卢森堡语培训，64%提供英语培训。四百余家机构中，有88%可以提供定制培训，满足个性化发展需求；有14%可以提供国家文凭类培训，学员完成培训可以取得国家承认的证书或文凭；有65%提供线上培训。大部分培训机构都积极参与数字化转型，重视拓展线上培训业务。根据培训机构的反馈，数字化转型与线上培训对培训机构的三个最主要优点分别是消除场地等空间因素限制（44%）、有效补充线下面对面培训（39%）、降低参加培训门槛（35%）。因此，培训机构可以更灵活应对受训人需求（49%），促进受训人积极参与（48%），提高培训教学效果（41%）。但是，线上培训也会受到一些因素的限制，例如缺乏面对面交流导致培训的

---

[1] 数据来源于卢森堡国家继续职业教育发展研究所网站。

人情味下降（47%），受训人周围缺乏线上学习与工作的氛围（27%），互联网相关硬件软件故障（26%）等。[1]

第二节 成人教育的特点

一、补偿性质鲜明

卢森堡的成人教育总体上以促进终身学习为目的，为具有迥异需求的不同人群提供各类高质量、灵活、可及的教育资源。而且，卢森堡成人教育的补偿性质非常突出、鲜明，即成人教育的重要功能之一是为因各种原因错过、丧失学习机会的个体提供补偿性教育，以更好地帮助他们获得生存、发展所需的知识、技能和学历。仅以中等教育第二渠道为例，其补偿性质就非常明确。这个第二渠道中甚至包括了初中教育和高中教育的补偿性项目，这在其他很多国家都是罕见的。卢森堡在成人教育中提供初中和高中层次的补偿性项目，充分反映了教育政策制定者和管理者对个体基础素养的重视，因为不具备基础素养的人很难成功完成更高层次的学业或训练，他们在知识结构、能力潜力、学习意识、发展能动性等各方面都可能存在不足。因此，卢森堡成人教育的补偿性首先体现在重建基础素养上。

在补偿性学习中，学习者面临的最大困难之一是学习时间不足或学习时间无法固定。因此，为了最终真正实现成人教育的补偿功能，卢森堡为接受教育的成年人提供了非常多样的学习方式选择，其中不乏网络教育和混合式教育等形式。学习内容也非常丰富，可选项多，既包括通识性和学

---

[1] 数据来源于卢森堡国家继续职业教育发展研究所网站。

术性的项目，也包括面向职业准入和进阶的项目。

补偿性学习本身并不是学习和发展的终点，因此也需要和更高层次的教育项目有切实的衔接和贯通。因此，卢森堡的成人教育为成年人提供了和高等教育贯通的高等教育入学文凭序列。在两年的学制时间内完成预备班和毕业班的学习后，便具有进一步接受高等教育的资格。可见，卢森堡成人教育的补偿性质并非在理念上和政策话语中做些倡导而已，而是切实通过提升成年人的基础素养，为他们进一步学习（包括升入高等院校）夯实基础，提供机会。

二、成人基本能力教育基于标准

卢森堡的成人基本能力教育强调基于标准开展课程教学和测试评估。卢森堡国民教育部制定了《卢森堡基本能力教育参考框架》，对语言能力和数学能力两个最为关键的能力做了细化描述。第一，这个参考框架包括三大领域，即基本读写、交流表达和数学能力。从参考框架的领域划分可知，卢森堡国民教育部将基本读写作为一个核心领域单列出来，旨在避免高文盲率的发生，并对个体基本素养予以最低保障。交流表达领域中所包括的表达与理解两个维度，也都非常基础，是个体在社会中生存和发展所必备的能力，如"使用问候语和礼貌用语"。数学能力领域所涉及的知识与技能亦是日常生活中所必需的，而非高、难、深的知识体系。第二，三大领域的具体能力项，都有非常具体、明确、可操作、可评估的行为描述，即基本按照"能做什么"的方式进行描述。这种突出行为动词的能力描述，能够有效地识别能力表现的差异点，既能够有效指导评估活动的开展，还能够促进学习者的自我评价。第三，基于标准的成人教育体系有助于在不同情境下的成人教育教学实践统一规格，便于开展全国性的质量监测与普查性评估。

三、同等学力认证广泛

卢森堡成人教育的特色之一便是实施非常广泛、多样的同等学力认证，以使更多成年人能通过各类形式的教育经历获得职业或专业发展所需的学历。这种同等学力认证制度的初衷是通过制度化的方式将成年人所参与的教育和培训转化为获得各类学历所需要的要素。换言之，这种同等学力认证，本质上是对个体接受教育和培训经历的广泛认可，而不是窄化这种认可的通路。具体来说，卢森堡成人教育中的同等学力认证具有如下三个特色。第一，同等学力认证的层次广泛。这种广泛性主要体现在职业教育领域，几乎涵盖了所有职业教育的类型和层次。当然，也包括通用中等教育毕业文凭的同等学力认证，其为成年人提供了继续参加高等教育的可能和机会。第二，同等学力认证的考察维度广泛。除了资格审查外，同等学力认证的考察更强调内容审核，而非单纯的资格认定。在内容审核中，各种复杂、丰富的经历都可以作为教育经历和资质为同等学力认证提供支持。这种资格、量化、质性相结合的同等学力认证充分体现了成人教育的人性化，值得借鉴。第三，同等学力认证的主体来源广泛。同等学力认证有其专门的评审委员会，而委员会的人员构成包括了雇主代表、雇员代表和教育界代表。充分听取雇主代表和雇员代表的意见，体现了对职业实践的尊重；教育界代表的参与又充分体现了对职业知识与技能基础的重视。主体来源广泛，能够保证同等学力认证的结果更准确地反映职业实践的实际状况。

这种成人教育部门与职业教育部门展开深度合作的模式值得其他国家借鉴，建立职业教育同等学力认证制度，将职业晋升拓展为岗位晋升与学力提升双轨并行。具体来说，在职员工接受符合标准、时长达标的职业教育后，允许其同时申请职位晋级和同等学力认证，符合条件的职员既可以提高工资待遇，也能够获得学历提升。例如，一位具有中等职业教育学历的汽车修理工，在一定的工作年限内，若积极参与了在职教育（主要是成人教育），工作绩效考核合格，那么不仅可以得到晋级，同时也有机会获得具有同等学力性质的高等职业教育学历，从而极大地提高自己参与成人教育的积极性，进而全面、持久地提升自己的专业水平和整体素养。

四、高度发展的成人教育体系

基于本章呈现的具体资料可见，卢森堡的成人教育体系非常完善，处于较高的发展水平，已经建立了相当全面的终身学习战略，[1]但卢森堡高度发展的成人教育体系绝非一日之功。从这一体系的构成可知，不同的要素和部门之间的协调性较好，这是体系建设中的可圈可点之处。卢森堡成人教育体系包括成人基本能力教育、中等教育第二途径、同等学力认证（主要针对职业教育）、卢森堡大众大学等众多要素和部门。但这些要素和部门各自都有很强的针对性，因此不易产生功能重叠的问题，且能够很好地促进彼此相得益彰、产生合力。因此，建设成人教育体系中的不同要素和部门，应当尤其注重厘清它们的指向性。各自的目标越清晰、越具有特异性，整个体系内部就越融洽，互动性和有效性就越强。[2]

成人教育体系并非孤立于其他教育体系，成人教育部门只有更广泛地吸纳其他教育部门的政策制定和教育管理等相关内容，与各部门有效联动、互为补充，才能极大地丰富自身资源，提高教育品质，最终形成自洽性强、高度发展的成人教育体系。

---

[1] 窦现金，卢海弘，马凯. 欧盟教育政策[M]. 北京：高等教育出版社，2011：166.
[2] 陈辉映. 欧洲成人教育研究[M]. 上海：上海人民出版社，2019：270-271.

第九章 教师教育

本章首先以在卢森堡基础教育阶段从事教育教学的人员为对象，介绍卢森堡的教师教育，包括学校教师职前教育和新手教师在职业发展初期的在职教育；其次简要介绍卢森堡其他类型的教师与教师教育；再次以小学教师师资缺乏为例，介绍卢森堡政府的应对策略；最后对卢森堡的教师教育整体状况进行评述。

第一节 教师教育的现状

一、基础教育阶段教师概述

在卢森堡，绝大多数从事基础教育阶段教育教学的教师是公务员，隶属国民教育部管理。国民教育部对基础教育阶段教师的职责进行了如下界定。① 帮助学生形成作为卢森堡民主社会基础的思维方式和价值观，从而为学生充分行使公民权做好准备。② 负责学生的校内教育，并促进学生在校内外的全人发展，使学生能够顺利融入社会，走向职场。③ 按照教学大纲和参考框架，引导学生掌握知识、发展技能。④ 促进学生自信心的发展，提高学生个人综合素质。⑤ 促进学生发展批判性思维，规划其个人发展路径，提高学生自主性。⑥ 帮助学生应对发展中的信息社会和各类通信媒介。⑦ 帮助学生养成终身学习的习惯，掌握终身学习的方法。[1]

根据任教学段的不同，教师的身份和具体工作内容略有差异。卢森堡基本教育阶段的教育教学工作主要由公办小学教师承担，综合教育教师、图书馆员等教辅人员协助完成部分工作。此外，卢森堡还设有代课教师人才库，学校在正式教师人手不足时，可以请代课教师完成相应的教育教学任务。在基本教育阶段，各个学段教师的工作重点是培养学生的技能，包括某些学科领域的基本技能（基本读写能力、基本数学能力等）和跨学科的通用技能（学习方法与策略、人际关系处理、心智发展等），激发学生对于自然科学、人文社会科学，以及自身所处社会的好奇心和求知欲，为学生的后续发展打好基础。因此，基本教育阶段的教师通常是"全科医生"，要同时负责学生在某几个学习领域的能力发展。

根据卢森堡国民教育部的统计数据，2022—2023 学年，从事基本教育阶段教育教学工作的教师共 6 647 人，其中公办小学教师 5 672 人，占总教师数的 85.3%。全体小学教师的性别比例为女性 80.5%，男性 19.5%。[2]

在中等教育阶段，教育教学工作主要由公办中学教师承担，此外也有综合教育教师、心理咨询师、图书馆员等教辅人员。与小学教师一样，中学教师也有全国范围的代课教师人才库，在正式教师人手不足时承担部分课程的教学任务。进入中学后，学生学习的专门化程度有所加深，公办中学教师的分工也更加细致。根据面向的学生群体和所任教的科目，可以将公办中学教师细分为普通中等教育科目教师（负责语言、数学、物理、化学、生物、历史、地理、计算机、艺术、体育等课程，面向接受普通中等教育和通用中等教育的学生）、通用中等教育科目教师（负责通用中等教育

---

[1] 资料来源于卢森堡国民教育部官方网站。

[2] 数据来源于卢森堡国民教育部官方网站。

各个分科的课程）、通用中等教育预科班教师、职业教育教师（负责各类职业教育课程）等。另外，由于成年学习者也可以进入中学教育序列接受继续教育，开设相关学习项目的学校还会专门配有成人教育教师。

根据卢森堡国民教育部的统计数据，2022—2023 学年，从事中等教育阶段教育教学工作的教师共 5 265 人，其中公办中学教师 3 598 人，占总教师数的 68.3%。全体中学教师的性别比例为女性 54.9%，男性 45.1%。[1]

由于教师属于公务员序列，因此有必要对卢森堡的公务员序列做简要介绍。根据履职所需的学历要求不同，卢森堡的公务员分为 A、B、C、D 四个序列，A、B、C 三个序列下又各分有两个子序列，D 序列下分有三个子序列。简单来说，A 序列对学历的要求最高，D 序列最低。例如，A1 序列要求具有硕士及以上学位，A2 序列要求具有学士及以上学位。所有类型的教师均属于 A、B 两个序列。公务员共有 16 个职级，1 级最低，16 级最高。每个序列都对应若干职级。例如，A1 序列的公务员在入职时的定级为 12 级，随着职业生涯的发展，可以逐级晋升，最高升至 16 级。B1 序列的公务员在入职时的定级为 7 级，最高可升至 13 级。每个职级都对应一定范围的薪资计算系数，系数的具体取值因岗位不同有所差异。用这一系数乘上生活成本指数（2023 年 3 月的值为 22.273 309 欧元），就得到了公务员的税前月薪。例如，一名 A2 序列的教师在完成入职实习转正时职级为 10 级。10 级对应的薪资计算系数在 242—362 之间。如果这位教师的薪资计算系数是 290，那么税前月薪为 6 459 欧元。[2]

作为小结，表 9.1 展示了不同学段、不同类型教师在公务员序列中的定位。

---

[1] 数据来源于卢森堡国民教育部官方网站。
[2] 资料来源于卢森堡公务员管理网站。

表 9.1 卢森堡基础教育公办教师在公务员序列中的定位 [1]

学段	人员类别	所属公务员序列	职级区间
基本教育	公办小学教师	A2	10—14
中等教育	普通中等教育科目教师	A1	12—16
	成人教育教师（理论科目）		
	通用中等教育科目教师	A2	10—14
	成人教育教师（技术科目）		
	职业教育教师	B1	7—13
	成人教育教师（实操科目）		

二、教师职前教育

在卢森堡国内，教师职前教育主要由卢森堡大学人文、教育和社会科学学院负责，集中在教育科学（本科）[2] 和中等教育硕士 [3] 两个专业。

（一）教育科学（本科）专业

与卢森堡大学的大部分本科专业不同，教育科学是一个四年制本科专业，共八个学期，其中必须有一学期在国外大学交换留学。获得教育科学学士学位必须要修满至少 240 个学分。获得教育科学学士学位意味着毕

---

[1] 资料来源于卢森堡公务员管理网站。
[2] 法语称为 Bachelor en Sciences de l'Éducation。
[3] 法语称为 Master en Enseignement Secondaire。

生能够满足在卢森堡基本教育阶段任教的要求，可以进入卢森堡的普通小学或特殊教育小学任教，也可以承担通用中等教育预科班序列的课程教学任务。

教育科学（本科）专业采取基于问题和基于项目的教学方法，促进学生发展批判性思维，培养以下能力：独立开展研究；联系理论与实践；分析真实教学情境；识别学习者的问题和需求；反思个人学习过程并与他人共享；设计和实施原创性的教学实践，开发原创性教学资源；记录并反思教学行动。

为达到上述目标，教育科学（本科）专业分为基础段（前四个学期）和高级段（后四个学期），提供多种形式的课程，如讲授型主课及配套的小组讨论课、研讨课，以及由本专业高年级学生承担的专门辅导课等。部分课程采用线上教学平台授课。在基础段，课程主要以讲授型主课以及配套的小组讨论课为主，课程密度相对较大。从第三学期开始，课型逐步向研讨课倾斜，学生需要在研讨课上独立或小组合作完成研究课题。除国际交流学期（一般是第三或第四学期）之外的每一学期，学生都要参加入校实习，目的是在实践中学习组织教学，理解不同学生的个人资源和社会文化背景。在实习期间，学生需要按要求完成实习手记，记录并反思自己在不同的情境中的行动，从而提高应对新情境的能力。相对应地，不同形式课程的考核评价方式也不尽相同，包括但不限于平时作业、期末笔试、期末项目汇报（口头汇报或论文）等。入校实习的考核评价则基于实习手记，以面试的形式开展。

课程设置上，所有课程可以归为十一大类，每学期每类课程的学分安排见表9.2。

表 9.2 卢森堡大学教育科学（本科）专业课程类别与学分情况 [1]

课程类别	第一学期	第二学期	第三/四学期	第五学期	第六学期	第七学期	第八学期	总计
学习与学生发展	3+4[2]	—	3	—	—	—	—	10
教学与学校教育	3	3+3	3+3	3+3	3+3+3	3+3	3	39
教学研究	—	4	3	4	—	—	—	11
语言教育	3+3	3+3+3	3	3+3	—	4	4	32
数学教育	3	3	3	—	—	—	—	9
科学教育	3	—	3	4	—	—	—	10
体育教育	3	3	—	4	3	—	—	13
美学教育	—	—	4	—	4	3	—	11
价值观教育	—	—	—	3	3	4	3	13
入校实习	5	5	5	7	7	10	10	49
学位论文	—	—	—	—	—	3	10	13
总计	30	30	30/30	30	30	30	30	240

与卢森堡大学的其他专业类似，教育科学（本科）专业也对学生的多语能力提出要求。本专业的学生至少要掌握卢森堡语、德语、法语和英语。学生在入学时必须具备熟练的法语、德语和卢森堡语口笔头能力，以及良好的英语能力。大多数课程的授课语言不止一种，经常要求学生阅读不同语言的学术材料，从而进一步提高学生的多语素养，尤其是多语学术素养。

教育科学（本科）专业最具特色，也是最贴近专业人才培养目标的课程当属入校实习。在制度上，第一学年的入校实习是本专业的核心必修课，学生只有一次补考机会，且必须在第二学年结束前完成补考；补考不成功的，学生将被退学。时间安排上，每个学期的实习工作量和重点不尽相同，见表9.3。

---

[1] 资料来源于卢森堡大学官方网站。

[2] 3+4 表示该类有两门课程，分别占 3 学分和 4 学分，以此类推。

表9.3 卢森堡大学教育科学（本科）专业入校实习工作量分配 [1]

学业阶段		实习时长（周）	实习对象
基础段	第一学期	3	基本教育第一至第四学段
	第二学期	3	
	第三/四学期	3	
	第三/四学期（国际交流）	—	
高级段	第五学期	4	基本教育第一至第四学段，或特殊教育学校，或国际学校，或通用中等教育预科班
	第六学期	4	
	第七学期	6	
	第八学期	6	

学生在入校实习期间，一般在上午进行课堂观察，下午回到大学与同伴、专业教师等交流讨论，讨论的主题涉及教师职业发展的各个方面。在基础段，专业教师会进行比较详细的方法论指引；进入高级段后，学生可以相对更加自主地聚焦某些研究方向。入校实习的评价以一对一或一对二面试的形式组织，每学期末进行。学生需要完成以下内容：根据实习手记，选取一到两个讨论主题，结合具体情境加以陈述和论证；介绍本学期的阅读清单（论文、专著、网站文章等）并评论；论述本学期各门课程学习内容与入校实习所见所学之间的关系；介绍个人职业发展规划。

招生方面，卢森堡大学教育科学（本科）专业每年报考人数约300人，实际招收约100人，录取比例为1∶3。希望报考教育科学（本科）专业的高中生必须满足下列条件：提交多语动机信，内容包括个人简历和学习经历介绍（使用德语撰写）、对教学的认识以及希望成为教师的原因（使用法语撰写）、对卢森堡大学教育科学专业的期待（使用德语撰写）；完成在

---

[1] 资料来源于卢森堡大学官方网站。

线问卷（法德双语），内容是关于从事教师职业的动机；提供高中阶段成绩单；通过每年七月初举行的入学测试。

入学测试的主要目的是评估考生是否具有从事基本教育阶段教学所需的基本知识。测试包括六个部分。第一部分是数学知识测试。考试题目以法德双语呈现，考生可以自选语言作答。第二部分是科学知识测试。考试题目以法德双语呈现，考生可以自选语言作答。第三至第五部分是语言知识测试。考察语言包括法语（第三部分）、德语与卢森堡语（第四部分）和英语（第五部分）。考生需要阅读多篇文章，用对应语言回答阅读理解问题；测试中还包含若干考察法语和德语语言结构知识的题目。第六部分是背景调查。考生需要回答与个人经历相关的若干问题。这一部分与录取无关，但用于评估测试的有效性和可靠性。

学生的录取结果根据以上材料和入学测试成绩综合决定。当入学测试合格人数大于专业人数上限时，按照综合排名由高到低，前100名进入无条件录取名单，101名之后进入无条件录取候补名单，入学测试不合格的不予录取。当入学测试合格人数小于专业人数上限时，成绩合格的考生进入无条件直接录取名单；测试科目中有一科不合格的考生按照综合排名由高到低，进入有条件录取名单和有条件录取候补名单。最终被有条件录取的考生必须修习该科目的强化培训课，并在进入第四学年前重新参加该科目考试并通过。如果是法语或德语科目不合格，那么在国际交流学期必须前往法语地区或德语地区的高校交流。

（二）中等教育硕士

卢森堡大学的中等教育硕士专业可谓是为卢森堡中等教育量身打造的教师职前教育专业，专门面向希望进入中学教授以下四门课程的学生：法语、德语、卢森堡语、数学。在两年共四个学期的时间里，学生除了学习教育教学相关课程，了解卢森堡中等教育的特点，还将选修部分相近硕士专业的课程。与中等教育硕士专业共享课程的其他硕士专业包括多元语言与文化情境下的学习与交流，戏剧与跨文化，洛林大学、萨尔大学、卢森堡大学联合培养德语世界文学、文化和语言史，社会科学与教育科学，数学等。

中等教育硕士的课程主要分为三大类：学科专业类、学科教学类、一般教育教学技能类。学生还需要在每学年中间参加一次时长三周的入校实习，进入中学完成一定的教育教学任务。在二年级，学生要完成硕士论文的撰写与答辩。以法语语言文学方向为例，各模块的主题与时间安排见表 9.4。

表 9.4 卢森堡大学中等教育硕士法语语言文学方向课程设置 [1]

课程类别	第一学年		第二学年	
	第一学期	第二学期	第三学期	第四学期
学科专业类	法语文学与跨文化			硕士论文
	语言学			
	思想史			
	—	语言与文本解读		
学科教学类	语言与媒介教学			
	从语言到文学：文学文本的文体学与语用学分析			
一般教育教学技能类	教学论	多语制与异质性	卢森堡社会情境下的学习与教学	教学论
入校实习	入校实习 I		—	入校实习 II

[1] 资料来源于卢森堡大学官方网站。

总体来说，中等教育硕士的课程设置针对性强，有助于学生掌握从事教育教学工作必备的学科知识、教学知识与教育技能。此外，一般教育教学技能类的课程通常采用多种语言授课，在内容上关注多语言多文化议题，数学方向的学生还有专门一门课程讨论数学学习和教学中使用多种语言的重要性。这样的课程设置体现了对卢森堡特殊学习情境的关照，有助于学生尽早掌握适当的教学工具，从而在课堂上较为从容地处理多语言和多文化问题。

招生方面，中等教育硕士每个方向每年招收约35人。申请人应当持有相应学科的学士学位，希望进入卢森堡语语言文学方向的学生应当持有文献学或文化研究相关专业的学士学位。语言能力上，所有申请人应当至少具有《欧洲语言共同参考框架》B2水平的法语和德语能力，以及B1水平的英语能力；三个语言方向的申请人在该语言上应当具有近似母语者水平。申请人需要提交的材料包括个人简历、成绩单、动机信等，在动机信中需要明确说明自己的教育背景与中等教育硕士之间的关系、对中等教育硕士专业的期望，以及个人的学术与职业发展规划。

根据博洛尼亚进程的要求，学生可以在欧盟任意成员国的高等院校学习教育科学相关专业，获得学位后即有资格报名参加公务员序列的教师考录。在欧盟以外国家取得学位的，只要通过了卢森堡国民教育部的认证，文凭同样有效。

三、公务员序列教师考录与入职实习

公务员序列各类教师的考录与管理工作均由国民教育部负责。考试必须满足以下条件才能报名参加考录：持有岗位要求的文凭；是欧盟成员国国民；享有公民权利和政治权利；身心健康，品行端正；掌握卢森堡的三种官方语言（德语、法语和卢森堡语）。

符合上述条件的考生需要顺利通过资格审查、筛选性测试、正式资格考试、入职实习等步骤，才能成为正式教师。

（一）公办小学教师的考录流程与入职实习

1. 资格审查

希望进入公办小学教师序列工作的候选人必须持有卢森堡大学授予的教育科学专业学士学位，或欧盟各国高校的教育科学相关学士学位，或经卢森堡国民教育部认证的其他国家高等院校教育科学学士学位，才有资格报名参加公办小学教师资格考试。

2. 筛选性测试

在参加正式的资格考试之前，候选人必须先参加筛选性测试。筛选性测试的目的是考察候选人的语言能力，涉及卢森堡语、法语和德语三门语言。每门语言都要进行笔试和口试，总计六场考试。如果候选人能够证明自己在卢森堡的公立或私立学校接受了至少十年的基础教育，且学校执行的是卢森堡国家课程大纲，那么可以免考卢森堡语。筛选性测试每年组织两次，分别在万圣节假期和复活节假期期间进行。如果初次考试有部分科目未能通过，则需要在下一考试周期内进行补考。候选人必须通过全部科目的筛选性测试才有资格报名参加正式的资格考试。

3. 正式资格考试

正式资格考试分为两个序列，分别是第一学段（即学前教育段）和第二至四学段（即初等教育段）。考试形式一般包括笔试和口试。候选人可以只报名参加其中一个序列的资格考试，也可以报名参加全部两个序列的考试。具体来说，持有卢森堡大学授予的教育科学专业学士学位的候选人两个序列都可以报名，但持有国外文凭的候选人则要根据所持文凭及自身学术背景选择合适的序列：部分文凭只允许候选人报名某一序列的考试，另一部分文凭则能允许候选人报名参加两个序列的考试。候选人虽然有机会参加两个序列的考试，但不能同时取得两个序列的资格。按照规定，参加了两个序列考试的候选人必须在考试结果公布前做出选择，一经选定不可更改。正式资格考试通过的候选人，需要在当年9月1日以前提供以下三项文件，以获得入职实习的资格：基本急救培训证书，初级水上救生员证书，儿童或青少年（年龄3—18岁）管理服务证明（最低时长80小时，由国民教育部认可的卢森堡或国外公立或私人机构出具，管理服务本身可以是有偿服务或志愿服务，可以与学校学业相关或无关）。如果候选人因身体残疾等原因无法获得急救或水上救生员证书，可以向国民教育部提出豁免申请。

国民教育部每年的公办小学教师招聘指标并不固定。2019年，共有40人通过正式资格考试，进入第一学段任教；249人通过正式资格考试，进入第二至第四学段任教。[1]

4．入职实习

成功通过正式资格考试后，候选人实际上已经进入公务员序列，身份变为实习公办教师。实习教师必须参加由国民教育部培训学院[2]组织和评估的入职实习。实习教师会进入学区内的一所学校，分配一名教学顾问，在

---

[1] 数据来源于卢森堡国民教育部官方网站。

[2] 法语称为 Institut de formation de l'Éducation nationale，缩写为 IFEN。

其指导下开展教育教学实践，同时还要接受国民教育部培训学院组织的系列培训。入职实习的时间最长为两年，最短为一年，已经有教学经验或入校实习经历的候选人可以申请减免部分实习时长。入职实习是卢森堡教师教育的重要特色之一，是促进新手教师完成从学生到教师角色转变、积极建构教师角色身份认同的重要手段。[1]

入职实习主要包括三部分内容：一般培训、专业培训和教学实习。

一般培训主要是与公务员身份和教师职业相关的法律法规及制度培训，由国民教育部培训学院组织。一般培训共计30小时，为模块1，细分为七个子模块，见表9.5。

表9.5 卢森堡公办小学教师入职实习一般培训的主题与课时 [2]

模块		主题	课时（小时）
1.1	国家与行政	卢森堡国家组织结构	2
		卢森堡教育体系与国民教育部组织结构	1
		入职实习的结构	3
1.2		卢森堡公务员概述	4
1.3		教师职业相关法律法规	5
1.4		学业评估参考框架	3
1.5		特殊需求学生帮扶	3
1.6		儿童和青少年保护	4
1.7		数据处理、著作权法与媒体法	5
		总计	30

---

[1] GUILLAUME L, MANIL J-F. Le stage d'insertion socio-professionnelle des enseignants débutants du Grand-Duché du Luxembourg[M]. Paris: L'Harmattan, 2018: 189.

[2] 资料来源于卢森堡国民教育部培训学院网站。

专业培训是与教育教学工作一般原则和方法相关的培训。实习教师可以根据自身情况选择培训主题和内容，制定个人培训计划，参加国民教育部培训学院组织的各类培训，或者实习所在学校提供的内部培训。专业培训的总时长为30小时。国民教育部培训学院提供的各类培训与一般培训互为补充，为模块2—8，详见表9.6。

表9.6 卢森堡公办小学教师入职实习专业培训的主题[1]

模块	主题
2	教师，一种基于反思的职业
3	教学情境的设计与实施：原则与方法
4	教学情境的设计与实施：实践
5	陪伴儿童与青少年成长
6	交际与互动
7	班级及小组活动设计与管理
8	卢森堡学校教育中的多语议题

卢森堡法律规定，正式教师每年需要参加16小时的在职培训，确保更新知识和技能以适应不断变化的学生和学习情境。在实际操作中，一般以三年为一个周期，教师需要在周期内完成至少48小时的在职培训才能满足要求。由于需要参加一般培训和专业培训，实习教师已经达到了法律规定的在职培训小时数，因此不需要额外参加其他继续教育培训。

教学实习是整个入职实习的重中之重，其目的在于促进实习教师专业身份、教学技能和情感态度的发展，培养实习教师进行教学反思的习惯，引导实习教师找到教学风格，获得自信和自主权。在教学实习之初，实习

---

[1] 资料来源于卢森堡国民教育部培训学院网站。

教师要对照《基础教育教师入职实习职业能力发展参考框架》[1]中列出的九大职业能力，对自身目前所处的阶段进行定位，制作如图9.1所示的九维能力定位图。根据能力定位图，实习教师与教学顾问商议，共同制定个人行动计划，明确在实习过程中需要通过哪些行动来发展职业能力。随着实习的进行，实习教师需要定时对能力定位图和个人行动计划进行更新，在反思自身成长的同时制定下一步发展目标，从而实现职业能力的滚动式发展。

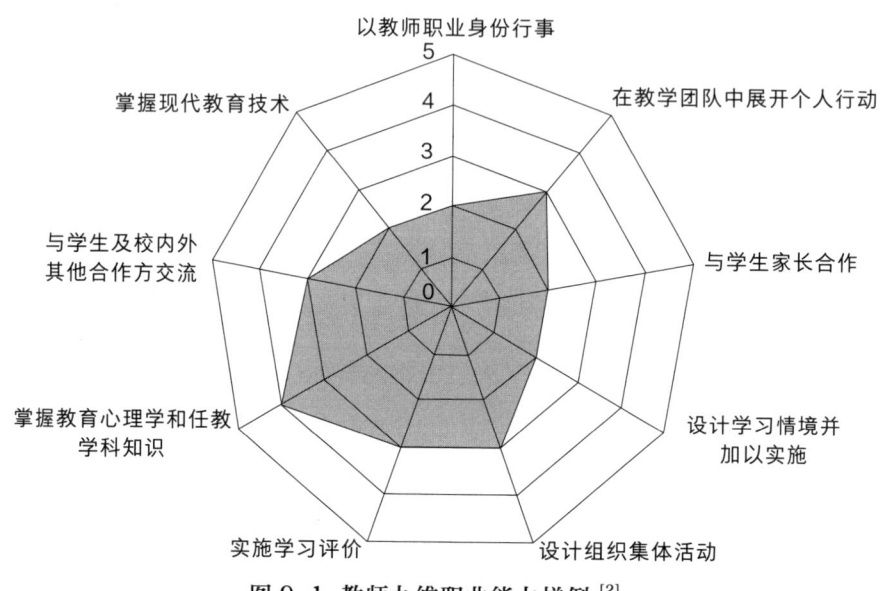

图 9.1 教师九维职业能力样例 [2]

在教学实习期间，教学顾问会对实习教师进行全程跟踪指导，帮助实习教师尽快融入教师共同体，提高教育教学能力，并帮助他们将专业培训的内容付诸实践。跟踪指导包括但不限于：与教学顾问共同备课、与教学

---

[1] Institut de formation de l'Éducation nationale. Référentiel de compétences professionnelles ciblées pour les stages[R]. Luxembourg: Institut de formation de l'Éducation nationale, 2017.

[2] 资料来源于卢森堡国民教育部培训学院网站。

顾问共同上课（组织部分教学活动或完整的一节课）、听课（授课人可以是教学顾问或实习学校的其他教师）、与教学顾问的面谈（交流、答疑等）。

在学校实习期间，实习教师每年还需要参加至少三次小组讨论和两次课堂观摩。在小组讨论中，多名实习教师聚在一起，共同研究教学情境中的实际问题，合作达成解决方案。在这一过程中，实习教师共同创造知识，学会向同行学习、与同行一同学习，形成专业发展共同体。课堂观摩的对象可以是专家教师、熟手教师或新手教师的课堂；形式可以是走进课堂实时观察，也可以是观看课堂视频。课堂观摩的目的是让实习教师以外部视角观察、分析、评价他人的教学实践，从而反思自身的教学实践，锻炼批判性思维。

在教学实习期间，实习教师的周课时量一般为22节，略低于正式教师（24节）。在教学实习期间，薪资计算系数为278，公办小学教师实习期间的税前月薪约为6 192欧元（根据2023年3月生活成本指数算出）。

在教学实习期间，实习教师需要完善实习手册，记录实习手记。实习手册用于归纳行政管理类文件，包括一般培训和专业培训的听课证明、法律法规考试成绩单，以及教学实习期间所有跟踪指导活动的清单。实习手记则用于记录教师在整个实习期间的职业发展轨迹。通过撰写反思性日志，实习教师不断思考自身已具备的素质与教师职业所要求的能力之间的关系，发现进步空间，制定职业发展目标，并记录目标达成的全过程。实习手记能够反映实习教师的整个学习和专业发展过程，帮助初登讲台的教师养成勤记录、多思考的习惯，从而更加从容地面对今后职业道路上的挑战。

入职实习的评价分为两个部分。一般培训进行认证性评价，实习教师需要参加法律法规和制度考试，通过者获得合格证书。专业培训和教学实习进行形成性评价，评价的主要依据是实习教师的职业能力图和实习手记。其中，教师职业能力的评价由学区负责人和教学顾问共同完成，实习手记的评价由教学顾问和国民教育部培训学院指定的培训师共同完成。判断实习合格与否的硬指标是法律法规和制度考试。考试满分 20 分，及格线 13.3 分。第一次考试不通过的，需要在实习结束时（即第二年末）补考。补考仍不通过的，需要延长一年实习期，期满再次补考。如果二次补考仍然不通过，那么录取资格将被取消，实习教师退出教师队伍。

入职实习合格后，实习教师的身份转为正式公办小学教师，进入国家基础教育工作人员队伍。在转正后的第一年，新教师除了承担正常的教育教学工作之外，还需要继续接受相关培训，巩固入职实习的成果，这一年称为"入职实习深化期"。深化期的基本结构与入职实习一致。在这一年当中，新教师需要接受至少 48 小时的在职培训（对应入职实习的一般培训和专业培训），培训内容由新教师自主选择；此外，还需要参加至少三次小组讨论和两次课堂观摩（对应入职实习的教学实习）。在深化期，新教师的周课时量一般为 23 节，比普通教师少 1 节。进入深化期的公办小学教师职级为 10 级，薪资计算系数为 290，税前月薪为 6 459 欧元。

（二）公办中学教师

公办中学教师的考录流程与公办小学教师基本一致，但在各环节的要求会略有不同。

在资格审查环节，不同类别的教师对候选人所持有的文凭有不同要求：普通中等教育科目教师（A1 类）必须持有学士学位和硕士学位；通用中等教育科目教师（A2 类）必须持有学士学位；职业教育教师（B1 类）必须持有高级技师文凭或高级技师认证或同等学力。

与小学教师考录对文凭的要求不同，候选人并不一定必须持有教育科学相关的学位，但是所持有的学位中至少应有一个与所教科目（专业）密切相关。某些中学教师硕士学位（如德国的教师职前教育硕士、英国的中等教育硕士等）也视为有效学位。

成人教育教师也属于公办中学教师这一大类，因为他们一般都在中学任教。根据教授科目的不同，候选人应当取得不同的文凭：成人教育教师（理论课目）（A1类）必须持有学士学位和硕士学位；成人教育教师（技术科目）（A2类）必须持有学士学位；成人教育教师（实操课目）（B1类）必须持有高级技师文凭或高级技师认证或同等学位。

在筛选性测试环节，中学教师和小学教师的考试形式和要求一致。

在正式资格考试环节，候选人只能报名参加某一个学科的资格考试。不同类别教师的考试科目和形式略有不同。限于篇幅，三类教师的考核内容各举一例作为示例，见表9.7。

表9.7 卢森堡公办中学教师正式资格考试内容示例[1]

类别	科目（专业）	考试内容（示例）
普通中等教育科目教师（A1类）	英语	文学评论
		语言知识（改错、词义辨析、语法点解释、双关语释义等）
		笔译（德译英、法译英）
通用中等教育科目教师（A2类）	酒店管理	笔试（论述原则、方法、案例等）：客房打扫、行政管理、会计、酒店管理、法律法规
		口试：接待实务
职业教育教师（B1类）	游泳教练	笔试：泳池技术与泳池管理、救生原则
		实操：游泳技能（四种泳姿和水平潜泳）、救生与急救（赴救、解脱、检查及心肺复苏等）、泳池技术（现场学习使用一种泳池装置）
		口试：救生原则与急救、泳姿演示与教学

[1] 资料来源于卢森堡国民教育部培训学院网站。

国民教育部每年的公办中学教师招聘指标并不固定。根据国民教育部2022年10月发布的招考公告，2023—2024学年计划招聘中学教师394人，其中363人为普通中等教育科目教师、通用中等教育科目教师或职业教育教师，31人为成人教育教师。[1]

　　成功通过正式资格考试后，候选人进入公务员序列，身份变为实习公办中学教师，开始入职实习。入职实习的时长为两年，已经有教学经验或入校实习经历的候选人可以申请减免部分实习时长。入职实习同样分为三部分内容：一般培训、专业培训和教学实习。一般培训的主题与小学教师一致。专业培训的课时要求则大大增加，第一年需要完成148小时的培训，第二年需要完成72小时的培训。培训由国民教育部培训学院组织，培训主题比小学教师多一个模块，见表9.8。

表9.8 卢森堡公办中学教师入职实习专业培训的主题 [2]

模块	主题
2	教师，一种基于反思的职业
3	教学情境的设计与实施：原则与方法
4	教学情境的设计与实施：实践
5	陪伴儿童与青少年成长
6	交际与互动
7	班级及小组活动设计与管理
8	卢森堡学校教育中的多语议题
9	教育与社会中的媒体

---

[1] 资料来源于卢森堡国民教育部官方网站。
[2] 资料来源于卢森堡国民教育部培训学院网站。

实习教师在参加以上培训时，通常是随机分班编组，这样不同学科的教师就有了交流的平台。但是模块 3 和模块 4 则按照任教学科或学科群分班编组，聚焦讨论本学科（群）教学过程中的特异性问题。

实习公办中学教师的教学实习同样包括跟踪指导、每年三次小组讨论和两次课堂观摩。与实习公办小学教师不同，实习公办中学教师除了分配一名教学顾问，对一般性教学问题进行指导之外，还会分配一名学科教学顾问，专门负责所任教学科或学科群的教学指导工作。实习公办中学教师在教学实习期间的周工作量安排见表 9.9。

表 9.9 卢森堡实习公办中学教师的周工作量 [1]

周工作量	课堂教学	教学研讨	培训	合计
第一年（节）	12	2	8	22
第二年（节）	16	2	4	22

评价方面，除了法律法规和制度考试（第一年末），以及基于实习手记的形成性评价（第一年和第二年末）之外，实习中学教师在教学实习模块还需要参加一次教学实践考核。教学实践考核在第二年年初进行，由实习教师的教学顾问、学科教学顾问以及所在学校校长担任评委。实习教师需要完整执教一节课，提供至少连续四节课的备课记录，并回答评委关于个人职业发展的问题。此外，实习中学教师在专业培训模块还需要提交若干培训论文，并完成一项教学行动研究。第一年专业培训的部分课程要求实习教师撰写培训论文，以此作为考核依据。教学行动研究则需要实习教师在两年的实习期内自选主题，完成一项完整的教学研究，在提高科研能力的同时改进自身教学实践。

---

[1] 资料来源于卢森堡国民教育部培训学院网站。

判断中学教师实习合格与否的硬指标是法律法规和制度考试及教学实践考核。法律法规和制度考试（科目一）满分20分，教学实践考核（科目二）满分40分，两科目成绩相加得到总分，总分满分60分。总体来说，考试结果的解读仍然遵循以下标准：初次考试不合格允许一次补考；补考仍不合格延长实习期，期满再次补考；二次补考仍不合格的，退出教师队伍。具体标准见表9.10。

表9.10 卢森堡实习中学教师的考核科目和标准[1]

初次考试		考核结果	第一次补考	第二次补考
单科成绩	综合成绩			
科目一10分及以上 科目二20分及以上	40分及以上	实习合格	—	—
科目一10分及以上 科目二不满20分	40分及以上	科目二补考	科目二补考20分及以上，实习合格；否则实习延期，择期第二次补考	科目二补考20分及以上，实习合格；否则退出教师队伍
科目一13.3分及以上 科目二不满26.6分	不满40分	科目二补考	科目二补考20分及以上，且总分40分以上，实习合格；否则实习延期，择期第二次补考	科目二补考20分及以上，且总分40分以上，实习合格；否则退出教师队伍

顺利完成入职实习后，公办中学教师同样有一年的深化期。深化期的具体任务、要求、课时量等与公办小学教师基本一致，此处不再赘述。公办中学教师在入职实习的薪资计算系数，以及在深化期的职级和薪资计算系数区间见表9.11。一般来说，进入深化期后的薪资计算系数要略高于入职实习期间的系数。

---
[1] 资料来源于卢森堡国民教育部培训学院网站。

表 9.11 卢森堡公办中学教师入职初期薪资计算系数 [1]

人员类别	所属序列	入职实习 薪资计算系数	深化期 职级	深化期 薪资计算系数区间
普通中等教育科目教师	A1	340	12	290—425
成人教育教师（理论科目）	A1	340	12	290—425
通用中等教育科目教师	A2	278	10	242—362
成人教育教师（技术科目）	A2	278	10	242—362
职业教育教师	B1	203	7	176—272
成人教育教师（实操科目）	B1	203	7	176—272

四、公办小学教师招录的挑战和应对

2018 年，卢森堡国民教育部发布了一份题为《共同行动，应对小学教师招聘中的挑战》的政府公报。[2] 这份公报实际上是国民教育部与全国教师工会联合签署的一项协议，明确了小学教师招聘和新教师发展议题的指导方针，以便提升基本教育质量，保护并传承卢森堡基本教育的特色。

公报首先分析了导致卢森堡小学教师招聘困难的几大原因。一是教育科学专业的毕业生数量大幅下降。卢森堡政府在 2017—2018 学年的小学教师招聘计划人数是 291 人，但只有 168 名候选人参加了招聘考试。在这 168 人中，91 人是来自卢森堡和国外各大学的教育科学专业新毕业生；其他候选人已经在基础教育领域担任过代课教师或课程教师。二是比利时高

---

[1] 资料来源于卢森堡国民教育部官方网站。

[2] 资料来源于卢森堡国民教育部官方网站。

校教育政策的调整。根据统计，2016—2017年，卢森堡超过一半的教育科学专业毕业生是在比利时的高等院校接受教育。然而，比利时高等院校的教师教育政策进行了调整，允许学前教育专业的学生在获得本专业学位的基础上，多修一年专业课，以获得初等教育学士学位；初等教育专业的学生也可以以同样的方式获得学前教育学士学位。对学生而言，多花一年的时间获得双学位，能够大大提升他们在比利时就业市场的竞争力。但对卢森堡政府而言，这一政策推迟了学生进入就业市场的时间。三是基本教育阶段学生人数增长。在2016年3月至2017年7月期间，基本教育阶段的学生增加了约850人。学生数的增长必然要求教师数量相应增长。四是国家对基本教育的投入有所增加。近年来，教育部向基本教育阶段分配了更多资源，以确保学生获得优质教育。体现在教学当中，就是课程数量的增加。2016—2017年，教师的平均周课时量增加了4.2节，相当于额外创造了183个全职岗位。五是新教师入职实习的影响。入职实习是新教师发展职业技能、构建身份认同的重要手段。实习教师在承担课程教学工作之余，还需要接受各类培训。教学顾问为实习教师提供指导也需要付出大量时间和精力。因此，入职实习期间，实习教师及其教学顾问都享受一定课时量的减免。但被减免的课时依旧需要有人承担，这一定程度上也加剧了师资短缺。

为了应对上述问题，国民教育部和全国教师公会联合提出了五项指导性措施。

第一项，放松资格审查条件。在最初的公办小学教师考录资格审查中，候选人必须具有基本教育所有四个学段的教学资格才有资格参加考录。改革后，资格考试分为两个序列，候选人只需要满足其中一个序列的要求即可。

第二项，引入实习期缩短机制。大多数通过考核的实习教师在初始教育中已经进行过入校实习，并不是完全没有教育教学经验。因此，可以适当缩短实习期，在保证入职实习效果的同时尽快让新教师全力投入教育教学工作。

第三项，为代课教师创造转入公务员体系的通道。一般来说，只有持有教育科学学士学位的候选人才有资格进入公办小学教师招考。为了更灵活地应对人才短缺，国民教育部引入了一个额外的招聘机制：只要候选人的学士学位专业与基本阶段的教育教学目标相关（例如持有有关学科的学士学位，或持有教育与社会科学专业大类的学士学位等），那么就可以参加招考。这一机制只适用于公办教师候选人的数量低于现有职位数量的情况。在这种情况下，空缺的职数将以长期代课教师职位的形式对外发布。成功通过选拔的代课教师在任职的第一年内，需要参加由国民教育部培训学院组织的在职培训。培训时长共240小时，包括理论和实践两大部分的内容。代课教师还将分配一名实践导师，类似实习公办教师的教学顾问，为他们开展教育教学工作提供指导。代课教师还享受每周5课时的工作量减免。代课教师完成培训并成功通过考核后，可以获得教学能力证书，并具有参加公办小学教师招考的资格。如果顺利通过考核并入职实习，可以凭代课教师身份期间的教育教学经历申请实习期减免。

第四项，加强与卢森堡大学的合作，在保证培养质量的情况下尽可能扩大教育科学（学士）专业的规模，并重新思考专业的录取标准，以更好地满足国家教育的需要。

第五项，设立专门委员会，监督上述措施的有效实施，并提供建议。[1]

五、其他类型的教师与教师教育

在学校教育体系内，除了公办小学教师和公办中学教师，还有其他多种类型的教职员工共同完成教育教学工作。在传统的学校教育体系之外，

---

[1] 资料来源于卢森堡国民教育部官方网站。

卢森堡还有许多政府或私人机构组织各类教育培训。在这类机构工作的教师在上岗前也需要经过扎实的职前培训，上岗后还需要不断接受继续教育。由于类型众多，此处仅举三例，进行简要介绍。

（一）综合教育教师

卢森堡基础教育阶段负责教育教学工作的不仅有承担学科教学的教师，还有各类综合教育教师。在校内，综合教育教师通常充当社会实践教师的角色，主要负责组织各类具有教育目的的社会实践活动，是帮助学生在学科学习之余发展综合实践能力、参与现实世界互动的重要力量。在校外，综合教育教师可以在各类教托机构为幼儿与青少年提供教育托管服务。因此，综合教育教师是卢森堡教育体系内名副其实的多面手。

目前，卢森堡的综合教育教师分为两大类：普通综合教育教师，持有通用中等教育毕业文凭；高级综合教育教师，持有教育与社会科学类学士学位。对于在基本教育阶段从事教育教学的综合教育教师而言，普通综合教育教师一般在学前教育阶段进入课堂辅助教学，或在全日制小学中提供教育托管服务；高级综合教育教师则可以负责组织所有学段的社会实践活动。两类综合教育教师的工作量与公办小学教师基本一致。在学前教育阶段工作的普通综合教育教师每周要负责26小时的社会实践活动，并提供3小时的托管服务。高级综合教育教师每周要负责28小时的社会实践活动。活动准备和活动组织都算在工作量内。此外，综合教育教师每年还需要完成260小时的培训和社会服务，具体分为三部分：① 咨询研讨（60小时）、家校交流（40小时）和行政工作（18小时），这部分与公办小学教师的年度社会服务时长要求一致；② 在课外（包括教学周非上课时间以及非教学周）组织学生参加社会实践活动（102小时）；③ 参加国民教育部培训学院等机构组织的在职培训（40小时）。

培养方面，普通综合教育教师的传统培养路径如下：在卢森堡接受基础教育的学生完成通用中等教育初中段的学习后，选择社会科学分科完成四年级和三年级的学习，然后选择综合教育教师专业完成二年级和一年级的学习。与其他通用中等教育各专业不同的是，综合教育教师专业的学制延长一年，学生还需要完成一年毕业班的学习，通过所有考核后才能获得文凭。学生需要学习的专业课程包括现当代社会、普通经济学、应用信息技术、心理学与人际沟通、社会学、卢森堡公民身份与文化特性、教育学导论等。[1]

为了培养更多普通综合教育教师，满足教育教学需求，从2021—2022学年起，与综合教育教师专业同处于社会科学分科下的社会科学专业的学生，在完成二年级和一年级的学习后，可以申请转入综合教育教师方向，在完成一年毕业班的学习、通过所有考核后也可以获得综合教育教师专业文凭。普通综合教育教师的两条培养路径如图9.2所示。

学段	综合教育教师专业	社会科学专业
通用中等教育高中段高年级	综合教育教师毕业班	
	综合教育教师一年级	社会科学一年级
	综合教育教师二年级	社会科学二年级
通用中等教育高中段低年级	社会科学三年级	
	社会科学四年级	
通用中等教育初中段	五年级普通班（不分科）	

图9.2 卢森堡普通综合教育教师的培养路径 [2]

高级综合教育教师需要取得教育科学类专业的学士学位。在卢森堡国内，卢森堡大学的社会与教育科学专业是关联度最高的本科专业。社会与

---

[1] 资料来源于卢森堡国民教育部官方网站。

[2] 资料来源于卢森堡国民教育部官方网站。

教育科学专业每年招收约 80 人，旨在引导学生掌握社会干预和科学研究的基本方法，培养分析社会、教育和文化问题，解释个人、群体和社会之间关系的能力。专业学制三年（六学期），主要课程模块包括社会干预的情境与框架，个人、群体与社会，当代社会主要问题、社会干预方法、社会科学研究方法、社会干预实践等。学生需要完成两段实习，分别在第三学期（实习时长 4 周）和第六学期（实习时长 14 周）。此外，与卢森堡大学的其他专业一样，学生需要完成一学期的国际交流，通常在第四学期进行。

新教师发展方面，综合教育教师在通过考录后，也要参加国民教育部培训学院组织的入职实习。入职实习的总体结构和要求与公办中小学教师类似，此处不再赘述。

（二）职业能力文凭序列教育专业

2022—2023 学年，职业能力文凭序列新增了教育专业，专门培养幼儿教育教师。学生毕业后可以进入如幼儿园、托管驿站、学业之家等教托机构工作，为儿童（主要是低龄儿童）提供教育托管服务。教育专业属于职业能力文凭序列的 A 类专业，学制为三年全日制式。学生在中学学习期间需要通过视频观察、角色扮演等方式，学会识别不同年龄段儿童的需求。学生还需要学习如何温柔地照顾婴幼儿，如何为幼龄儿童的身心发展提供帮助，以及如何为儿童创造一个可以自由尝试、自主发展的空间。学生在三年内还需要完成五次实习，每次实习时长六周。在实习期间，学生将走进教托机构与儿童直接接触，在真实情境中将课堂所学付诸实践，锻炼与儿童打交道的能力。目前，教育专业使用德语/卢森堡语进行授课，自 2023—2024 学年起将开设法语平行班，但希望就读法语平行班的学生必须掌握卢森堡语。这主要是为了保证所有教育专业的学生都具备熟练使用卢森堡语的能力，以符合学前教育阶段对幼儿进行多语启蒙，尤其是卢森堡语启蒙的教育目标。目前，卢森堡全国共有12所学校开设该专业。[1]

（三）成人教育卢森堡语教师培训

卢森堡十分重视成人教育与终身学习中的卢森堡语教学，如此自然需要许多合格的卢森堡语培训师资。所有希望作为成人教育培训师在市镇部门或其他机构教授卢森堡语的人，都需要持有卢森堡语言和文化证书[2]。国家语言学院负责证书考核与颁发，以及相关培训课程的组织工作。培训课程总时长120小时，分为三个模块：教学法（60小时）、语言学（30小时）、卢森堡语文学和文化（30小时）。这些内容旨在帮助未来的卢森堡语培训教师更好地理解成人卢森堡语学习者的特点、需求和学习过程，获得有效组织教学所需的理论知识和方法指导。培训课程采取线上线下混合式教学，约一半课程为线下面授，另一半课程则通过线上平台组织。线下面授的课程一般安排在周六，以研讨的形式进行。此外，学员必须参加三次教学实习，每次两小时，通过在国家语言学院教授卢森堡语课程来锻炼、精进教学能力。学员的考核评价包括书面作业、口头陈述和考试等。成功通过三个模块的学习考核并完成教学实习的学员可以获得卢森堡语言和文化证书，具备在市镇部门或其他机构教授卢森堡语的资格。

---

[1] 资料来源于卢森堡国民教育部官方网站。

[2] 卢森堡语称为 Zertifikat Lëtzebuerger Sprooch a Kultur。

第二节 教师教育的特点

一、教师人力资源管理体系完整

教师队伍作为一种人力资源，其管理体系的完善程度直接影响教师教学的积极性、教师专业发展的状况和教师队伍的稳定性。卢森堡的教师人力资源管理体系非常完善，主要体现在准入制度、待遇制度和后备制度三个方面。

卢森堡教师人力资源管理体系中的准入制度即卢森堡所实施的教师考录制度。准入制度既涉及教师专业门槛水平的判定，也涉及准入过程的程序性设计。卢森堡教师准入的门槛水平判定是一种综合性的评价机制，即包括了资质认定和选拔测评两种性质不同的评价。资质认定包括相关专业的学历、多语能力等；选拔测评则包括筛选性测试、资格考试等环节。其中，资质认定严格要求候选人必须具有教育学科相关学位，即对入职教师的专业背景有较高的规范性要求。从流程上来看，卢森堡教师考录的综合性评价主要包括资格审查、筛选性测试、资格考试、入职实习等环节，整个过程非常细致、规范、专业，能够较好地确保准入的教师具有必备的素养和能力。

卢森堡教师准入制度的设计，对世界各国教师（尤其是中小学教师）的考录制度改革与完善有一定的启发意义。在条件允许的情况下，应当严格规定中小学教师具有教育学科相关学位（学士或以上层次）。在世界上大部分国家，教育学科相关学位通常由师范类院校授予，即候选人的学习场所具有较好的教师教育学科积淀。目前很多国家存在这样一种认识：教育和教学的专业能力可以等候选人入职后再培养，准入阶段着重考察候选人的专业能力即可（如数学教师着重考察数学知识而非数学教学能力）。这是一种典型的轻视教育学科专业知识的认识，并不可取。教育教学作为一个独立的专业领域，有其特有的知识体系和能力结构，并不是随着教育教学实践的开展就自然能学会、学好的。另外，也需要加强中小学教师入职考察各个评价阶段和环节的科学性和规范性。

卢森堡教师人力资源管理体系中的待遇制度也比较完善。卢森堡教师的待遇完全对应公务员序列的待遇。有两个特点值得关注：第一，卢森堡教师的序列等级对应公务员序列的较高级别。公务员序列从高到低包括A、B、C、D四个序列，而教师都属于A或B两个序列。当然，这与教师入职的门槛学历要求有关，学历越高、档位越高。第二，教师的薪酬和公务员是完全接轨、等同的，晋升的路径也是统一的，这是教师与公务员同等待遇的明确政策保障。

卢森堡教师人力资源管理体系中的后备制度主要指代课教师制度。教师资源（尤指公立学校教师资源）和医疗资源一样，同属公共资源。公共资源出现供不应求甚至是特殊情况下的资源挤兑，在现代社会都属正常或常见现象。因此，教师人力资源的后备制度是现有教师资源出现波动时，维持学校教学正常运转的重要保证。卢森堡采用代课教师制度作为教师人力资源的后备制度，设有代课教师人才库，相当于现职教师队伍的后备队。这对其他国家也有一定的启发意义。一般来说，面临教师短缺问题的地区，教师队伍不仅人数不足，还存在稳定性不够的问题。建立代课教师人才库，将符合基本资质和条件的人员纳入数据库，必要时开展不同规模的教师资源动员，是一项非常值得探索、尝试、推广的教师后备制度。

二、教师职前教育体系健全

除了完善的教师人力资源管理体系以外，卢森堡的教师职前教育体系也相当健全。教师职前教育最重要的环节主要包括入学选拔、课程教学和见习实习。卢森堡的教师职前教育体系恰恰在这三个方面有很多宝贵经验和特色做法。

入选选拔方面，卢森堡大学本科层次的教育科学专业有着非常严格的评价标准，且竞争非常激烈。教育科学本科专业每年实际招生约100人，但报考人数每年约为300人，录取率是比较低的。在评价标准上，卢森堡大学采用多维评价，主要包括三个方面的考察：第一，主观（多语动机陈述）、客观（职业动机在线问卷）相结合的教师职业从业动机考察；第二，高中阶段学业成绩；第三，标准化的入学测试。可见，卢森堡大学的教育科学专业采用申请与考核相结合的入学选拔制度。这充分表明，卢森堡的教育政策制定者系统、深入地认识到了教师职前教育专业与其他本科专业的差异，清楚地了解教师职前教育的特殊需求。

课程教学方面，卢森堡教师职前教育最有特色的是硕士层次培养方案中对三种课程类型的区分，即学科专业类、学科教学类和一般教育教学技能类。一般来说，教师职前教育课程中的一般教育教学类课程和学科教学类课程会构成一个"从一般到特殊"的教学类课程体系，即二者的关系更多被认为是上下位的关系。而卢森堡硕士层次的教师职前教育课程体系，则将一般教育教学类课程定位为技能类课程，即更强调一般性的教学技能；而将学科教学类课程的目标导向为更全面的知识、技能等各个方面的综合性学习。这在一定程度上能够较好地解决一般教育教学类课程和学科教学类课程在内容方面的重叠问题。例如，教学论课程和科学教学论课程往往在很多基础理论和具体方法上存在大量重复的内容。但当教学论课程更侧重一般教学技能时，这种重叠或重复问题便大大减少了。因此，世界其他各国的教师职前教育课程体系建设不妨借鉴这一重要经验，开展试点进一步考察这样的方案在当地教育情境下的适应性。

见习实习方面，卢森堡教师职前教育的体系设置非常重视保证实践环节的充分性。以教育科学本科专业的培养方案为例，学生在学期间，除了国际交流的一学期外，自始至终都安排了实习时长，从每学期3周到6周不等。四年期间，共计实习29周，相当于一个完整的学年都在实习。平均来看，每学期也有3—4周的实习时长。另外，对于在卢森堡大学获得教育科学学士学位，又继续在本校攻读中等教育硕士的学生来说，本科和硕士的实习环节实际上覆盖了基础教育的全部学段。这有利于职前教师认识基础教育教学的全貌，初步感知学生的成长轨迹。这种做法或许可以进一步推广，适时考虑打破学段的机械划分，帮助职前教师建构更完整的学生观和课程观。

第十章 教育行政与教育政策

本章首先介绍参与卢森堡教育事业组织、领导和管理的各级部门，然后介绍教育行政部门出台的四项教育政策。

第一节 教育行政

本节首先介绍卢森堡国民教育部和高教科研部两个中央教育行政部门的职能，然后介绍地方一级中小学的具体组织、运行和管理结构。

一、中央教育行政

（一）国民教育部

卢森堡国民教育部全称为国民教育、儿童与青年部[1]，是负责制定和实施教育、儿童和青年领域政策的中央政府部门。国民教育部关注正规和非正规

---

[1] 法语称为 Ministère de l'Éducation nationale, de l'Enfance et de la Jeunesse，缩写为 MENEJ。

教育，力图让每个人都能顺利实现人生各个阶段的平稳过渡，享有公平的机会建构自己的未来。国民教育部不断改革、完善教育体系，与时俱进地制定教育政策，以适应社会的发展以及越来越异质化的需求。为了让所有年轻人有机会接触新的学习策略，体验数字技术辅助的教学实践，国民教育部还负责制定和实施电子学习和使用数字资源开展终身学习的国家战略。

总体来说，国民教育部主要有六大职能。① 基础教育和终身学习领域的总体政策制定：制定国家课程大纲，明确组织结构和教学内容；颁发国家文凭；招聘和管理学校工作人员等。② 与儿童相关的总体政策制定：教托机构管理、教托支票、儿童补助、收养、儿童权利等。③ 与青少年相关的总体政策制定：青年服务、青年参与社会生活、青年工作者培训等。④ 监测和评估教育政策，以确保教育体系的一致性。⑤ 音乐教育：协调学校、教托机构以及音乐学院的音乐教育。⑥ 推广卢森堡语：协调执行推广卢森堡语的行动计划。

国民教育部下属的主要机构有办公厅、儿童教育司、初等教育司、中等教育司、包容教育司（主管特殊需求学生教育等）、融合教育司（主管外国移民学生教育和成人教育等）、音乐教育司、青年事务司、职业教育司、儿童与家庭援助司、条法司、人事司、基础设施司、培训学院（负责教师教育等）、教育信息管理中心、教学研究与创新协调处等。

国民教育大臣任期五年，可以连任。

（二）高教科研部

卢森堡高教科研部全称为高等教育与科学研究部[1]，是专门负责高等教育和科学研究的中央政府部门。高等教育方面，高教科研部是卢森堡大

---

[1] 法语称为 Ministère de l'Enseignement supérieur et de la Recherche，缩写为 MESR。

学的管理和监督部门，同时也负责对高级技师文凭相关课程的认证，并管理在卢森堡境内设立的外国高等教育机构。学生生活方面，高教科研部负责调配国家对高等教育的财政支出，管理某些国际奖学金。高教科研部还面向所有学生提供与高等教育有关的信息。学历认证方面，高教科研部负责对外国高等教育学历学位进行认证。科学研究方面，高教科研部负责制定、协调和实施与公共研究相关的各项政策，是卢森堡科学和技术研究所、卢森堡卫生研究所、卢森堡社会经济研究所和国家科学研究基金的管理和监督部门。欧洲合作层面，高教科研部负责跟进欧洲的高等教育政策与行动，如欧盟"教育与培训2020战略"、博洛尼亚进程的后续行动等；负责参与欧洲范围的科研战略，如欧盟的"地平线2020"跨国科研项目等。国际合作层面，高教科研部负责对接经济合作与发展组织、联合国教科文组织等。

高教科研大臣任期五年，可以连任。

由于职能相对集中，高教科研部的组织架构比较简单，下属机构主要是卢森堡大学、上文提到的三个研究所，以及国家科学研究基金。

根据高教科研部制定的2018—2023年工作计划，这五年内的工作重点包括以下五项。

第一，在坚持公立高教科研机构自治原则的基础上，建立协调委员会，促进高教科研机构之间的实质性合作，尤其是在关键研究领域的协作。鼓励跨机构组建研究小组，设立联合教授职位，制定博士生联合培养方案。倡导跨学科、全学科的研究理念和方法。

第二，加强国际化，提高卢森堡大学和其他科研机构的国际竞争力和吸引力。积极参与欧洲和国际范围内的跨国研究项目，如"伊拉斯谟+""地平线2020"等；聘请一批成果突出、国际知名的教授和科研人员；为在卢森堡大学工作的教学科研人员提供稳定的生活保障；提高女性科研人员在卢森堡大学教职以及科研机构关键职位上的比例。

第三，优化科研基金分配。优先支持少数具有强大社会经济潜力，并有助于提高卢森堡国际知名度的研究领域，包括金融与绿色金融、教育科学、生物医学、信息与通信技术、创新材料、环境科学与生态转型、当代历史等。科研计划达到预期目标、取得预期成效的，增拨绩效基金；私营企业投资科研项目，尤其是应用研究类科研项目的，拨付一定数额的配套基金。

第四，制定科学研究成果开放获取政策，促进知识流通与共享。享受政府科研基金资助的研究项目、研究数据和成果出版物应当遵守开放获取协议。

第五，优化高级技师文凭类专业的课程结构，改进学分互认与教学质量评估体系，按照博洛尼亚进程和《欧洲高等教育质量保障标准与指南》的要求，完善高等职业教育组织管理框架。[1]

二、地方教育行政

（一）小学的组织与管理

卢森堡公立小学的管理工作由国家和各市镇共同负责。市镇负责提供基础教育所需的基础设施和设备；小学教师由国家统一招考，然后分配到各市镇。[2]

学校层面，每所小学都设有学校委员会，人数3—9人不等，从全校教职员工中选举产生，其中至少三分之二是公办教师。学校委员会的职责是确保学校教育教学工作顺利运行，保持学校与市镇和学生家长的联系。学校委员会的主席即为校长，任期五年。学校委员会带领全校教学团队一起制定学校发展规划。学校发展规划是对今后三年学校教育教学工作的规划，

---

[1] 资料来源于卢森堡高教科研部官方网站。
[2] 资料来源于卢森堡国民教育部官方网站。

需要包含以下内容：① 介绍学校开设的所有课程，进行整体学情分析，明确学校的工作重点。这部分应当至少对以下五点做出分析：课堂教学和学习辅导组织、特殊需求学生教育教学、家校沟通合作、信息通信技术在教学中的应用、学校教育与非正规教育的衔接。② 根据工作重点，制定具体的工作目标。③ 根据工作目标，制定行动方案，写明参与方、可用资源、实现方式、工作时间表、评价标准等。④ 对当前学校发展规划实施情况的总结，以及后续的连贯性措施。[1]

学校发展规划制定完成后，需要提交至市镇教育委员会和国民教育部教学研究与创新协调处下属的教学质量发展中心。在计划实施过程中，教学质量发展中心会为学校提供跟踪指导。

市镇层面，各市镇设立市镇教育委员会，成员包括市镇长或市镇长代表、市镇议会代表、学校教职工代表和学生家长代表。市镇教育委员会负责对教学组织的相关问题做出决策，审议学校的发展计划并监督其实施，并对学校课外活动安排和学校预算提出建议。

区域层面，国民教育部按照学生人数、教师人数、学校数、学校之间的距离等因素，将全国划分为15个学区。每个学区设一名督学，二至四名副督学。督学可以根据学区实际情况分配教学资源和人员，以满足当地需求。督学的主要任务包括对区内的学校进行行政管理和教学监督，为教育教学人员提供职业发展支持，协调学校与教师、学校与学生、学校与家长之间的关系等。学区督学还可以在各校校长的协助下组织实施包容性教育，监督学校发展规划的落实情况，联系学校和非正规教育部门（如教托机构等）并促进双方合作。

为了更好地完成特殊需求学生的教育教学工作，每个学区都会组建特殊需求学生支持小组，由负责特殊需求学生教育的副督学领导。小组成员

---

[1] 资料来源于卢森堡国民教育部官方网站。

包括特殊教育教师、综合教育教师、心理咨询师、语言治疗师、心理康复治疗师、儿科护士等。特殊需求学生支持小组可以向学校教师和学生家长提供教育教学建议，也可以在获得家校同意后亲自接手学生的教育教学工作。如果在学校和学区两级都不能解决特殊需求学生的教育教学问题，可以向全国包容性教育委员会提出申请，将学生转入专门的能力中心接受教育。

（二）中学的组织与管理

与小学不同，卢森堡公立中学的管理由国民教育部直接负责。

中学的管理层包括校长、副校长和校务助理。管理层负责确保学校教育教学工作顺利运行，审议、通过学校发展规划并协调其实施。校务助理除了协助校长完成日常行政管理工作外，还负责与学生和家长保持沟通。

中学的教育教学工作主要以班级为单位开展。每个班级都设有班级教师委员会，由校长或其代表以及班级所有课程的任课教师组成。班级教师委员会就教学的执行情况进行协商，跟踪学生的学业进展、学习态度和纪律。委员会对学生是否有资格升入下一学年、升入哪个专业分科方向有最终决定权。在学生学习遇到困难时，委员会需要提供配套的学业支持措施。

在常规的班级课程教学之外，卢森堡的公立中学还设有若干机构和组织，提供多种类型的服务，以更好地实现学校教育教学目标。

1. 中学下设机构

卢森堡每所公立中学都设有下列提供专门服务的机构。

（1）校园社会心理与学业支持服务站[1]。主要职能包括：为学生提供心

---

[1] 法语称为 Service psycho-social et d'accompagnement scolaires，缩写为 SePAS。

理辅导以及个人发展和社会融入方面的指导；参与学生的升学指导，提供专业分科和职业规划方面的建议；帮助学业、心理或家庭存在困难的学生；协助教师进行学习困难学生的教育教学工作；组织预防性干预活动。服务站的成员包括心理咨询师、综合教育教师和社工等。

（2）社会教育服务站[1]。其职能包括：组织学业辅导和课外活动（文化和体育活动等）；与学科教学教师合作，开展社会教育项目，发展学生综合技能；防止学生辍学；防范校园暴力和冲突；帮助学业困难学生等。社会教育服务站的各项活动一般在课外时间开展，或者在学科教师因故缺课时进行。

（3）文献和信息中心。中心的职能之一是培养学生的信息收集能力，特别是通过信息通信技术获取信息的能力。学生在课余时间可以在中心学习。中心的另一大职能是培养学生的阅读习惯。

（4）学业与职业规划指导小组。其职能是帮助学生了解卢森堡教育体系、中学阶段不同专业方向的培养路径，以及接受高等教育的路径。学生在学业与职业规划指导小组的帮助下能够更加了解社会经济情况，对劳动力市场形成初步概念，从而规划个人的学业和职业发展，有意识、有针对性地培养相关技能。学业与职业规划指导小组由学科教师、综合教育教师、心理咨询师等组成。

（5）包容性教育委员会。负责特殊需求学生的教育教学工作。

（6）学校发展中心。负责分析和解释学生的学业数据，识别学生的优先发展需求，从而制定学校发展规划。学校发展规划应当对以下几个方面进行现状分析，提出行动目标：特殊需求学生教育教学；对学生的社会心理支持援助；升学指导；家校合作；信息通信技术在教育教学中的应用；课外活动组织。此外，学校发展中心还负责制定学校章程。

---

[1] 法语称为 Service socio-éducatif，缩写为 SSE。

2. 中学下设组织

卢森堡每所公立中学都设有下列组织。

（1）学校全会。包含学校全体教职员工。学校全会对教育教学有关的所有重要事项进行审议。学校全会下设教师代表委员会，负责与国民教育部、学生代表委员会、家长代表委员会沟通交流。

（2）教育委员会。负责审议通过学校章程，并就学校的自治办学、课程组织、预算分配等事项达成一致。教育委员会也参与学校发展规划的制定。教育委员会的成员包括校长，教师委员会、学生委员会和家长委员会的代表，必要时也可包括市镇代表，当地企业、协会或文化团体的代表等。

（3）纪律委员会。由两名学校管理层成员、三名教师、一名校园社会心理和支持服务站成员和一名家长代表组成。纪律委员会对违纪违规学生的处理进行讨论。学生的退学决定必须由纪律委员会通过。

（4）学生代表委员会。由学校全体学生从自愿参选的学生中选出。学生代表委员会代表学生与管理层、教师代表委员会、家长代表委员会等进行沟通，提出有关学校生活和学生工作的建议。学生代表委员会还在学校内部组织文化、社会和体育活动。每所中学的学生代表委员会还需指派一名代表参加全国学生代表大会。全国学生代表大会代表全体学生与国民教育部沟通，提出有关学校生活和学生工作的建议。

（5）家长代表委员会。代表学生家长与管理层、教师代表委员会、学生代表委员会等进行沟通，对教育教学工作提出建议。家长代表委员会也可以组织文体活动。家长代表委员会成员可以参与全国学生家长代表大会的选举工作。

3. 其他机构

在全国层面，除了上文提到的全国学生代表大会和全国学生家长代表大会，还有下列机构。

（1）校长论坛。中学校长交流教学组织与管理经验的平台。

（2）全国中等教育委员会。由中学教师组成，负责课程大纲修订和新课程（专业方向）开发。

（3）校园社会心理和学业支持服务中心[1]。中心隶属国民教育部，主要负责协调各个学校服务站之间的交流合作与资源共享，对学校服务站的工作提供指导与支持、开展年度评估，处理补助申请（如家庭困难补助金）等。学生、家长和教师除了向所在学校的校园社会心理和支持服务站寻求指导和帮助外，也可以直接向中心提出有关申请。学校领导层在招聘综合教育教师、心理咨询师时可以要求中心协助评估候选人的综合能力。当有较为紧急、严重的事件（如学生自杀、群体性事件等）发生时，中心也会第一时间进行干预。

（4）学业与职业规划指导中心[2]。中心是一个一站式服务机构，在同一办公地点集合了卢森堡全国所有与升学指导和职业发展规划相关的行政机构和服务部门，如校园社会心理和学业支持服务中心、外国儿童入学服务中心、高教科研部高等教育信息咨询中心、国家就业发展局职业发展规划指导处、卢森堡全国青少年之家等。所有寻求学业与职业发展规划指导的卢森堡公民，以及在相关领域工作的专业人员、服务部门、机构和协会等，都可以前往中心了解信息和寻求建议。对于公民个人，中心可以提供个性化咨询与指导，帮助他们明确自己具备哪些能力，对哪些领域感兴趣，从而在升学（如初中升高中、高中选择专业分科等）和择业时做出更好的决策。中心负责运营的职业百科平台对各类职业及从业所需的教育背景进行了细致的介绍，可供各类人群查阅参考。对于相关领域的从业人员，中心可以牵头促成一些合作项目（如协助与公司、商会等接洽），提供开展有关业务的建议，组织相关在职培训等。

---

[1] 法语称为 Centre psycho-social et d'accompagnement scolaires，缩写为 CePAS。

[2] 法语称为 Maison de l'orientation。

第二节 教育政策

本节首先介绍卢森堡儿童与青少年教育的三个全国性参考框架，内容分别涉及非正规教育、校园社会心理支持服务、升学与职业生涯规划指导；然后介绍卢森堡政府推广卢森堡语和卢森堡文化的长期战略。

一、《儿童与青少年非正规教育全国参考框架》

《儿童与青少年非正规教育全国参考框架》由卢森堡国民教育部及下属的青年事务处、卢森堡大学和奥地利夏洛特·布勒儿童研究院共同编写，于2016年首次出版，2021年进行修订。《框架》指出，非正规教育不应该被一系列量化的目标束缚，而是应当帮助儿童和青少年在集体活动中自主探索世界，建立积极主动、为自己行为负责的态度，认识个人发展需求，培养兴趣爱好，发掘自身潜力。[1]

《框架》共有四个部分。第一部分为总论，阐述了非正规教育的总体原则。① 正确认识儿童与青少年：他们是有自主发展能力的个体，每个人都应该有属于自己的个性化发展路径；是积极参与社会和文化生活的个体，需要与社会文化群体中的其他成员积极互动；是与社会其他成员平等的个体，必须保障他们的权利。② 正确认识从事非正规教育的人员：他们是儿童和青少年的行为榜样，是儿童和青少年意义探索与共建过程中的合作伙伴，是与正规教育部门通力合作的重要力量，是需要时时反思自己教育教学行为的终身学习者。③ 正确认识教育：了解非正规教育、非正式教育与整体教育之

---

[1] Ministère de l'Éducation nationale, de l'Enfance et de la Jeunesse, Service national de la jeunesse, Charlotte Bühler Institut für praxisorientierte Kleinkindforschung, et al. Cadre de référence national sur l'éducation non formelle des enfants et des jeunes[R]. Luxembourg: MENEJ, 2021: 7-8.

间的关系；明确非正规教育中寓教于乐的重要性；了解儿童与青少年需要发展的各类能力（个人能力、社会能力、技术能力、方法能力、元认知能力）。④非正规教育的整体原则：个性化与差异化、尊重多样性、兼容并包、多语教育、保护儿童与青少年权利。⑤非正规教育特点：自愿、开放、参与、以人为本、探索式学习、注重过程、合作学习、平等对话、鼓励自主发展。⑥非正规教育人员的态度：信任儿童与青少年，以身作则，幽默乐观，善于倾听，心态平和，关注儿童与青少年发展需求，欣赏每个人的闪光点，鼓励他们参与集体生活并给予指导。⑦非正规教育机构的硬件环境要求。

《框架》的第二部分分为三个子部分，分别对应三类人群：幼儿（4岁以下儿童）、学龄儿童（4—12岁）、青少年（12—30岁）。每个子部分都详细阐述了该阶段人群的特点、非正规教育教师的角色、非正规教育机构的硬件设施要求与日程安排，以及目标人群的发展领域。三类人群的发展领域及细分内容见表10.1。

表10.1《儿童与青少年非正规教育全国参考框架》中各类人群的发展领域及细分内容 [1]

发展领域	幼儿	学龄儿童	青少年
情感和社会关系	情感与互动		通过小组活动学习社交
			向同伴学习
	性别意识		性教育
	建设性冲突		
价值观、参与与民主	价值与标准		形成个人的标准与价值判断
			掌握跨文化能力，促进社会融合
	社会参与与民主		

---

[1] Ministère de l'Éducation nationale, de l'Enfance et de la Jeunesse, Service national de la jeunesse, Charlotte Bühler Institut für praxisorientierte Kleinkindforschung, et al. Cadre de référence national sur l'éducation non formelle des enfants et des jeunes[R]. Luxembourg: MENEJ, 2021: 35-106.

续表

发展领域	幼儿	学龄儿童	青少年
语言、交际和媒体素养	多语学习与交际		拓展个人多语能力
:::	:::	:::	通过文化载体学习语言
:::	早期读写素养与媒体启蒙	读写素养发展	
:::		数字媒体素养	
创造力、艺术和审美	创造力与审美		促进青年文化自主发展
:::	创意表达与艺术实践的不同形式（视觉艺术与手工制作、音乐与舞蹈、表演艺术等）		探索文化，发扬艺术创造力
运动、身体意识和健康	感觉与运动	运动、游戏与体育项目	学习管理身体健康
:::	身体健康		应对青春期身心变化
:::	饮食与饮食习惯		危机预防与干预
科学技术	数学		生态教育
:::	自然与生态		可持续发展理念
:::	技术		
过渡期重要发展事件	离开家庭环境进入教托机构	进入小学	毕业升学
:::	:::	:::	走向成年、走向社会

《框架》的第三部分以一系列指令清单的形式，为集体教托机构、亲子助理和青少年服务机构提供了办学与运营指引。以集体教托机构为例，清单内容包括机构概况（机构总体目标、教学理念与方法、相关法律法规等）、机构运行日志（教学活动的时间、地点、内容，与家长、学校、其他非正规教育机构间的合作关系；机构教师参加在职培训情况；机构内部规章制度等）、多语教育计划等。机构可以按照指令清单的要求进行相应的准备工作，以提高非正规教育的质量。《框架》的第四部分列出了丰富的参考文献，为希望获取更多信息的读者提供指引。

二、《中学校园社会心理支持和课外活动组织共同参考框架》

《中学校园社会心理支持和课外活动组织共同参考框架》由卢森堡国民教育部牵头制定，校园社会心理和学业支持服务中心与青年事务司合作编写，2018年7月出版。[1]《框架》之所以将社会心理与学业支持服务和课外活动组织两部分内容放在一起，是因为这两者在法律地位上都属于中学必须配备的服务部门，在组织架构上都扎根于各个中学，在行动目标上都面向中学生的全人发展，在具体行动上需要有连贯、互补、成体系的合作。

卢森堡的校园社会心理与学业支持服务已经有四十余年的历史，在实践中形成了较为完善的行动模式、流程和方法，在中学内通过校园社会心理与学业支持服务站开展工作，在全国范围内通过校园社会心理和学业支持服务中心协调工作。相比之下，校园社会教育服务的历史要短得多，在初期主要以预防学生辍学为主要目标，行动领域比较单一，但在各个学校的具体落地形式却十分多样（如"教育与课外服务中心""教育服务中心"等）。目前只有约一半中学内部有独立的社会教育服务站。因此，有必要通过一系列清晰、具体的操作指引，来引导这两项服务更好地协同合作，取得优良效果。

《框架》分为四个部分。第一部分介绍校园社会心理与学业支持服务的原则、目标、方法等。《框架》指出，中学的校园社会心理与学业支持服务是中学开展教育教学工作不可或缺的组成部分，重点关注青少年的社会心理健康、学业发展和个人综合素质，是帮助中学生实现全人发展的重要手段。校园社会心理与学业支持服务主要涵盖五个主题。① 帮助和建议：提供社会心理和教育支持。② 危机预防：提升在校学习的幸福感。③ 升学指导：促进学生综合能力的发展。④ 包容与集体融入：帮助学生融入校园集

---

[1] Ministère de l'Éducation nationale, de l'Enfance et de la Jeunesse. Cadre de référence commun pour l'accompagnement psycho-social et l'offre périscolaire dans les lycées[R]. Luxembourg: MENEJ, 2018.

体。⑤社会公平：减少社会不平等现象。

有关服务可以直接面向青少年本人，称为直接服务；也可以面向其他参与青少年成长的机构与个人，如同伴、家庭、教师、校内外其他教育教学人员等，称为间接服务。直接服务主要在五个层面对青少年提供帮助。①个人层面：帮助青少年增强心理韧性，学会情绪管理，以减少、克服萎靡不振、孤独、焦虑、抑郁、缺乏动力等不良情绪，并改变不良行为。②家庭与人际关系层面：帮助青少年面对复杂、难以处理的家庭和人际关系情况，如家庭关系破裂、冲突、霸凌等。③学业层面：帮助青少年明确个人学习目标，为可能导致辍学的情况（如学业困难、畏学情绪、注意力不集中、学习方法不得当等）寻求解决方案。④社会层面：帮助青少年在困难时期寻求帮助，如协助青少年申请补助等。⑤教育与个人发展方面：帮助青少年积极应对并处理青春期的行为变化，学会对规则和权威进行思考、提出质疑，发展个人综合技能（如主动采取行动的能力、判断力、决策力、沟通能力、合作能力等）。

为了保证服务质量，校园社会心理与学业支持服务应当在以下方面有所投入：开展内部和外部合作；参与校园发展；与目标受众积极沟通；提升行政管理水平。

对于每一个工作领域，《框架》都列出了有关从业人员（如综合教育教师、心理咨询师等）需要具备的职业能力。

《框架》的第二部分介绍课外活动组织和校园生活参与方面的原则、目标、方法等。课外活动应当遵照《儿童与青少年非正规教育全国参考框架》中的原则加以组织和开展。在组织课外活动时，要注意尊重青少年自愿参与的原则，综合教育教师应当与青少年建立平等信任、互相学习的关系和态度。应当创设条件，鼓励青少年之间的接触与交流，指导他们从同伴身上学习优良品质，综合教育教师适时给予相应指导。通过与青少年近距离接触，综合教育教师能够了解学生实际情况，发现需求灵活响应，发现问题尽早干预。校园生活参与方面，综合教育教师应当鼓励学生关心学校事务，积极竞选学生代表委员会，践行参与式民主；学校应当对学生代表履职提供必要的硬件支持，综合教育教师则对学生代表提供必要的行动指导。《框架》还对社会教育服务站的职能进行了界定。国民教育部青年事务司是各校社会教育服务站的国家级协调部门，负责提供相应资源，追踪、评价服务质量。

《框架》的第三部分给出了两类服务在中学校园落地的两种模式。一种是分离式，即校园社会心理与学业支持服务站和社会教育服务站作为两个独立部门分开运行，但彼此密切合作。另一种是融合式，即只设立一个部门（通常冠以校园社会心理与学业支持服务站之名），提供两类服务。各学校可以根据办学实际选择运行模式，平衡好两类服务的分工与协作。

《框架》的第四部分以清单的形式列出了校园社会心理与学业支持服务的质量评价细则，各校可以以此为参照，设计、改进校园社会心理与学业支持服务，提升服务质量。

三、《学业与职业规划指导参考框架》

《学业与职业规划指导参考框架》由学业与职业规划指导中心牵头编写，集合了卢森堡十六所中学在相关领域的实践经验，于 2017 年 1 月发布，2019 年 3 月修订。[1]《框架》旨在引导中学深入了解校情与学情，明确资源优势与学生需求，尽可能多地拓宽合作机制，指导、帮助中学生做出最优学业与职业发展规划。

《框架》指出，学校提供的学业与职业规划指导并不局限在某些关键时刻（如小升初、初中升高中、高中选择专业分科等）之前，而是贯穿学生

---

[1] Ministère de l'Éducation nationale, de l'Enfance et de la Jeunesse. Cadre de référence commun pour l'orientation scolaire et professionnelle[R]. Luxembourg: MENEJ, 2019.

整个在学期间，需要通过一系列活动帮助学生了解自身兴趣、能力和潜力，以便让学生在学业路径规划和职业选择方面做出明智的决定，实现个人发展，为社会服务。学业与职业规划指导具有四个职能。① 分析：帮助学生识别问题与需求，明确现状，确立目标，梳理可用资源。② 提供信息、传递知识。③ 决策：帮助学生充分考虑各种因素，自主做出选择。④ 帮助与支持：给予学生反馈，指导他们形成自主思考、自主决策、自我发展的能力。

《框架》对各中学制定本校的学业与职业规划指导方案提供了详细指引。方案应当包括三类文件。① 学生学情分析：包括学校开设专业方向与课程清单（*）、学生群体特点、学生在校培养方案、学生群体特殊需求等。② 本校学业与职业规划指导的组织形式和优先事项：包括学校章程中与学业和职业规划指导相关的条款（*）、学业与职业规划指导小组成员名单（*）、学校其他部门在学业与职业规划指导方面的合作机制（*）、指导工作的任务分配及相应的课时量减免标准（*）、相关校级专项项目（*）、学校的各类合作伙伴情况等。③ 本校学业与职业规划指导的程序和具体做法：指导教师的排班安排与具体任务明细（*）、目前已经实施的具体指导活动的概述（*）、对已实施活动的评估、下一步工作目标与计划等。

以上文件由学校学业与职业规划指导协调员负责起草，标有星号（*）的文件需要提交至学业与职业规划指导中心，以便中心协调校际和行业间合作。所有文件每三年更新一次。

学业与职业规划指导活动可以分为五类。① 课内活动：即在上课时间内组织的有关活动，包括辅导课、选修课，以及各类与社会生活、经济生活、校园与大学生活相关，促进学生职业管理技能和生活技能的活动。② 课外活动：包括组织实习、参观等。③ 与学生家长的合作：家长对学生的学业与职业规划有重要影响，学校应当与学生家长保持密切联系，有效利用此类资源为学生提供信息与指导。④ 与经济部门的合作：学校应当尽可能拓宽与各类经济部门的合作，形成有效的沟通反馈机制，以便让学生有机会尽早接触不同的职业，形成具身、直观的印象。⑤其他合作：学校应当结合自身实际，加强与各类政府部门、私人机构、各类协会的合作。

《框架》还规定了学校学业与职业规划指导小组的组织结构，以及相关工作人员的职责：应当秉持全校参与的理念，把学业与职业规划指导作为学校发展的优先事项，所有教师都要参与其中；应当秉持性别平等的理念，在具体指导工作中保证男女生机会平等，努力消除性别刻板印象。

学校必须设立校园学业与职业规划指导小组，包括至少两名学科教师和两名综合教育教师，开设通用中等教育预备班序列的学校还应包括至少一名预备班学科教师。在此基础上，校长可以任命更多教师参与到小组中。小组教师总数不超过十人，每年应当接受学业与职业规划指导中心和国民教育部培训学院联合组织的在职培训，时长至少八小时。

校长应当从指导小组教师中任命一人作为协调人，对内负责协调整个小组的工作，召集并主持指导小组工作会议，协调指导活动的具体实施并对活动效果进行评估；对外负责同学业与职业规划指导中心保持联系，参加中心组织的全国工作会议，并与其他各类合作单位保持联系。学校领导层应当根据协调人的工作量对其承担的课程教学任务进行相应减免。

指导小组教师直接面向学生开展各类活动。一般来说，指导活动应当包括以下方面：小升初适应、初中段学习、初升高选择、预备班课程适应、高中专业分科选择与重新选择、高等教育院校与专业选择等。各校可以根据校情学情适当调整。

各教学班的班主任除了完成课程教学任务之外，也负责协调班级任课教师的协作，与家长保持联络，并协助学生在校园社会心理和学业支持服务站及学业与职业规划指导小组获得有关指导和服务。学科教师应当倾听学生需求，为学生提供发展建议，或者引导学生前往学业与规划指导小组获得帮助。教师的课堂教学也应当重视学生职业发展技能和生活技能的培养，在学科学习中潜移默化地帮助学生树立学业与职业规划的意识，掌握方法，发展能力。因此，每位教师都通过实际行动参与学业与职业规划指导工作。

四、推广卢森堡语和卢森堡文化长期战略

作为卢森堡的官方语言之一，卢森堡语不仅是一门日常交流语言，更是一门促进社会融合、增强社会凝聚力的语言，与法语、德语以及其他语种一起构成了卢森堡特色的多语制度与多语实践。为进一步推广卢森堡语和卢森堡文化，卢森堡政府于 2017 年 3 月发布了《卢森堡语推广战略》，作为推广卢森堡语和卢森堡文化的长期战略。[1] 战略明确了四大目标，分别是：提升卢森堡语的地位；鼓励卢森堡语使用，深入开展卢森堡语语言学研究，推进卢森堡语标准化；促进卢森堡语和卢森堡文化的学习；使用卢森堡语推广文化。

为实现上述目标，卢森堡政府推出了五条标志性举措。

一是制定长期规划。上述四大目标覆盖了公共生活的所有领域，因此需要所有部门通力合作，在协调一致的统一战略下行动。全国层面，制定二十年行动计划；在各部门具体工作中，通常以五年为一个小周期确定更为具体的行动方案，到期进行评估，并设立新的目标。

二是设立卢森堡语语言专员职位，负责梳理现有的各种机制和措施，制定行动计划，协调部门间合作，并跟踪后续行动。

三是设立卢森堡语中心，开展卢森堡语语言学研究，推进其标准化，并对卢森堡的语言状况开展调查研究。此外，中心还负责在卢森堡内部以及欧洲乃至国际范围内推广卢森堡语。

四是将卢森堡语写入卢森堡宪法。卢森堡语在卢森堡社会中有着特殊的地位，这一地位不仅要保持，而且要加强。因此，卢森堡语的民族语言

---

[1] 资料来源于卢森堡国民教育部官方网站。

地位应当被写入宪法。此外，多语制对卢森堡的文化认同和社会团结意义重大，因此多语制也应当被写入宪法。

五是承认卢森堡语为欧盟的官方语言之一。每个公民都应当有权使用卢森堡语在位于卢森堡的欧盟各机构办事，并得到卢森堡语的答复。为此，卢森堡政府需要与欧盟机构展开谈判，寻找解决方案。

除上述五条标志性措施之外，卢森堡政府还制定了一系列配套措施，分别对应四大战略目标。

（一）提升卢森堡语的地位

具体举措包括以下几项。① 整理卢森堡语史料，举办史料展览。② 将政府网站内容翻译成卢森堡语。目前，大多数政府网站仅提供法语版本内容。需要逐步为面向卢森堡公众的门户网站、办事平台等提供卢森堡语版本。

（二）鼓励卢森堡语使用，深入开展卢森堡语语言学研究，推进卢森堡语标准化

具体举措包括以下几项。① 开发、维护卢森堡语在线词典网站。该网站目前已经上线，提供卢森堡语与法、德、英、葡语的词汇互查功能。② 制定卢森堡语拼写规则，明确语语法规则。③ 开发卢森堡语答疑解惑平台。作为卢森堡语在线词典的补充服务，开发答疑解惑平台，允许公众和政府部门通过短信、电话或电子邮件等形式提问，平台提供问题解答服务。④ 开发专门网站，汇总与卢森堡语推广相关的各项措施，如培训课程、研究计划、财政补贴等，供公众查询。⑤ 科研结果共享。卢森堡语中心与卢森堡大学卢森堡语言文学研究所密切合作，通过会议、讲座等形式，介绍卢森堡语现状，以及卢森堡语言与文学研究的最新进展。⑥ 加强大学国际

合作。卢森堡大学卢森堡语言文学研究所继续保持与英国谢菲尔德大学卢森堡研究中心等机构的合作,并积极建立新的合作渠道。⑦ 对年轻人的卢森堡语使用展开调查研究,关注他们如何在信息技术与网络时代,通过各种媒介(短信、社交平台等)使用卢森堡语。

(三)促进卢森堡语和卢森堡文化的学习

——面向儿童。2017 年 10 月起,实行多语教育计划,为 1—4 岁在集体教托机构注册的儿童提供卢森堡语和法语启蒙。

——面向小学生。① 重视基本教育第一学段的卢森堡语教学。为教师提供详细的教学指导。② 编制卢森堡语作为外语的教学大纲和教材,小范围试用、修订后推广至全国。③ 开发多语教材。卢森堡语、法语和德语课程教材均使用多门语言编写。④ 将卢森堡语作为国际小学的必修课。在卢森堡办学的私立学校、国际学校等必须为所有学生开设卢森堡语课程。⑤ 组织儿童文学竞赛,鼓励儿童使用卢森堡语进行文学创作。作品呈现形式包括文本、音频等。

——面向中学生。① 更新卢森堡语作为二语的教学大纲和教材,以适应学生最新的学习需求。② 编辑卢森堡语文学选集,促进学生阅读能力发展。③ 开发卢森堡语拼写规则选修课。④ 开发卢森堡语文学文化选修课。卢森堡大学卢森堡语言文学研究所负责开发卢森堡语文学文化课程,介绍卢森堡文化的发展脉络,以及卢森堡文学、电影、戏剧、广播等。该课程是卢森堡大学中等教育硕士的专业课程,在此基础上研发中学阶段的选修课。⑤ 开发卢森堡语创意写作选修课,鼓励学生使用卢森堡语进行诗歌、歌曲、戏剧创作。⑥ 将卢森堡语作为国际中学的必修课。

——面向接受继续教育的成人。① 大力开发卢森堡语课程,增加教学资源。包括加强成人教育卢森堡语培训师的培训,提供更多岗位,并改进教学材料。② 为国际庇护的申请人和受益人提供卢森堡语课程。该课程每次两小时，共四次。课程对卢森堡的语言状况做简要介绍，并教授日常生活中最常用的卢森堡语 100 句。③ 提供每人 200 小时的语言假。④ 所有从事社工、家庭工作和治疗等领域的工作人员，应当掌握卢森堡语，以及德语或法语。如果无法证明相应的语言能力，则必须接受在职培训。⑤ 所有医生、心理治疗师、药剂师和其他受卫生部监管的从业人员，必须掌握卢森堡语、法语和德语三门语言。部分医院已经开设了专门为医护设计的卢森堡语课程。卫生部将与卢森堡医院联合会合作，增加课程数量。⑥ 通过欢迎与融入培训合同为移民提供语言课程（包括卢森堡语）和公民教育课程，促进新移民融入社会，顺利就业。⑦ 建立卢森堡社会融入与凝聚力中心，为国际庇护的受益人提供帮助，其中包括帮助他们学习卢森堡语、法语和德语。⑧ 面向老年人的宣传手册和信息网站提供三语翻译。研究如何为老年外国移民提供卢森堡语课程，以促进他们在养老机构的融入。⑨ 充分发挥大区大学共同体的集群效应，对区域内多语使用，特别是跨境多语使用展开科学研究。

——面向普通大众。广泛宣传、鼓励学习卢森堡语拼写规则。2017 年 1 月，国民教育部组织了一场面向全国的卢森堡语拼写规则宣传与学习活动。大众可以访问专门的在线平台，查看卢森堡语的主要拼写规则。规则内容以海报和视频讲解的形式呈现，并附有实例。网站还提供可以免费下载的拼写规则手册。手册的印刷版也将在许多公共场所发放，供需要的群众自行领取。

（四）使用卢森堡语推广文化

具体举措包括以下几项。① 资助使用卢森堡语开展的文化项目。由协会或个人发起，以推广卢森堡语以及卢森堡语言多样性为目标的文化项目可以获得文化部提供的资金支持。② 设立卢森堡语和卢森堡文化纪念日，通过文学、音乐、电影、戏剧等载体弘卢森堡的语言和文化。③ 设立卢森堡语推广奖，每两年或三年颁发一次，奖励对卢森堡语传承与发展做出重大贡献的个人，如作家、出版商、科学家、音乐家等。④鼓励公共图书馆等文化机构提高卢森堡语作品（如图书、唱片等）馆藏量，吸引公众，特别是青少年儿童前来借阅。

2018年7月，卢森堡通过了《卢森堡语推广法》，为卢森堡语和卢森堡文化推广工作提供了制度依据。法律对有关机构的职能进行了清晰界定，主要内容包括：①卢森堡语语言专员归属国民教育部和文化部共同领导，负责制定行动计划，并在计划通过后追踪其实施情况。语言专员由大公根据政府理事会的提名任命，任期七年，可以连任。②卢森堡语中心的主要职能包括制定卢森堡语的拼写和语法规则，开发并维护有关语言学工具，回答卢森堡语拼写、语法、语音和使用规范等方面的问题，翻译官方文件和函件。中心设主任一名，副主任一名，另有公务员序列工作人员若干。中心主任应当获得硕士及以上学位，副主任应当获得学士及以上学位。③设立卢森堡语常务委员会。这是一个咨询性机构，负责对卢森堡语语言政策实行过程中遇到的问题提出建议。委员会由11名卢森堡语语言学领域的专家组成，由政府理事会根据部长的提名任命，任期三年，可以连任。[1]

第三节 特色和经验

一、中央教育行政的规划与管理职能特色

卢森堡的中央教育行政有三个特色值得关注。

第一，国民教育部的主要职能中，有一条专门涉及音乐教育，即协调

---

[1] 资料来源于卢森堡法律条文汇编网站。

学校、教托机构以及音乐学院的音乐教育。从这个描述可知，卢森堡国民教育部承担了全面、全程管理音乐教育的职能。首先，国民教育部的管理辐射了几乎全部音乐教育机构，即管理了几乎全部有章程、有组织的音乐教育。其次，国民教育部对音乐教育的管理覆盖了从启蒙初学阶段（如教托机构）到专业教育阶段（如音乐学院）的全程。可见，卢森堡国民教育部对音乐教育的管理秉承"一条龙"的原则和理念。这一点值得借鉴。音乐教育和外语教育具有一定的相似性，两者的发展都需要长程、不间断地投入。因此，音乐教育和外语教育都更需要"一条龙"的教育规划与管理。

第二，卢森堡高教科研部非常重视卢森堡大学和其他科研机构的国际竞争力提升，并为此推动了非常多的跨国研究项目。很多跨国项目不仅提升了卢森堡的科研实力和实际产出，还带动了优秀科研人才到卢森堡访问、驻留甚至是移民。这种依托项目促进国际竞争力提升的策略也值得进一步研究、探索。促进国际竞争力的提升，一方面需要引进人才，另一方面也不妨通过高端项目来促进、带动。

第三，卢森堡高教科研部制定了科学研究成果的开放获取政策，以促进知识可及性的提高。开放获取已是很多发达国家由政府资助的科研项目成果产出的规范性要求，即相关项目发表论文或其他形式的成果时，应当根据开放获取协议，通过付给出版商出版费用等方式，完全公开成果内容。这不仅最终促进了前沿知识的传播和使用，也提升了卢森堡科研成果的可见度。

二、卢森堡中学的组织与管理特色

卢森堡中学的组织与管理也很有特色，设置了很多服务与支持型的组织。这些机构包括校园社会心理与学业支持服务站、社会教育服务站、文献和信息中心、学业与职业规划指导小组、包容性教育委员会、校园发展中心等。这些机构有两个共性：第一，它们的主要功能和职能是为师生提供服务与学习、发展支持，因此属于服务与支持型组织；第二，它们的根本教育功能是通过服务、支持学生的社会性活动来促进学生的社会化。因此，不能单纯将它们看作是教学辅助部门或后勤部门，它们也是学校教育教学的专业部门。

社团活动在世界各国的中小学都十分常见。但很多情况下，它们更多地具有较强的机构性，而服务功能和支持功能较为薄弱。因此，有必要探索社团架构如何高质量、全方位地促进学生社会化，从而丰富社团活动的内涵。

三、卢森堡语的语言政策与规划经验

卢森堡为促进卢森堡语的使用与推广，开展了科学、系统的语言规划，充分利用语言政策等手段提升卢森堡语的语言地位。卢森堡语的语言政策与规划主要包括使用规划、本体规划和习得规划三个方面。第一，为了促进卢森堡语的推广与使用，卢森堡政府制定了长期的语言使用规划。在全国层面甚至制定了长达二十年的行动计划。并以五年为一个小周期，循环评估，不断提升。第二，卢森堡政府非常重视卢森堡语本体的资源开发与普及，在本体规划方面做出很多努力，如开发维护卢森堡语在线词典、制定卢森堡语拼写和语法规则、开发卢森堡语答疑解惑平台等。第三，卢森堡政府为卢森堡语的学习制定了全方位的习得规划。面向不同学段、层次的学习者群体，都做了非常有针对性的差异化规划。例如，面向儿童的规划非常重视学前教育学段的卢森堡语教学；面向中学生的规划则更重视调整、优化卢森堡语作为外语的教学大纲。总之，卢森堡政府为推广、促进卢森堡语的学习和使用，做了大量努力。

第十一章 中卢教育文化交流

2000年，中国教育部部长陈至立访问卢森堡，双方签署了《中卢教育合作谅解备忘录》。2001年，卢森堡教育大臣布拉瑟随波尔芙副首相访华，讨论了两国教育合作事宜。[1] 自此，中卢教育合作开始蓬勃发展。本章通过若干实例，介绍中国与卢森堡在高等教育领域的交流与合作，以及卢森堡的汉语教育与中国文化交流推广情况。

第一节 中卢高等教育交流

作为一所年轻的大学，卢森堡大学非常重视国际合作，与中国的主要合作院校有北京大学、复旦大学、中国人民大学、同济大学、浙江大学、山东大学、上海师范大学等。

---

[1] 中华人民共和国外交部. 中国同卢森堡的关系 [EB/OL].（2023-04-01）[2023-06-30]. https://www.mfa.gov.cn/web/gjhdq_676201/gj_676203/oz_678770/1206_679402/sbgx_679406/.

一、复旦大学：卢森堡大学全球战略合作伙伴

2020年12月18日，复旦大学与卢森堡大学以线上线下相结合的方式签署了《全球战略合作伙伴协议》。复旦大学成为继加拿大蒙特利尔大学（2019年）之后，卢森堡大学的第二个全球战略合作伙伴。[1]

复旦大学与卢森堡大学的官方合作始于2015年。当年，两校签署合作协议，开始互派交换生。[2] 2016年10月，卢森堡大公国大公储纪尧姆、卢森堡财政大臣格拉美亚、卢森堡大学校长科勒姆一行访问复旦大学，并出席复旦大学与卢森堡大学共建孔子学院的签约仪式。[3] 经过一年多的筹备，2018年4月19日，复旦大学和卢森堡大学共建的卢森堡大学孔子学院揭牌仪式在卢森堡大学贝尔瓦尔校区举行。[4] 卢森堡大学孔子学院的落成大大促进了中卢两国在教育和人文等领域的交流，加深了复旦大学和卢森堡大学的合作。

2020年《全球战略合作伙伴协议》的签署标志着复旦大学与卢森堡大学的合作迈上新台阶。2021年3月，卢森堡驻沪总领事贺文晟访问复旦大学，表达了尽快推动、加强复旦与卢森堡大学跨学科合作的希望。根据前期交流，两校将重点落实多语研究、公共卫生与医学、数字经济与法治、绿色金融与绿色发展等领域的合作。[5]

学生交流方面，除了常规的本科生和硕士生校际交流（时长一般为一学期），卢森堡外交部2021年还向复旦大学提供了两个奖学金名额，资助两

---

[1] 资料来源于卢森堡大学官方网站。

[2] 资料来源于卢森堡大学官方网站。

[3] 复旦大学新闻网. 卢森堡大公国大公储纪尧姆一行访问复旦大学 复旦—卢森堡大学共建孔子学院签约仪式举行 [EB/OL].（2016-11-01）[2023-06-30]. https://news.fudan.edu.cn/2016/1101/c4a56093/page.htm.

[4] 复旦大学新闻网. 复旦大学与卢森堡大学共建卢森堡大学孔子学院 成立暨揭牌仪式举行 [EB/OL].（2018-04-21）[2023-06-30]. https://news.fudan.edu.cn/2018/0421/c4a55240/page.htm.

[5] 复旦大学国际合作与交流处. 卢森堡驻沪总领事贺文晟来访复旦大学 [EB/OL].（2021-03-05）[2023-06-30]. https://ogp.fudan.edu.cn/31/d7/c15883a274903/page.htm.

名应届本科毕业生于 2021 年秋季赴卢森堡大学进行为期两年的硕士全日制课程学习，专业领域为计算机、物理、数学。

二、浙江大学 – 卢森堡大学高等智能系统与推理联合实验室

浙江大学 – 卢森堡大学高等智能系统与推理联合实验室（下简称联合实验室）创立于 2018 年 4 月，并于 2021 年 9 月经浙江大学社会科学研究院批准，正式成为浙江大学第 7 家文科校级联合共建研究机构。[1] 作为浙江大学哲学学科首个交叉实验室，联合实验室是浙江大学文科范式转型的重要尝试和探索。联合实验室基于廖备水教授团队与卢森堡大学计算机学院莱恩·范德托教授团队十余年全面而深入的合作，开拓了包括英国剑桥大学、德国柏林自由大学和荷兰乌得勒支大学等顶尖高校在内的全球合作伙伴。联合实验室以新一代人工智能国家发展战略为指引，面向伦理、法律、医疗等重要领域的重大应用需求，聚焦前沿领域核心问题，采用文理交叉的研究方法，旨在推动高水平的科研、教学、社会服务与国际合作。

2022 年 3 月，联合实验室浙江大学基地启用仪式暨交叉学科研讨会在浙江大学紫金港校区成功举办，标志着联合实验室浙江大学基地正式投入使用。[2] 来自浙江大学各院系、研究机构的 14 位专家齐聚新启用的联合实验室基地，围绕"从意识理论到新一代人工智能"和"从儿童心理学到脑机混合智能"两大主题，分享最新研究成果，探索交叉合作的路径，共同谋划实验室的未来发展。2022 年 5 月，联合实验室入选首批浙江大学哲学

---

[1] 浙江大学哲学学院. ZLAIRE 实验室入选首批浙江大学哲学社会科学实验室培育计划项目 [EB/OL].（2022-05-12）[2023-06-30]. http://www.philosophy.zju.edu.cn/2022/0512/c64614a2541647/page.htm.

[2] 浙江大学哲学学院. 浙江大学—卢森堡大学高等智能系统与推理联合实验室浙大基地启用仪式暨交叉学科研讨会成功举行 [EB/OL].（2022-03-31）[2023-06-30]. http://www.philosophy.zju.edu.cn/2022/0331/c64614a2512444/page.htm.

社会科学实验室培育计划项目（A类）。[1] 2022年，联合实验室中方共有专职研究员5人，专项研究员16人，学生16人（本科生、硕士研究生和博士研究生各4人）；卢方共有研究员13人。[2]

三、卢森堡大学与国内其他高校的校际交流合作

北京大学法学院与卢森堡大学法律、经济和金融学院于2012年5月签署了友好合作协议，内容包括学生交换项目、教师互访项目等。[3] 卢森堡大学法学专业的本科生和硕士生有机会前往北京大学法学院学习，交换时长一般为一学期，每年名额在两人左右。此外，两校在其他学科方面也有交流合作。2015年1月，算法数论和密码学领域专家，卢森堡大学科学、技术和医学学院勒普雷沃教授到北京大学信息科学技术学院访问。访问期间，中卢双方就组织双边研讨会与项目联合研究进行了交流。[4] 2018年5月，国际卫星重力与遥感领域专家，卢森堡大学安全、可靠性与信任跨学科中心凡·丹教授访问北京大学地球与空间学院。访问期间，中方学者介绍了连续GPS数据在大地震反演中的应用等方面的研究工作，并对GPS数据在地震反演工作中的优势进行了分析和说明，同时也介绍了北京大学的研究生培养交流机制、博士后录取机制等。[5]

---

[1] 浙江大学哲学学院. ZLAIRE实验室入选首批浙江大学哲学社会科学实验室培育计划项目[EB/OL].（2022-05-12）[2023-06-30]. http://www.philosophy.zju.edu.cn/2022/0512/c64614a2541647/page.htm.

[2] ZLAIRE. Research Fellows [EB/OL].（2022-05-12）[2023-06-30]. https://xixilogic.org/zlaire/research-fellows/.

[3] 北京大学法学院. 卢森堡大学法律、经济与金融学院 University of Luxembourg, Faculty of Law, Economics and Finance [EB/OL].（2021-03-29）[2023-06-30]. https://www.law.pku.edu.cn/hzjl/gjhz/hzjggl/126581.htm.

[4] 北京大学信息科学技术学院. 卢森堡大学副校长Franck Leprévost访问信息科学技术学院[EB/OL].（2015-01-13）[2023-06-30]. https://eecs.pku.edu.cn/xxkxjsxy/info/1023/7877.htm.

[5] 北京大学地球与空间科学学院. 卢森堡大学副校长Tonie Van Dam教授来我院交流访问[EB/OL].（2018-05-10）[2023-06-30]. http://sess.pku.edu.cn/info/1011/1180.htm.

中国人民大学与卢森堡大学于2006年卢森堡大公亨利访华期间签署《学术合作备忘录》，内容包括学生交换项目、教师互访项目等。[1] 目前，中国人民大学法学院与卢森堡大学法律、经济和金融学院合作开展了双法律硕士学位项目。中方学生第一年在中国人民大学法学院学习；第二年赴卢森堡大学法律、经济和金融学院，选择欧洲法、欧洲经济法或欧洲银行与金融法三个专业之一学习，完成专业要求的学分，获得卢森堡大学的硕士学位；第三年回到中国人民大学法学院，完成法律硕士要求的学分及论文答辩后，毕业时获得中国人民大学授予的法律硕士学位。[2] 卢方学生可以在入学时申请参加双硕士项目，通过卢森堡大学遴选和中国人民大学考核后进入项目。在卢森堡大学成功完成第一年学业后，学生前往中国人民大学法学院修习法律硕士课程。课程以英语授课，学生须按照要求修满相应课程，完成硕士论文撰写并通过答辩。顺利完成第二年学业后，学生将获得中国人民大学授予的法律硕士学位。学生第三年返回卢森堡大学，继续进行一年的课程学习，所有考核通过后获得卢森堡大学授予的法律硕士学位。[3] 中国人民大学财政金融学院曾与卢森堡大学开展金融硕士"1+1+1"联合培养项目，硕士生在二年级赴卢森堡大学修读一年制硕士课程并参加至少三个月的实习，考核合格后获卢森堡大学金融硕士学位；三年级回国完成国内学习，获得中国人民大学金融硕士学位。[4] 不过，由于卢森堡大学的金融硕士项目学制改革，该项目目前已经暂停，双方正在探索新型合作模式。[5]

---

[1] 人大新闻网. 中国人民大学与卢森堡大学签署合作协议 [EB/OL]. (2006-09-06) [2023-06-30]. https://news.ruc.edu.cn/archives/7230

[2] 中国人民大学法学院. 中国人民大学法学院——卢森堡大学法学院双硕士学位项目 [EB/OL]. (2014-02-27) [2023-06-30]. http://www.law.ruc.edu.cn/home/t/?id=44441.

[3] 资料来源于卢森堡大学官方网站。

[4] 中国人民大学财政金融学院. 2018年卢森堡大学金融硕士学位项目选拔通知 [EB/OL]. (2018-03-12) [2023-06-30]. http://sf.ruc.edu.cn/info/1161/8157.htm.

[5] 中国人民大学财政金融学院. 卢森堡大学双硕士 [EB/OL]. (2022-05-10) [2023-06-30]. http://sf.ruc.edu.cn/gjjlc/gjhz/lsbdxsss/xmgk.htm.

同济大学与卢森堡大学于 2007 年签订校级合作协议，在经济管理与城市规划领域积极探索合作的可能。[1] 2010 年上海世博会期间，同济大学选派四名学生赴世博会卢森堡馆工作，之后赴卢森堡大学攻读硕士学位。[2] 2011 年 3 月，同济大学经济与管理学院与卢森堡大学法律、经济和金融学院签署了学生及师资交流协议，每年可互派两名本科生或硕士生到对方院校学习一学期。[3]

山东大学与卢森堡大学于 2007 年签订校际友好合作协议。[4] 根据协议，山东大学计算机科学与技术学院每年选派若干名硕士生赴卢森堡进行"1+1+1"联合培养，卢森堡大学派遣十余名学生来山东大学参加国际暑期学校。[5] 2012 年 11 月，山东大学经济学院与卢森堡大学在校级备忘录下签署了经济学领域的合作协议。[6] 2015 年 10 月双方续签协议，同意最多互派两名本科生和研究生到对方学校交流一个学期，双方互免学费和注册费。山东大学学生以插班方式在卢森堡大学法律、经济与金融学院进行为期一个学期的课程学习，平均选修三至四门课程。截至 2020 年，已经有七批共六名研究生和两名本科生参加校际交流。[7]

上海师范大学与卢森堡大学于 2014 年签订校际友好合作协议，近年来在两校互办夏令营、学历学生合作教育等方面进行了探索，并希望在商学、

---

[1] 同济大学. 周祖翼副校长会晤卢森堡大公国驻沪总领事 [EB/OL].（2007-05-28）[2023-06-30]. https://www.tongji.edu.cn/info/1033/15281.htm.

[2] 同济大学. 法国巴黎一大副校长、卢森堡大学副校长分别来访 [EB/OL].（2009-11-04）[2023-06-30]. https://www.tongji.edu.cn/info/1033/19683.htm.

[3] 同济经管. 卢森堡大公国驻沪总领事一行来访我院 [EB/OL].（2013-02-13）[2023-06-30]. https://sem.tongji.edu.cn/semch/8982.html.

[4] 山大视点. 卢森堡大学副校长 Leprevost 访问山大 [EB/OL].（2009-11-09）[2023-06-30]. https://www.view.sdu.edu.cn/info/1010/19040.htm.

[5] 山东大学计算机科学与技术学院. 国际化培养概览 [EB/OL].（2015-11-01）[2023-06-30]. https://www.cs.sdu.edu.cn/zsxx/gjhpy.htm.

[6] 山东大学经济学院. 卢森堡大学 [EB/OL].（2020-10-23）[2023-06-30]. https://www.econ.sdu.edu.cn/info/1952/48451.htm.

[7] 资料来源于卢森堡大学官方网站。

图书馆合作、心理学研究等领域尽快开展更深入的交流和合作，扩大学生和教师交流。[1] 2019 年，卢森堡大学向上海师范大学提供了两个暑期学校名额，学生可以在学习语言课程（法语或英语）之余以跨学科的视角了解欧洲和欧盟。在上课之余，学生还有机会在教师带领下参观卢森堡主要城市，并赴周边国家观光。[2]

可以看出，卢森堡大学与国内高校的交流合作大多集中在经济管理和法学领域，其他专业的合作仍然有巨大空间，值得进一步探索。

四、中卢高等教育交流的基本模式

从卢森堡大学与复旦大学、浙江大学和其他中国高校的合作情况看，目前中卢高校合作主要有三种基本模式。

第一种模式是依托双方共有的强势学科全方位合作。卢森堡大学与复旦大学的合作即属于这种模式。双方合作依托共有的强势学科，使得合作具有平等、共赢、互利的基础。然而依托强势学科，并不意味着局限于强势学科，而是将互惠互利的合作拓展、辐射到其他领域，形成全方位合作的局面。全方位合作中，双方共同组织活动，促进师生交流，挖掘双方学科潜力，寻找新的增长点。

第二种模式是依托具体项目的前沿领域合作。卢森堡大学与浙江大学的合作即属于这种模式。双方通过建立联合实验室来启动具体的合作项目，而这些项目本身多指向前沿领域的科学研究，且相当比例的项目具有跨学科的特点。与此同时，这种合作模式下的具体项目，并非都是新启动的科

---

[1] 上海师范大学国际交流处. 朱自强率团出访法国克莱蒙奥佛涅大学、卢森堡大学和圣心商学院 [EB/OL]. （2019-12-13）[2023-06-30]. http://iao.shnu.edu.cn/df/49/c20456a712521/page.htm.

[2] 上海师范大学国际交流处. 2019 年卢森堡大学暑期学校交流项目 [EB/OL]. （2019-03-08）[2023-06-30]. http://iao.shnu.edu.cn/90/c5/c21546a692421/page.htm.

学研究，其中有一些是双方各自已经承担的各级各类项目，借由双方的合作与交流更好地推动这些项目的实施。可见，这种模式的合作更专注于具体科研项目的开展、深化、拓展与提升。

第三种模式更侧重人员交流，即师生交换或交流项目依托的合作。目前，复旦大学和浙江大学以外的中国高校，与卢森堡大学的合作基本上属于这种模式。人员交流能够很好地促进学术、专业和人才培养方面的深度合作，也更容易"一校一策"，体现个性化需求。同时，人员交流合作进一步拓展的空间也非常大，值得进一步挖掘其潜力。

综上，中国和卢森堡在高等教育领域的合作已呈现出多元化模式，未来可期。当然，中国高校也不妨考虑通过组建大学群或学科群的方式来进一步加强与卢森堡大学的交流合作。例如，若干所同类型大学（如外语院校）通过建立共同体的方式，以集体名义与卢森堡大学展开深度、长期、稳定的合作。这样或许更有利于节约单校、单学科、单事项合作谈判与沟通的成本。

第二节 卢森堡的汉语教育及中卢文化交流

本节首先介绍卢森堡中等教育体系内的汉语课程开设情况，然后介绍卢森堡的汉语教育与中国文化交流推广情况。根据参与机构的类型，可以分为孔子学院、当地华人社团、中国政府部门驻外机构等。

一、卢森堡中等教育中的汉语课程

自 2017—2018 学年以来，汉语作为可选外语进入了卢森堡中等教育课程体系。几年来，选修汉语的人数稳定在学生总数的 2% 左右。2017—2021 年，普通中等教育六年级学生的外语选择情况见表 11.1。

表 11.1 2017—2021 年卢森堡普通中等教育六年级学生外语选择情况 [1]

学年	总人数	选择英语人数	比例	选择拉丁语人数	比例	选择汉语人数	比例
2017—2018	1 760	1 547	87.9%	190	10.8%	23	1.3%
2018—2019	1 824	1 604	87.9%	184	10.1%	36	2.0%
2019—2020	1 835	1 625	88.5%	172	9.4%	38	2.1%
2020—2021	1 951	1 705	87.4%	211	10.8%	35	1.8%

受师资等因素的影响，并不是每所中学都开设汉语课程。卢森堡开设汉语课程的学校主要有雅典娜中学、阿林·梅里什中学、埃梅辛德中学、埃施男子中学、卢森堡市男子中学和沃邦学校。[2]

（一）雅典娜中学

雅典娜中学是卢森堡第一所把汉语纳入学历教育课程体系的中学。自 2017—2018 学年起，学生的外语课程设置和课时安排见表 11.2。

---

[1] 数据来源于卢森堡国民教育部教育信息统计网站。
[2] 资料来源于卢森堡国民教育部官方网站。

表11.2 雅典娜中学外语课程设置与周课时数 [1]

年级	周课时数				
	古典序列		现代序列		
	拉丁语班		英语班	汉语班	
	拉丁语	英语	英语	汉语	英语
六年级	6	未开课	6	6	未开课
五年级	4.5	4	5.5	4.5	4
四年级	3	5	4	3	5
三年级	3	4	4	3	4
二年级	根据各专业分科要求选修				
一年级					

在课程进度与学习要求上，雅典娜中学参考了法国中学汉语教学的一般做法，教学语言也是法语。学生经过六年级一个学年的学习，应当认识250个汉字，会写其中100个；能够就简单的日常话题用简单的汉语进行口头和笔头表达；了解中国文化，如文化传统、历史事件、名人、重要古迹、诗歌等；简单了解书法和围棋。学生在六年级末应当能够达到《欧洲语言共同参考框架》A1级别，能够通过HSK1级考试。

除了学历教育课程体系中的汉语课外，雅典娜中学自2010年起就开设了汉语选修课。选修课分为基础班和高级班，以课外活动的形式开展，每周一次课。

（二）阿林·梅里什中学

自2007年以来，阿林·梅里什中学面向所有学生（初中段学生为主）

---

[1] 资料来源于雅典娜中学网站。

开设汉语入门选修课，以课外活动的形式开展。2016—2017学年起，卢森堡全国希望学习汉语的学生都可以申请前往该校学习汉语。2017—2018学年，汉语选修课开设基础班和高级班，时间分别安排在周四下午和周六上午。

在卢森堡大学孔子学院成立之前，阿林·梅里什中学与法国洛林大学孔子学院密切合作，组织学生参加HSK考试。中学每年还选拔中学生参加"汉语桥"世界中学生中文比赛。[1]

（三）埃梅辛德中学

自2011—2012学年以来，埃梅辛德中学一直与卢森堡中国语言文化中心、上海师范大学、上海师范大学外国语附属中学合作开设汉语课程，包括入门课程和四个不同级别的提高课程，以及一门中国交换游学预备课程。2011—2012学年，注册以上汉语课程的学生共17人，2016—2017学年增加至56人。该校还鼓励学生参加YCT和HSK考试。2013—2014学年至2016—2017学年，共有74人参加了不同级别的汉语考试，通过率100%。[2]

汉语作为可选外语进入中等教育以来，埃梅辛德中学每年约有20人选择汉语作为外语科目。学生在七年级第二学期就可以试听汉语课程，在进入六年级前做出正式选择。由于埃梅辛德中学在课程设置和升学标准上不同于普通的公立中学，卢森堡国民教育部的教育详细数据与学业情况分析并未包含埃梅辛德中学学生的详细信息。因此表11.1中的数据并不包含埃梅辛德中学选修汉语的学生数。

---

[1] 资料来源于阿林·梅里什中学网站。
[2] 资料来源于埃梅辛德中学网站。

（四）埃施男子中学

埃施男子中学开设汉语入门课程，面向学校全体学生，以选修课的形式开展，每周一次课，时长约两小时，授课语言为德语。[1]

（五）卢森堡市男子中学

从2017—2018学年起，卢森堡市男子中学面向所有学生提供汉语和中国文化入门课程。这些课程也向卢森堡其他高中感兴趣的学生开放。该校也与卢森堡中国语言文化中心合作，开展交换游学项目。2018年1月，来自上海师范大学附属外国语中学的八名中国学生前往该校参观学习一周；同年4月，该校八名学生在复活节假期期间赴上海参观学习。[2]

（六）沃邦学校

沃邦学校是卢森堡的法国学校，按照法国学制开设课程，授课语言为法语。语言学习方面，学生在幼儿园阶段主要接触英语和卢森堡语；小学阶段学习英语和德语，选修卢森堡语。进入五年级（相当于中国的七年级）后，语言课程可以有两种选择：双语言班必修英语，另在德语、西班牙语、意大利语和汉语中选择一门；三语言班必选英语和德语，另在西班牙语、意大利语、卢森堡语和汉语中选择一门。[3] 在2022年11月卢森堡大学孔子学院组织的HSK考试中，沃邦学校多名学生参加了HSK1级考试。[4]

---

[1] 资料来源于埃施男子中学网站。
[2] 资料来源于卢森堡市男子中学网站。
[3] 资料来源于沃邦中学网站。
[4] 复旦大学孔子学院办公室. 卢森堡大学孔子学院HSK考试顺利举行[EB/OL].（2022-11-22）[2023-06-30]. http://www.ci.fudan.edu.cn/28/13/c12351a469011/page.htm.

总体来说，作为选修课和课外活动的汉语课程在卢森堡已经有近二十年的历史。随着中卢两国教育文化合作的逐渐深入，卢森堡中学生能够接触到的汉语学习资源数量上会越来越多，内容上会越来越丰富，相信会有越来越多的卢森堡中学生选择汉语作为外语科目学习，为今后的学业与职业发展助力。

面向普通大众的继续教育与终身学习课程方面，有若干机构提供不同级别、不同主题的汉语培训课程，如卢森堡大学孔子学院、卢森堡国家语言学院，以及一些私立培训机构等。[1]

二、卢森堡大学孔子学院

卢森堡大学孔子学院是复旦大学参与共建的第七所孔子学院，是卢森堡第一家也是唯一一家孔子学院。卢森堡大学孔子学院为卢森堡大学学生以及卢森堡大众开设各类汉语课程和中国文化课程，包括通用汉语、商务汉语、儿童汉语、中国书法、太极拳等。在课程之外，孔子学院每周五组织一次线上茶话会，所有希望提高汉语水平、了解中国文化的人士都可以免费注册参与，与孔子学院教师自由交流。

卢森堡大学孔子学院设有图书馆，2022年7月正式更名为卢森堡大学孔子学院多媒体中心。[2] 孔子学院多媒体中心坐落于卢森堡大学图书馆负二层，目前馆藏约5 000种图书、期刊、报纸及电影碟片，涵盖中、英、法、德等多种语言，覆盖文学、艺术、哲学、历史、地理、经济、医学、美食等诸多领域。中心还为广大汉语学习者提供各个水平阶段的汉语学习资源

---

[1] 资料来源于卢森堡终身学习网。
[2] 复旦大学孔子学院办公室. 卢森堡大学孔子学院多媒体中心正式上线 [EB/OL].(2022-07-20)[2023-06-30]. http://www.ci.fudan.edu.cn/ed/1e/c12351a453918/page.htm.

（教材教辅、词典等）。为方便广大学习者与读者，孔子学院多媒体中心馆藏也已同步至卢森堡全国图书馆联盟网站。中心设有多媒体学习角和多媒体工作区，读者可以在多媒体学习角阅读和观看各种电子资源、电影等，多媒体工作区为读者提供了合作讨论的独立空间。得益于中国教育部中外语言交流合作中心及复旦大学的支持，卢森堡大学孔子学院多媒体中心目前拥有卢森堡最大的中国主题馆藏，为卢森堡汉语学习研究及中国知识阅览传播做出了重要贡献。

卢森堡大学孔子学院积极参与国际汉语教育交流合作。自成立以来，孔子学院一直负责每年"汉语桥"世界大学生汉语比赛和世界中学生汉语比赛卢森堡赛区的预选工作。孔子学院每年举办国际中文教学与文化交流研讨会。2022年，第五届研讨会邀请复旦大学与卢森堡大学两校语言教学方面的专家一起围桌交流，探讨在多语言教学环境下推进汉语教学的新思路。[1]

卢森堡大学孔子学院每年五月和十一月举办两次HSK汉语水平考试，以卢森堡为中心，辐射周边的法国、比利时和德国，为卢森堡汉语学员进行汉语水平评估提供了便利，也推动了汉语教学在卢森堡的稳步发展。2019—2022年共有约400人次参加卢森堡大学孔子学院HSK考试中心举行的汉语水平考试。[2]

卢森堡大学孔子学院还积极组织各类文化活动。2018年5月28日，卢森堡驻上海领事馆总领事在孔子学院做专题讲座。此次讲座是自卢森堡大学孔子学院成立以来面向公众的首次活动。[3] 卢森堡大学孔子学院还与以组

---

[1] 复旦大学孔子学院办公室. 卢森堡大学孔子学院召开国际中文教学与文化交流研讨会 [EB/OL].（2022-09-27）[2023-06-30]. http://www.ci.fudan.edu.cn/04/af/c12351a459951/page.htm.

[2] 复旦大学孔子学院办公室. 卢森堡大学孔子学院HSK考试顺利举行 [EB/OL].（2022-11-22）[2023-06-30]. http://www.ci.fudan.edu.cn/28/13/c12351a469011/page.htm.

[3] 复旦大学孔子学院办公室. 领事看中卢关系——如何与中国进行贸易往来 [EB/OL].（2018-06-29）[2023-06-30]. http://www.ci.fudan.edu.cn/4a/fd/c12351a150269/page.htm.

织和推广中国电影为主要任务的法国"双程票"协会合作选片，定期开展"中国电影放映日"系列活动。活动于 2019 年 9—12 月第一次举办，得到了卢森堡市市政厅的大力支持。2022 年 4 月起，活动恢复举办，至 2022 年末共放映了六部作品。[1]

每逢中国传统节日，卢森堡大学孔子学院都会组织文化体验活动，例如春节文化体验（写对联、剪窗花、包饺子、舞狮舞龙等）、端午文化体验（端午知识问答，端午美食体验，手工制作粽子、香囊、手链等）、中秋文化体验（古筝演奏、茶道展示、月饼品尝、版画制作体验、中华传统美食品尝、手工灯笼制作等）等。2022 年 8 月 29 日—9 月 2 日，卢森堡大学孔子学院推出了第二届夏日工作坊活动，为期一周，每日组织不同主题的汉语学习与中国文化体验活动，包括扎染、风水、拉面、茶艺及中国书法等，为学员提供了一次全身心沉浸式语言文化之旅。[2]

从丰富多彩的文化活动中不难看出，卢森堡大学孔子学院在成立后的短短几年间，除了推广汉语、传播中华文化，还倾力搭建文化交流平台，充分发挥纽带作用，深化中卢两国的民间人文交流与合作，促进文化共融，推动文明互鉴，构筑中卢两国人民友谊的桥梁，为卢森堡当地的教育、文化、经济的发展提供服务，孕育友好火种，培植互信基因，为卢森堡人民，特别是青年朋友们打开了一扇认识中国、了解中国的大门。

三、卢森堡中国语言文化中心

卢森堡中国语言文化中心的前身是卢森堡中文学校，2004 年由旅卢华

---

[1] 资料来源于卢森堡大学孔子学院官网。
[2] 复旦大学孔子学院办公室. 卢森堡大学孔子学院夏日工作坊完美收官 [EB/OL].(2022-09-06)[2023-06-30]. http://www.ci.fudan.edu.cn/f9/b1/c12351a457137/page.htm.

人社团开办，旨在为卢森堡当地儿童、青少年和成年人提供中文课程。2011年7月，卢森堡中国语言文化中心成立，在原有汉语课程基础上，增设成人班和书法、绘画和武术等课程。

在中国驻卢森堡大使馆和卢森堡国民教育部的支持下，卢森堡中国语言文化中心致力于促进卢森堡和中国之间的教育和文化交流。中心目前开设的课程包括汉语入门课程、《欧洲语言共同参考框架》A1至B2共四个级别的汉语综合课程，以及"快乐说汉语"交际会话课程。[1]在卢森堡大学的指导下，中心制定了卢森堡第一个中文教学大纲，并获卢森堡国民教育部批准通过。[2]中心还与卢森堡经济部共同开发了商务汉语课程，为有需求的企业提供个性化课程培训。2013年11月，上海师范大学代表团访问卢森堡期间与卢森堡中国语言文化中心签署了教育合作框架协议，定期向中心派遣汉语教师，提供高质量教学资源。[3]

文化活动方面，2022年，中心组织了曲艺、古筝、茶艺、快板等中国文化艺术主题的讲座。中心与卢森堡埃梅辛德中学、上海师范大学外国语附属中学合作，定期开展中卢交换游学活动。[4]首次交换游学活动于2013年1月举行，二十余名中国学生在埃梅辛德中学学习两周，并参加了许多文化活动。近十年来，许多卢森堡学生参与交换游学项目，前往上海学习，并赴北京、西安、杭州、成都、乐山、厦门、南平、桂林等地旅游，参加文化活动，体验风土人情。埃梅辛德中学学生、卢森堡中国语言文化中心在册学生，以及中心合作院校的学生都可报名参加交换游学项目。此外，中心还与德国特里尔孔子学院（前身为特里尔大学孔子学院，2008年成立，2022年转型）

---

[1] 资料来源于卢森堡中国语言文化中心网站。
[2] 资料来源于卢森堡中国语言文化中心网站。
[3] 上海师范大学国际交流处. 我校代表团访问卢森堡多家政府部门教育机构讨论合作意向 [EB/OL].（2023-12-06）[2023-06-30]. http://iao.shnu.edu.cn/9a/dc/c20456a563932/page.htm.
[4] 资料来源于卢森堡中国语言文化中心网站。

有着良好的合作传统，双方曾共同组织 HSK 考试、中国文化体验日等。[1]

四、卢森堡中国文化中心

卢森堡中国文化中心是中国文化和旅游部的驻外机构，于 2019 年设立。[2] 2019 年 9 月，中心与成都市文化广电旅游局主办的"成都天府文化周"在卢森堡举行，为卢森堡本地居民和当地国际社区民众献上了来自熊猫故乡的文化盛宴。[3] 10 月，由中国驻卢森堡大使馆主办，卢森堡中国文化中心、中国银行卢森堡分行等承办的《新时代·中国音——中国中央民族乐团音乐会》在卢森堡音乐学院剧场举行。由中国国务院新闻办、中国驻卢森堡大使馆主办，卢森堡中国文化中心承办的"庆祝中华人民共和国成立70 周年国际巡展"同时举办。[4] 2020 年 1 月，卢森堡中国文化中心与卢森堡雅典娜中学合作，举办"欢乐春节"进校园活动[5]。同月，中心与成都市文化广电旅游局主办的"东寨西堡——中卢艺术家互访项目美术摄影展"在卢森堡开幕。[6] 2020 年以后，中心的活动采取线上线下相结合的方式进行，积极

---

[1] 厦门大学国际中文教育学院. 特里尔大学孔子学院成功举办卢森堡考点汉语水平考试 [EB/OL].（2022-05-27）[2023-06-30]. https://oec.xmu.edu.cn/info/1029/11634.htm.

[2] 中国文化网. 海外中国文化中心达到 40 家 [EB/OL].（2022-02-04）[2023-06-30]. https://cn.chinaculture.org/pubinfo/2022/07/23/200001005544015/97d14b2b33d24c2394d20b2dcb563c3e.html.

[3] 中国文化网. 成都天府文化周金秋亮相千ँ之国卢森堡 [EB/OL].（2019-09-29）[2023-06-30]. https://cn.chinaculture.org/pubinfo/2022/07/23/200001003002001/90d8616846d44229ba257a0028152cdb.html.

[4] 中国文化网. 中央民族乐团卢森堡奏响新时代中国音 [EB/OL].（2019-10-30）[2023-06-30]. https://cn.chinaculture.org/pubinfo/2022/07/22/200001003002/36a01d48fbbb4577a1bb1d6de20b4286.html.

[5] 中国文化网. 欢乐春节走进卢森堡雅典娜中学 [EB/OL].（2020-01-22）[2023-06-30]. https://cn.chinaculture.org/pubinfo/2022/07/23/200001003002001/10f97849f6044dacb00ff3dcfcf64c3b.html.

[6] 中国文化网. 卢森堡："东寨西堡"展示中卢艺术家互访美术摄影作品 [EB/OL].（2020-03-12）[2023-06-30]. https://cn.chinaculture.org/pubinfo/2022/07/23/200001003002001/76909760642c442bb413ae628fac82cb.html.

利用各种网络平台宣传中国文化，如 2020 年"天涯共此时——中秋节"文化周[1]、"我的中国故事"线上影像展[2]，2021 年"欢乐春节"线上系列活动[3]、"美丽中国"中国旅游文化周，2022 年"相知无远近"线上系列活动等。

2022 年 11 月 8 日，卢森堡中国文化中心正式揭牌启用，是新时代中卢友好关系发展的重要成果，也是双方为庆祝中卢建交 50 周年献上的一份文化大礼，标志着中卢两国文化交流迈入新阶段、实现新飞跃。揭牌仪式当天还举行了中卢建交 50 周年主题图片展和"新时代中国非凡十年"主题图片展开幕式。[4] 11 月 26 日，"东方旋律"室内音乐会在卢森堡中国文化中心成功举办，本场音乐会是卢森堡中国文化中心正式揭牌后的首场活动。

卢森堡中国文化中心大楼位于卢森堡市中心，总面积约 1 900 平方米，共五层，设有展厅、图书馆、多功能厅、培训教室等。中心致力于通过举办演出展览、课程培训、信息服务等形式多样的文化交流活动，为卢森堡朋友感受中华传统文化魅力、感知当代中国发展活力搭建重要平台，打造卢森堡民众家门口的中国文化之窗。中心还提供了一系列线上微课，主题包括寻找功夫之三十六计，中国味道美食工作坊，健康中国游之太极拳微课堂、中医药微课堂，非遗微课堂之云南陶艺，艺术赏析微课堂之国画里

---

[1] 中国文化网."天涯共此时——中秋节"文化周在卢森堡圆满闭幕 [EB/OL].（2020-10-13）[2023-06-30]. https://cn.chinaculture.org/pubinfo/2022/07/23/200001003002001/88030410a5c34ad5a42fe0bdbaf3f04f.html.

[2] 中国文化网. 卢森堡友人镜头里的中国故事 [EB/OL].（2020-12-15）[2023-06-30]. https://cn.chinaculture.org/pubinfo/2022/07/23/200001003002001/d25917c0baf74d83bd5e2d6feac7a132.html.

[3] 中国文化网. 卢森堡 2021 年"欢乐春节"系列活动正式启动 [EB/OL].（2021-02-08）[2023-06-30]. https://cn.chinaculture.org/pubinfo/2022/07/23/200001005636003/a7939bf381a9446aa77e4543041719e2.html.

[4] 中华人民共和国驻卢森堡大公国大使馆. 揭牌了！卢森堡中国文化中心正式运营并举办中卢建交 50 周年庆祝活动 [EB/OL].（2022-11-10）[2023-06-30]. http://lu.china-embassy.gov.cn/chn/sgdt/202211/t20221110_10926361.htm.

的中秋，中国旅游系列课程等。[1]

卢森堡中国文化中心的成立可以说是中卢文化交流史上的最新一页。在此之前，两国的文化交流已取得丰硕成果。[2] 1979年，中卢两国签订文化合作协定。1983年至今，双方在协定框架下先后签署了七个文化交流执行计划。2010年，卢森堡成功参展上海世博会，以"亦小亦美"为主题的卢森堡馆被遴选为永久保留的六个展馆之一。2011年10月，卢森堡承办"第四届中欧文化对话"，卢森堡前首相、文化和财政大臣出席活动并致辞，由中国艺术研究院和各领域专家组成的中方代表团与欧方就多个专题进行深入探讨。2013年2月，"文化中国·四海同春"艺术团赴卢访演；4月，卢森堡电影代表团参加第三届北京国际电影节，电影节承办方组织了"卢森堡电影日"。2018年2月，"欢乐春节"活动首次在卢森堡举办。中卢教育和文化交流正朝着续写华章谱新篇的方向稳步迈进。

五、中卢文化交流思考

在中国与卢森堡之间的文化交流中，国际汉语和传统文化发挥了至关重要的作用，成效显著，影响深远。基于中卢文化交流的现状，笔者提出两点建议，以期进一步促进两国的文化交流向更加深入、更加体现两国特色的方向发展。

第一，目前为促进中卢两国文化交流的活动很多，但进一步固定成为两国国内文化活动传统的情况尚不多见。换言之，这些文化交流活动大多未能更好地本土化，即与当地的文化传统结合在一起。这需要文化学者、

---

[1] 资料来源于卢森堡中国文化中心网站。

[2] 中华人民共和国外交部. 中国同卢森堡的关系 [EB/OL].（2023-04-01）[2023-06-30]. https://www.mfa.gov.cn/web/gjhdq_676201/gj_676203/oz_678770/1206_679402/sbgx_679406/.

政府部门和民间团体共同努力，有意识、有规划地选择亮点和特色，将一些重要活动融入两国当地的本土文化。

第二，中卢两国之间的文化交流，有待于进一步加强人文深度。双方在文学、艺术（尤其是当代人文领域）等领域的深度交流和学术研究还比较欠缺。只有将传统文化与当代文化更好地结合起来，将文化活动与文化研究结合起来，中卢两国之间的文化交流才能进一步实现质的提升与飞跃。

结　语

卢森堡的教育特点鲜明，在政策、管理等方面体现出明显的优势和先进性，集中体现在以下三点。第一，教育体系完善且精细。卢森堡教育体系中的任何一个环节几乎都看不到明显的制度性缺失。同时，卢森堡的教育体系又不是那种"大而全，小而全"的要素罗列，而是由众多高质量的子体系构成的精细结构，各类教育要素均设计合理、运行有序、科学有效。第二，卢森堡教育体系的设计思路与建设历程充分体现了卢森堡的自我认知和国际定位。卢森堡对自身的国家需求和社会需求有清楚、明确的认知，基于这种认知建构的教育体系非常务实。同时，卢森堡也积极参与国际竞争与合作，这种国际定位和心态在其教育领域的顶层规划和具体活动中均可见一斑。第三，卢森堡的教育政策非常重视长远发展，许多具体政策和规划都放眼未来十几年甚至几十年。

在具体的教育部门中，卢森堡的教育理念、政策与实践也有很多值得参考、借鉴的地方。

在学前教育方面，卢森堡的学前教育体系采取"教育过程适应人的发展"这一取向，旨在帮助幼儿更好地认识外部世界，强调户外活动，重视促进幼儿的社会化进程，但又同时谨防超前社会化，符合幼儿发展的内在需要。卢森堡学前教育值得借鉴的经验包括以下两点。第一，要警惕、防止、遏制学前教育产生技术性学科化的倾向和导向，即坚决反对将中小学的学科教学前置到学前教育阶段。对于幼儿来说，过重的学科导向不仅无助于学科知识的超前学习（鉴于幼儿本身的认知能力，这种学习实际上很难达成），反倒面临某些模式化的学科思维会禁锢幼儿思维的风险。第二，更加注重基础性能力的发展。中国基础教育乃至学前教育领域都存在明显的超前学习问题，但这种超前本质上是知识学习前置，而非能力发展前置。从教育学、心理学的基本原理来看，能力发展有其自身规律，越是低幼阶段应越少受到外界干预的影响，即低幼阶段更多地按照自然规律发展，人为干预很难实质性起效。虽然知识似乎是可以提前学习或灌输的，但在学前教育阶段，儿童的能力发展是很难逾越这一阶段的基本特点和自然规律的。所以，学前教育更应重视基础性能力的培养，更应将重点放在培养过程上，而非培养结果上。

在基础教育方面，卢森堡初等教育三阶学段的细化对中国小学教育的发展有很大启发意义。虽然义务教育课程标准对各门课程均进行了分级描述，即不同年级或学段应当达成何种目标，但分级描述分散在不同课程的课程标准中，并未按三阶学段进行过重组和整合。缺乏三阶学段跨课程的标准整合，很容易"只见树木，不见森林"。因此，建议参考卢森堡三阶学段在课程标准上的细化经验，加强中国小学教育教学中跨课程的学段标准研究。同时，按照三阶学段的划分，或许更有利于开展多层次教育教学质量评估。对学生个体发展状况的描述与反馈、对学校整体教育工作成效的考查、对地方政府教育管理与教育督导绩效的考核，均可尝试采用三阶学段的细化评价。同理，这样的评价所获得的结果也能更好地反馈给学校、教师和学生以促进改进。

卢森堡的初等教育非常强调通过教育教学活动提升学生的行动能力。中国的小学教育可以此为参照，加强学生行动能力的培养。知识的学习应当更加面向最终的运用，即用来激活思维、发展技能、促发实践以解决现实中的新问题。中国文化传统非常强调的"知行合一"也可以进一步发展为"知行合一"与"思行结合"的辩证统一体。毕竟，"知"更多地指代认知的结果，而"思"则更强调认知的过程，二者结合才更有利于全面提升行动能力的知识与思维基础。

卢森堡的初等教育课程体系具有典型的通识教育特征，本质上与中国基础教育课程目标中的立德树人是非常相似的。因此，卢森堡小学课程设置的很多做法都值得进一步研究和借鉴。中国基础教育课程体系强调立德树人，强调提升学生的核心素养，根本上也是强调培养学生对人类智慧与文明的全局把握，并树立正确的世界观、人生观和价值观，最终将个人发展融入国家、社会乃至全人类的发展进程中。这就需要在课程设置中尤其注重如下三个方面。第一，要把发展"人"作为第一要务。"人"本质上具有多元属性，因此教育应促进人多元智能的发展，那么课程体系自然就需要领域广阔。因此，中国的小学教育课程体系不妨进一步思考课程内容本身的拓展（而非科目的增加）。第二，应在具体课程教学中更加强调"以小见大"，将具体的教学内容与学生的整体观念建立更直接、紧密、有效的联结，而不是就事论事，拘泥于具体内容本身。同时，更要防止、遏制校内外以多胜出、以快占先的思想倾向与有害做法。第三，更加注重人的协调成长。中国的基础教育一向强调促进学生的全面成长，但"全面"经常被理解为包含所有选项，而忽视了协调性。卢森堡具有通识教育特征的小学教育课程体系则特别体现了协调发展的原则，而非单纯强调全面。

卢森堡的基础教育具有鲜明的多语特色，致力于培养能够使用法语、德语、英语三门国际通用语学习和工作的青年人才，同时注重卢森堡语言与民族文化的传承。虽然国情不同，但卢森堡对多语学习的规划值得借鉴。中国的外语学习，尤其是多外语学习，应当有更加科学、合理的规划，多外语课程的设置与开发也应更加循序渐进，充分考虑实际需求、长远需求和核心需求的协调。中国中小学生对多外语学习（尤其是俄语、日语以外新增的法语、德语和西班牙语的学习）的实际需求有多少是刚性需求，又有多少是柔性需求，甚至还有多少是话语性需求，仍是非常值得进一步研究的问题。教育界（尤其是外语教育界）应当更加冷静、清醒地分析、认识基础教育阶段学生多外语学习需求的实际状况，而不应默认这些需求都是理性、稳定和可持续的。长远来看，中国到底需要多少多外语人才，也应当从长计议、精打细算，而不是一时兴起、一哄而上。卢森堡的多外语教育尚且从中学阶段才开始，那么更应该重新审视中国国情下基础教育阶段多外语学习的核心需求，如此才能做出更正确且经得起实践和历史检验的决策。

在高等教育方面，卢森堡大学的学校董事会代表了其独具特色的管理体制。结合中国高等教育发展的现状和高校体制建设的实际，可尝试进一步发挥督学的监督和监管作用，不妨探索、试点并在具有可行性的基础上逐步推广督学驻校制度。驻校督学既可发挥类似卢森堡大学学校董事会的职能，又确保高校的社会主义办学方向，还能及时了解学校管理与发展动态，及时提供指导、帮助并切实发挥监督、监管作用。另外，从卢森堡大学的管理经验看，高校的监督机制应进一步区分学术（专业）领域与非学术（专业）领域，即更注重对学校行政的运营与运行加强监管与治理，同时也更好地监督学校行政本身对学术事务的不当干预。目前，在中国高校，整体的政策架构倡导尊重学术自身规律、支持学者自主探索，但在基层学校行政的具体实践中，学术与行政的边界非常容易模糊，且缺乏纠正与救济机制。

卢森堡大学大学院式的"学部制"尤其值得中国大体量的综合性大学和相当一部分中等体量的高等院校借鉴。近年来，中国不少高校内部新增的学术或教学机构数量庞大，导致很多新设院系缺乏学科基础，甚至名不副实。因此，大学院或学部制或许是非常值得进一步探索、尝试的一条路径。另外，大学院或学部的管理，往往更强调学术或专业程序的个性化，更具有灵活性，也能更高效地达成相应任务。

卢森堡大学的跨学科研究中心制度对中国高校目前的管理体制改革与

完善亦有重要借鉴意义。中国高校近些年在设立各类研究中心方面非常积极。但研究中心的大量、集中设立，对整个学校的学术生态和管理模式产生了负面且长远的影响。借鉴卢森堡大学的经验，研究中心更多应作为催生、培育跨学科（尤其是跨学科门类）研究的机制，应当明确赋予其实验或试验的性质，而不是可立不可破，可设不可撤。总之，研究中心应凸显跨学科性和探索性，而不是作为某种和院系平行的行政机构来加以设立和管理。

卢森堡大学的国际化办学理念也可为中国高校国际化提供启发。中国高校的"国际化"，本质上是追求国际一流、引领全球学术，而不是引入、添加、具备、彰显某些国际要素。追求国际一流，就要遵循国际标准。实事求是地遵循并超越了国际标准，才能真正成为国际标准的制定者。因此，国际化的进程是追求卓越的过程，必然需要参照国际标准，这是必经之路。

在职业教育方面，卢森堡职业教育体系完备，层次多元，纵横双向发展，为学生提供了充分的机会和可能。卢森堡职业教育在选择性和层次性方面的优势至少可以为中国的职业教育发展带来两点启示。第一，职业教育应更加致力于提供更为多样的选择，尤其是在国家整体布局和国家标准的指导下，不同地区、不同行业、不同环境下的职业教育项目应更加充分考虑本地需求的多样性，并基于这样的多样需求，提供能够满足实际需要的职业教育，而不是刻板地要求职业教育体系大而全。职业教育多样性的本质是能够满足多样需求，而不是单纯表现得"多样"。卢森堡职业教育的多样性，本质是在职业教育与职业实践密切对标的基础上，为了促进各类需求得到满足，并不是为了构建一个所谓的完整职业体系。第二，和中国各类型、各规格、各层次的教育相似，中国的职业教育也存在差异性不足的问题，即培养规格的层次性不够鲜明、务实。建议开展更广泛、深入的研究，摸清各类职业从业人员的实际水平，同时更好地把握不同职业从业人员的职业发展路径和规律，以便更有针对性地设置层次性更加鲜明的培养规格体系，更务实地与职业实践接轨。

在成人教育方面，卢森堡的成人教育总体上以促进终身学习为目的，同时补偿性质鲜明，为由于各种原因错过、丧失机会的成年人提供了更多机会。中国的成人教育在近三十年也有长足发展，但具体形态仍存在从其他教育部门简单迁移的问题。以成人高等教育为例，不论是成人高考还是专科、本科层次的自学考试，都更加重视迁移高考和高校课程考查或考核的样式，过于重视"测试"，相应忽视"促学"。不妨以卢森堡的成人教育为经验，尝试增加类似卢森堡成人教育中高等教育入学文凭序列的基础素养补偿教育，真正帮助学生提升学习基础，提高自我发展能力。高等教育层次的自学考试也不妨开拓更多的学习资源，更积极地研究、引进形成性评价的考核模式，更好地从"促学"角度设计课程与评价方案。

卢森堡基于标准的成人教育，除了对中国成人教育的发展有参考价值外，对中国的基础教育发展也有相应的启发意义。第一，目前中国在基础教育中所强调的学生核心素养的培养，也应更注重素养的基础性特征，而不应单纯追求高、难、深。基础性素养是一切高阶能力的起点和基础，而基础教育的重要功能即培养好学生的基础性素养，为他们未来的发展奠定真正坚实的基础。第二，中国基础教育的课程标准也应通过各种方式进一步细化，进一步凸显行为指标上的差异性特征，以便更好地指导测试与评估实践。

在教师教育方面，卢森堡建设了代课教师人才库，相当于现职教师队伍的后备队，这对解决中国很多地区常常面临的教师短缺问题很有启发。在欠发达地区，教师队伍不仅人数不足，还存在稳定性不够的问题。建立代课教师人才库，将符合基本资质和条件的人员纳入数据库，必要时开展不同规模的教师资源动员，是一项非常值得探索、尝试、推广的教师后备制度。

卢森堡大学的教育科学专业采用申请—考核相结合的入学选拔制度，

这非常值得中国本科层次的教师职前教育入学选拔部门参考和借鉴。中国本科层次的教师职前教育专业，通常与其他本科专业一样，同批次报考、录取，因此很难考察学生的教师职业从业动机和其他方面的重要积累与关键特质。如果能将教师职前教育专业招生单列出来（例如置于提前批次招生），便可以纳入综合评价的考核，即更加全面地考察学生的学业基础和发展潜力。

另外，卢森堡教师职前教育硕士层次的培养方案区分了三种课程，即学科专业类、学科教学类和一般教育教学技能类。这在一定程度上能够较好地解决一般教育教学类课程和学科教学类课程在内容方面的重叠问题。中国的教师职前教育课程体系建设不妨借鉴这一重要经验，在各个层次，尤其是本科层次的教师职前教育中探索这种方案的可行性，以期提高效率。

综上，卢森堡教育体系的发展历程与现状对中国诸多教育领域的完善与质量提升都有重要借鉴意义。卢森堡自身的教育体系在未来的十到二十年中应当会保持基本稳定，并有望在一些领域（如学前教育、高等教育等）进一步产生质的飞跃。当然，卢森堡的教育发展也面临一些挑战。例如，从已有资料看，卢森堡教育领域的学术研究尚缺乏国际凸显度；很多教育发展的基础性资源仍需要借助邻国或欧盟其他国家的支持，教育发展的自主性有待提高；卢森堡教育的状况更容易受到国际环境和社会经济状况变迁的影响，等等。卢森堡教育发展的历史过程、当代实践和前景展望，有丰富的内容值得进一步考究和借鉴。进一步深入研究卢森堡的教育发展，必将为国际比较教育增添新的内涵，具有很高的学术价值和实践意义。

参考文献

一、中文文献

陈逢华，靳乔. 阿尔巴尼亚文化教育研究 [M]. 北京：外语教学与研究出版社，2021.

陈辉映. 欧洲成人教育研究 [M]. 上海：上海人民出版社，2019.

董丹，张媛，邢建军. 意大利文化教育研究 [M]. 北京：外语教学与研究出版社，2022.

窦现金，卢海弘，马凯. 欧盟教育政策 [M]. 北京：高等教育出版社，2011.

冯增俊，陈时见，项贤明. 当代比较教育学 [M]. 2版. 北京：人民教育出版社，2015.

富尔曼. 公民时代的欧洲教育典范 [M]. 任革，译. 北京：人民出版社，2013.

顾明远. 顾明远教育演讲录 [M]. 北京：人民教育出版社，2014.

贺国庆，朱文富，等. 外国职业教育通史 [M]. 北京：人民教育出版社，2014.

黄人颂. 学前教育学 [M]. 3版. 北京：人民教育出版社，2015.

李丛，张方方. 葡萄牙文化教育研究 [M]. 北京：外语教学与研究出版社，

2023.

李化树. 建设欧洲高等教育区（EHEA）——聚焦博洛尼亚进程 [M]. 北京：人民出版社，2014.

刘捷. 教育的追问与求索 [M]. 北京：人民出版社，2021.

刘捷. 专业化：挑战 21 世纪的教师 [M]. 北京：教育科学出版社，2002.

刘进，张志强，孔繁盛. "一带一路"高等教育研究（2019）：国际化展望 [M]. 北京：北京理工大学出版社，2020.

卢晓中. 比较教育学 [M]. 北京：人民教育出版社，2020.

陆有铨. 教育的哲思与审视 [M]. 北京：人民教育出版社，2016.

彭姝祎. 卢森堡 [M]. 北京：社会科学文献出版社，2010.

秦惠民，王名扬. 高等教育与家庭流动 [M]. 北京：科学出版社，2019.

秦惠民. 教育法治与大学治理 [M]. 北京：人民出版社，2021.

任钟印. 东西方教育的覃思 [M]. 北京：人民教育出版社，2017.

滕大春. 教育史研究与教育规律探索 [M]. 北京：人民教育出版社，2019.

王承绪，顾明远. 比较教育 [M]. 5 版. 北京：人民教育出版社，2015.

王定华，等. 全球教育治理方略 [M]. 北京：教育科学出版社，2023.

王定华，秦惠民. 北外教育评论：第 2 辑 [M]. 北京：外语教学与研究出版社，2021.

王定华，杨丹. 人类命运的回响——中国共产党外语教育 100 年 [M]. 北京：外语教学与研究出版社，2021.

王定华. 教育路上行与思 [M]. 北京：人民出版社，2020.

王定华. 美国高等教育：观察与研究 [M]. 2 版. 北京：人民教育出版社，2021.

王定华. 美国基础教育：观察与研究 [M]. 2 版. 北京：人民教育出版社，2021.

王定华. 新时代高品质学校建设方略 [M]. 长春：东北师范大学出版社，

2019.

王定华. 中国基础教育：观察与研究 [M]. 北京：人民教育出版社，2021.

王定华. 中国教师教育：观察与研究 [M]. 北京：人民教育出版社，2020.

王晓辉. 法国教育史 [M]. 北京：商务印书馆，2022.

吴式颖，李明德. 外国教育史教程 [M]. 3 版. 北京：人民教育出版社，2015.

吴薇，等. 欧洲大学教师发展组织建设研究 [M]. 厦门：厦门大学出版社，2019.

西尔瓦，梅尔休伊什，等. 学前教育的价值：关于学前教育有效性的追踪研究 [M]. 余珍有，易进，译. 北京：教育科学出版社，2011.

习近平. 习近平谈"一带一路" [M]. 北京：中央文献出版社，2018.

谢维和. 我的教育觉悟 [M]. 北京：人民教育出版社，2016.

徐辉. 国际教育初探——比较教育的新进展 [M]. 2 版. 成都：四川教育出版社，2005.

颜剑英. 21 世纪初欧盟积极公民教育研究 [M]. 北京：知识产权出版社，2016.

姚斌. 马耳他文化教育研究 [M]. 北京：外语教学与研究出版社，2023.

杨汉清. 比较教育学 [M]. 3 版. 北京：人民教育出版社，2015.

杨鲁新，王乐凡. 北马其顿文化教育研究 [M]. 北京：外语教学与研究出版社，2021.

苑大勇. 国际高等教育协同创新与人才培养比较研究 [M]. 北京：知识产权出版社，2020.

张弘，陈春侠. 乌克兰文化教育研究 [M]. 北京：外语教学与研究出版社，2021.

张惠. 博洛尼亚进程中的欧洲学生流动研究 [M]. 太原：山西教育出版社，2020.

郑通涛，方环海，陈荣岚."一带一路"视角下的教育发展研究[M]．广州：世界图书出版公司，2017.

邹东升．公共治理视域的欧盟职业教育与培训研究[M]．广州：世界图书出版公司，2017.

二、外文文献

GUILLAUME L, MANIL J-F. Le stage d'insertion socio-professionnelle des enseignants débutants du Grand-Duché du Luxembourg[M]. Paris: L'Harmattan, 2018.

KREINS J-M. Histoire du Luxembourg[M]. Paris: Presse universitaire de France, 2021.

LEFRANÇOIS N. Gestion du plurilinguisme au Grand-Duché de Luxembourg[M]. Paris: L'Harmattan, 2021.

WEBER J-J. Multilingualism, education and change[M]. Frankfurt am Main: Peter Lang, 2009.